Grundausgabe

Doppel-Klick

Das Sprach- und Lesebuch

5

Herausgegeben von
Renate Krull

Erarbeitet von
Guido Becker, Werner Bentin, Ulrich Deters, Şule Ekemen,
Martin Felber, Filiz Feustel, Dirk Hergesell, Rolf Kessler,
Renate Krull, Jutta Neumann, Martina Panzer, Katrin Placzek,
Gerda Steininger, Stephan Theuer

Unter Beratung von
Werner Bentin, Şule Ekemen, August-Bernhard Jacobs und
Thomas Jaitner

Cornelsen

DOPPEL-KLICK IM ÜBERBLICK

Inhalt

Die Themen

zusätzliche Seiten zur Differenzierung, zum Anwenden und Weiterüben, zum Fördern und Fordern

Inhalt

Medien und Gattungen

Medien verstehen und nutzen
- Medien untersuchen, vergleichen
- Medien gezielt nutzen
- Medien kreativ nutzen

Funktionsweise eines Mediums erfassen: Der Computer

Informationsquellen gezielt nutzen: Das Internet
Suchergebnisse bewerten und begründet auswählen

Literarische Texte erschließen
- literarische Texte lesen und verstehen
- Geschichten weitererzählen, nacherzählen, miterzählen
- ausdrucksvoll vorlesen

Märchen untersuchen und selbst schreiben
- Märchen weitererzählen, miterzählen, nacherzählen
- zu Bildern, Figuren schreiben
- eigene Märchen schreiben
- Merkmale von Märchen

im Präterium erzählen

Einen Text überarbeiten
einen Text nach Kriterien überprüfen und überarbeiten

Nachschlagen und üben

Rechtschreiben

Grammatik

– Wortarten erkennen und
  unterscheiden
– Funktionen von Wortarten
  untersuchen

grundlegende Strukturen des Satzes
beschreiben

Zum Nachschlagen

Thematische und sachliche Verknüpfungen der einzelnen Kapitel miteinander

	VERKNÜPFUNGEN			
Die Themen / **Medien und Gattungen**	angehängte Trainingseinheiten	Nachschlagen und üben	Rechtschreiben	Grammatik
Zusätzliche Kapitel zur Differenzierung, zum Anwenden und Weiterüben, zum Fördern und Fordern				
1. Los geht's! S. 12–21	Meinungen äußern und begründen S. 22–25	Der Aufgabenknacker S. 190–191	Schrift und Schreiben S. 218–219 / Richtig abschreiben S. 220–221 / 1. Trainingseinheit S. 222–223	Nomen verwenden S. 248–251 / Präpositionen verwenden S. 262–263
2. Einfach märchenhaft S. 144–157	Das Präteritum verwenden S. 158–159 / Ein Märchen überarbeiten S. 160–163		Schrift und Schreiben S. 216–217 / 3. Trainingseinheit S. 226–227	
3. Das Frühstück ist fertig! S. 26–39	Den Textknacker anwenden S. 40–43	Ideensammlung: Der Cluster S. 198–199	Training mit Wörterlisten S. 240–241 / Im Wörterbuch nachschlagen S. 238–239	Personalpronomen verwenden S. 252–253
4. Gereimtes und Ungereimtes S. 176–181			Wörter ableiten S. 246 / Die Rechtschreibkartei S. 244–245	Adjektive verwenden S. 258–261
5. Wo wir wohnen S. 44–57	Ich stelle den Nationalpark Eifel vor S. 58–61	Selbstständig planen und arbeiten S. 204–205	Das Partnerdiktat S. 242 / 5. Trainingseinheit S. 230–231	Verben verwenden: Perfekt S. 254–255
6. Gespenstergeschichten S. 132–143		Spannend erzählen S. 212–215	Das Laufdiktat S. 243 / 2. Trainingseinheit S. 224–225	Verben verwenden: Präteritum S. 256–257
7. An der Schule arbeiten S. 62–75	Einen Berufe-Steckbrief schreiben S. 76–81	Tiersteckbriefe schreiben S. 208–211	6. Trainingseinheit S. 232–233	
8. Computer, Handy und CD S. 118–125	Texte am Computer schreiben S. 126–127 / Sich im Internet informieren S. 128–131	Im Lexikon nachschlagen S. 206–207	7. Trainingseinheit S. 234–235	
9. Was quiekt und kracht denn da? S. 82–95	Eine Geschichte vorlesen S. 96–99		Wörter verlängern S. 247	Satzglieder verwenden S. 264–267
10. Von Weisen und Spaßvögeln S. 164–171	Eine Geschichte von Nasrettin spielen S. 172–175	Texte überarbeiten S. 200–203	4. Trainingseinheit S. 228–229	
11. Die Welt der Bücher S. 100–113	Wir gehen in die Bücherei S. 114–117		8. Trainingseinheit S. 236–237	
12. Die Jahreszeiten in Gedichten S. 182–189		Wiederholung: Der Textknacker S. 192–197		

SCHULJAHRESVERLAUF

Los geht's! Let's go! Haydi

Wer bin ich?

Wer bist du?

Was für ein Klassenraum?

1 Klassengespräch!
Was seht ihr auf den Bildern? Was könnt ihr lesen?

2 Und wie waren **eure** ersten Schultage?
Wie fühlt ihr euch? Erzählt.

1 Auf dem einen Foto sehe ich …, Das Bild zeigt …

sich kennen lernen – sie lernen sich kennen, zeigen – er zeigt ihr etwas,
miteinander arbeiten – sie arbeiten miteinander, fotografieren, basteln,
besprechen – sie besprechen etwas miteinander

bakalım! Idemo!

Welche Regeln?

Das Schuljahr beginnt. Manches ist neu.
Es gibt viele Fragen, aber auch viele Möglichkeiten.
Mit diesem Kapitel könnt ihr in das Schuljahr starten.
Lernt euch kennen, arbeitet zusammen. Los geht's!

Wer bin ich? Wie bin ich?

Zu jedem Menschen gehört ein Name.

1 Schreibe ein Namensschild mit deinem Namen.
  Tipps: • Die Schrift muss groß und deutlich sein.
    • Du kannst auch ein Bild zeichnen oder aufkleben.

Malte hat Sätze zu seinem Namen aufgeschrieben.
Meral hat ein Ich-Gedicht geschrieben.

M Am liebsten höre ich Musik.
A Ich bin nicht gern allein.
L Ich lache gern. Haha!
T Manchmal tröste ich meinen kleinen Bruder.
E Elin ist meine große Schwester.

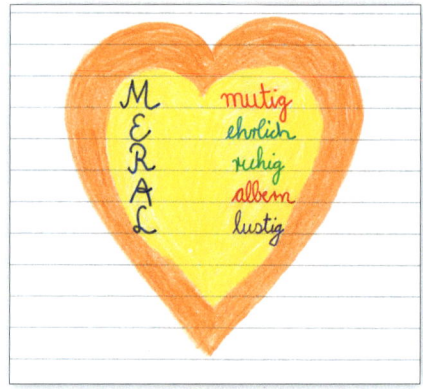

M E R A L
mutig
ehrlich
ruhig
albern
lustig

W 2 Wie bist **du**? Was magst du?
  Was magst du nicht? Was tust du?
  Wähle aus:
  • Du kannst Sätze zu deinem Namen aufschreiben.
  • Du kannst auch ein Ich-Gedicht schreiben.

Z Spielzeit: Sich kennen lernen

3 Alle sitzen im Kreis.
  • Der Erste sagt, wie er heißt und wie er ist.
  • Der Nächste wiederholt beides.
  • Dann nennt er seinen eigenen Vornamen
    und sagt, wie er ist.
  • So geht es weiter reihum.

Ich heiße Sarah und ich mache viel Sport.

Du heißt … und du … Ich heiße …

2

	bin		allein.
	gehe		schwimmen.
Ich	lasse		meinen Drachen steigen.
	spiele		mit meiner Katze. Fußball.
		gern / nicht gern / am liebsten	

14

Wer bist du? Was meinst du?

Mit einer Punktabfrage könnt ihr noch mehr voneinander erfahren.

4 Was ist euch wichtig?
   a. Schreibt jeder einen „Ich-Satz" auf.
   b. Wählt gemeinsam zehn Ich-Sätze aus.
      Schreibt sie an die Tafel.
   c. Welche Sätze passen zu euch?
      Jeder klebt einen Klebepunkt neben
      die Sätze, die zu ihm passen.
   d. Was ist mehreren oder vielen von euch wichtig?
      Sprecht darüber. Begründet eure Meinungen.

Ich höre am liebsten Musik.
Ich habe Geschwister.
Ich mag Katzen.
Ich ...

Ich mag Katzen.
Wer noch?

 5 Gut zuhören hilft beim Kennenlernen.
   • Erzählt euch gegenseitig etwas über euch.
   • Die Sätze an der Tafel helfen euch dabei.
   • Hört einander gut zu.
   • Stellt euch gegenseitig in der Klasse vor.

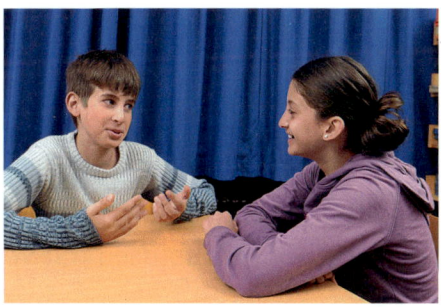

Z Spielzeit: Was meinst du dazu?

6 In diesem Spiel tauscht ihr Meinungen aus.
   • Stellt Musik bereit.
   • Stellt aus Stühlen zwei Kreise: einen Innenkreis und einen Außenkreis.
   • Teilt euch in zwei Gruppen auf die beiden Kreise auf.
   • Während die Musik spielt, gehen alle im Innenkreis links herum,
     alle im Außenkreis rechts herum.
   • Wenn die Musik aufhört, setzen sich alle hin.
     So findet jeder einen Partner.
   • Der Spielleiter nennt ein Thema.
     Welche Meinung habt ihr zu dem Thema?
     Sprecht mit dem Partner darüber. Begründet auch.
   • Nach einer Minute beginnt das Spiel von vorn.

> **Themen:**
> Haustiere
> Fußball
> Handy
> Comics
> Chatten

→ mehr Übungen zum Begründen von Meinungen: Seite 22-25

Wie können wir uns gut verstehen?

Miteinander sprechen und gut zuhören muss man lernen.

Ich klebe schon mal die Fotos …

Aber wir müssen doch erst …

Lass mich ausreden!

Schrei nicht so!

Du hörst mir ja nicht zu.

1 Klassengespräch!
Was tun die beiden Schüler?
Seht euch die Fotos an.

2 Was sagen die beiden Schüler zueinander?
Lest die Sprechblasen mit verteilten Rollen.

3 Wie sprechen sie miteinander?
Warum sprechen sie so miteinander?
Findet gemeinsam Gründe.

4 Wie können die beiden besser miteinander reden?
Schreibt Ratschläge auf.

Z Spielzeit: Gut zuhören – ein Bilddiktat zeichnen

5 Wie gut könnt ihr euch schon gegenseitig verstehen?
- Einer wählt einen Gegenstand aus.
  Ihr könnt von den Bildern auswählen oder euch
  einen anderen Gegenstand überlegen. Aber nicht verraten!
- Er beschreibt den Gegenstand genau, ohne ihn zu nennen.
- Der andere zeichnet dann genau das, was beschrieben wird.
- Überprüft, ob das Bild mit dem Gegenstand übereinstimmt.
  Wenn nicht, überlegt, woran das liegen könnte.

3 sich anschreien – Sie …
sich nicht ausreden lassen – Sie lassen sich …
sich nicht zuhören – Sie hören sich … zu.

4 Höre zu.
Lasse den anderen …
Schreie …

Welche Regeln wollen wir vereinbaren?

Klassenregeln können euch dabei helfen, gut miteinander umzugehen.

6 Welche Klassenregeln wollt ihr vereinbaren?
Sammelt Stichworte an der Tafel.

- nachfragen
- „bitte" sagen
- höflich sein
- zuhören
- sich melden
- andere nicht unterbrechen

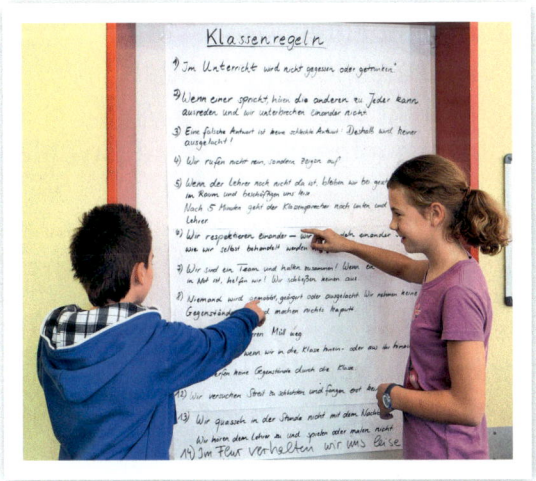

7 a. Formuliert eure Klassenregeln.
b. Gestaltet ein Plakat
mit euren Klassenregeln.

Z Spielzeit: Das Wollknäuel

8 Mit einem Wollknäuel könnt ihr
eure Klassenregeln üben.
- Bildet einen Sitzkreis.
- Der Erste nimmt das Wollknäuel und
beginnt mit einem Stichwort,
z.B.: „nachfragen".
- Dann wirft er das Wollknäuel
dem Nächsten zu, hält aber
den Anfang des Fadens fest.
- Der Nächste fängt das Wollknäuel und
antwortet: „Ich frage nach, wenn ich
etwas nicht verstanden habe."
- Dann nennt er ein neues Stichwort von der Tafel.
Er wirft das Wollknäuel dem Nächsten zu,
hält aber auch ein Stück des Fadens fest.
- Der Nächste nennt die Klassenregel.
- Das Spiel ist zu Ende, wenn alle Regeln genannt wurden.

 8 nachfragen – ich frage nach   sich melden – ich melde mich
andere nicht unterbrechen – ich unterbreche … nicht   zuhören – ich höre zu

Wie gestalten wir unseren Klassenraum?

1 Welche Ideen habt ihr
für euren Klassenraum?
Sammelt sie an der Tafel.

W • Ihr könnt euren Klassenraum
nach euren Ideen gestalten.
• Ihr könnt aber auch
aus den folgenden Ideen auswählen.

Ein Geburtstagskalender

Gestaltet zu zweit immer ein Monatsblatt.
Ihr braucht: große Blätter Papier, Tonpapier,
farbige Stifte, eine Schere und Fotos von euch.
So geht's:
• Verteilt die Monate.
• Schreibt zunächst auf jedes Blatt den Monat.
• Wer hat in welchem Monat Geburtstag?
Schreibt die Namen und die Geburtstage auf.
• Ergänzt dann Bilder, Fotos, Zeichnungen …

Schattenbilder

Gestaltet in Dreiergruppen Schattenbilder von euch.
Ihr braucht: große Blätter Papier, eine Lampe,
farbige Stifte und eine Schere.
So geht's:
• Ein Schüler setzt sich vor eine Wand.
• Der zweite Schüler leuchtet mit einer Lampe
den Schatten des Kopfes an die Wand.
• Der dritte Schüler zeichnet den Umriss des Kopfes
an der Wand auf ein Blatt Papier.
• Jeder schneidet sein Schattenbild aus.
• Dann schreibt er seinen Namen dazu
und gestaltet das Blatt.

1 selbst gemalte Bilder, Ich-Plakate, Blumen, Kalender,
selbst gemachte Fotos, ein Regal mit Lieblingsbüchern

Handumrisse

Gestaltet eure Handumrisse mit Namen.
Ihr braucht: Blätter Papier, farbige Stifte oder Malfarbe.
So geht's:
- Jeder zeichnet die Umrisse seiner Hand auf ein Blatt
  Papier. Oder ihr streicht eine Hand mit Malfarbe ein
  und drückt sie dann auf das Blatt Papier.
- Schreibt eure Namen auf die Blätter und gestaltet sie.

Ein Klassenbaum

Gestaltet einen Klassenbaum mit Namen oder Fotos.
Ihr braucht: Tonpapier in mehreren Farben,
farbige Stifte, Scheren und Fotos von euch.
So geht's:
- Bastelt aus Tonpapier einen großen Baum.
  Ihr könnt auch einzelne echte Zweige dafür verwenden.
- Schneidet bunte Blätter aus dem Tonpapier.
- Schreibt eure Namen auf die Blätter.
- Klebt die Blätter und eure Fotos an den Baum.

Der Baum der Freundlichkeiten

Mit dem Baum der Freundlichkeiten könnt
ihr euch gegenseitig eine Freude machen.
Ihr braucht: eine große Pflanze im Topf,
farbige Kärtchen, Stifte und Bänder.
So geht's:
- Jeder erhält ein farbiges Kärtchen.
- Überlegt: Womit kann ich anderen
  eine Freude machen? Schreibt eine schöne
  Aufgabe für einen anderen auf das Kärtchen.
- Hängt alle Kärtchen in den Baum
  der Freundlichkeiten.
- Jeden Morgen sucht sich einer von euch
  ein Kärtchen vom Baum aus und erfüllt
  die Aufgabe, die auf dem Kärtchen steht.
- Dann bestimmt er, wer am nächsten Tag
  jemandem eine Freude macht.

Der Artikel macht's!

Manchmal wundert man sich über die deutsche Sprache,
so wie in diesem Gedicht.

Ich weiß nicht warum
Walther Petri

Ich weiß nicht warum,
ich weiß nicht den Grund,
männlich in unserer Sprache
ist der Baum,
5 ist der Mond,
der Mund,
der Stern ist's, der Traum,
der Regen,
Himmel und See,
10 der Blick eines Kindes,
der Brief, der Wald, der Kuss
und keiner kann erklären,
warum dein schöner Faltenrock
grammatisch männlich sein muss.

1 Lerne das Gedicht auswendig.
Beachte dabei die Arbeitstechnik.

Arbeitstechnik

Das Gedicht auswendig lernen

- Lerne **die ersten drei Zeilen** auswendig.
- Du kannst dir mit einem **Blatt Papier** helfen:
  Lege das Blatt so, dass du **jeweils nur den Anfang
  jeder Zeile** lesen kannst.
- **Sprich** die ersten drei Zeilen **auswendig**.
- **Lerne** die weiteren Zeilen genauso.

2 Trage das Gedicht auswendig vor.

3 Alle hervorgehobenen Nomen im Gedicht haben den Artikel **der**.
   a. Schreibe das Gedicht ab.
   b. Markiere die Nomen mit dem Artikel **der**.

Im Deutschen gibt es auch Nomen mit dem Artikel das
und Nomen mit dem Artikel die.

Blume, Brot, Dorf, Ei, Gedicht, Geheimnis, Haus, Insel, Katze, Lächeln, Nacht,
Reise, Schiff, Sonne, Stadt, Zeit

4 a. Ordne die Nomen nach das und die.
Schreibe sie in eine Tabelle.
b. Ergänze in jeder Spalte sieben weitere Nomen.

W 5 Schreibe ein eigenes Gedicht. Wähle aus:
• Du kannst ein die-Gedicht schreiben.
• Oder du kannst ein das-Gedicht schreiben.
a. Verwende die Nomen aus Aufgabe 4.
b. Markiere in deinem Gedicht die Nomen
mit den Artikeln.

Starthilfe

Ich weiß nicht warum,
Ich weiß nicht den Grund,
weiblich in unserer Sprache
ist die Blume,
ist …

…
sächlich in unserer
Sprache ist das …

Z 6 Schreibe dein Gedicht in schöner Schrift ab
und gestalte es.

7 Lies dein Gedicht in der Klasse vor.

Merkwissen

Vor einem Nomen steht im Deutschen oft ein Artikel:
• der (männlich): *der Mut, der Traum*
• das (sächlich): *das Boot, das Kind*
• die (weiblich): *die Taube, die Blume*

Z Nomen und ihre Artikel – wie ist das in verschiedenen Sprachen?

Deutsch	Englisch	Türkisch	Kroatisch
der Mond	the moon	ay	mjesec
das Jahr	the year	yıl	godina
die Sonne	the sun	güneş	sunce

8 Klassengespräch!
a. Wie viele Artikel haben die verschiedenen Sprachen?
b. In welchen Sprachen gibt es keine Artikel?

Training:
Meinungen äußern und begründen

Ein Aquarium: Ja oder Nein?

Die Schüler und Schülerinnen der Klasse 5a überlegen,
ob sie ein Aquarium für das Klassenzimmer kaufen.

Janina und David sind unterschiedlicher Meinung.
Sie nennen auch Gründe.

1 Klassengespräch!
Welche Meinung hat Janina zu einem Aquarium?
Welche Meinung hat David?

2 Janina und David nennen Gründe (Argumente)
für oder **gegen** ein Aquarium.
Schreibe die Argumente geordnet in eine Tabelle.

Starthilfe

für ein Aquarium	gegen ein Aquarium
Ein Aquarium verschönert …	Fische und Pflanzen …
…	…

3 a. Ergänze weitere Argumente für oder gegen ein Aquarium.
b. Vergleicht eure Argumente in der Klasse.

1 Janina / David ist gegen / für ein Aquarium.

Wie äußern Janina und David ihre Meinung?
Wie begründen sie?

Ich bin **gegen** ein Aquarium, **weil** Fische und Pflanzen teuer sind.

Ich bin **für** ein Aquarium, **denn** es verschönert den Klassenraum.

4 Schreibe die Sätze aus den Sprechblasen auf.
Markiere die hervorgehobenen Wörter.

5 Wie begründen Janina und David ihre Meinungen noch?
Schreibe noch vier Sätze wie in Aufgabe 4 auf.

> **Starthilfe**
>
> David ist für ein Aquarium, denn …
> Janina ist gegen ein Aquarium, weil …

6 Was ist deine Meinung?
Bist du für oder gegen die Anschaffung eines Aquariums?
Schreibe deine Meinung auf und begründe sie.
Tipp: Du kannst die Satzschalttafeln verwenden.

Ich bin	für ein Aquarium,	denn	es verschönert den Klassenraum.
			es macht Spaß, die Fische zu beobachten.
	dafür, ein Aquarium zu kaufen,	weil	es den Klassenraum verschönert.
			es Spaß macht, die Fische zu beobachten.

Ich bin	gegen ein Aquarium,	denn	Fische und Pflanzen sind teuer.
			auch in den Ferien muss sich jemand kümmern.
	dagegen, ein Aquarium zu kaufen,	weil	Fische und Pflanzen teuer sind.
			sich auch in den Ferien jemand kümmern muss.

Z 7 Klassengespräch!
• Tragt eure Meinungen zusammen.
• Sprecht auch über eure Begründungen.

In einem Brief um ein Aquarium bitten

David hat Janina und die anderen überzeugt:
Die Klasse 5 a hat sich für die Anschaffung eines Aquariums entschieden.
In einem Brief will sie die Schulleiterin Frau Nowak um Erlaubnis bitten.

Z 1 Klassengespräch!
- Warum will die 5 a wohl einen Brief schreiben und
  nicht mit Frau Nowak sprechen?
- Wie sollte sich ein Brief an die Schulleiterin von einem Brief
  an einen Freund unterscheiden?

An einigen Stellen muss der Brief noch ergänzt werden.

> Köln, 13. November 2012 / Dortmund, 13. 11. 20
>
> Liebe Frau Nowak, / Sehr geehrte Frau Nowak, / Hallo Frau Nowak!
>
> Unsere / unsere Klasse 5 a hat beschlossen, ein Aquarium zu kaufen. /
> Für unser Klassenzimmer hätten wir gerne ein Aquarium.
>
> Wir möchten   .
>
> Sie sind   .
>
> Aber / Doch wir   .
>
> Wir hoffen, dass Sie mit einem Aquarium einverstanden sind.
>
> Mit freundlichen Grüßen / Viele Grüße / Es grüßt
>
> unsere Klasse / die Klasse 5 a / Janina, David und die ganze Klasse 5 a

Du kannst in dem Brief noch Begründungen ergänzen.

2 Warum möchte die Klasse 5 a ein Aquarium anschaffen?
- a. Lies noch einmal deine Begründungen **für** ein Aquarium von Seite 23.
- b. Wähle zwei Begründungen aus. Schreibe sie auf.
  Du kannst die folgenden Satzanfänge verwenden.

Wir möchten ein Aquarium in der Klasse aufstellen, denn   .
Außerdem ist ein Aquarium eine gute Anschaffung, weil   .

Frau Nowak ist vielleicht zuerst gegen ein Aquarium.

3 Welche Meinung hat Frau Nowak
zu dem Aquarium?
- Schreibe ihre Meinung auf.
- Begründe die Meinung in einem **weil**-Satz
  oder in einem **denn**-Satz.

Die Fische
und die Pflanzen
sind teuer.

4 Klassengespräch!
Wie könnte die 5a auf das Argument von Frau Nowak reagieren?
Sammelt Vorschläge.

Wir können Geld
aus der Klassenkasse
nehmen.

Wir können
einen Flohmarkt
organisieren und

**Die Klasse 5a möchte ihren Vorschlag
gleich mit in den Brief an Frau Nowak schreiben.**

5 Schreibe den Vorschlag auf.
Tipp: Du kannst die Satzschalttafeln verwenden.

| Sie sind | vielleicht möglicherweise wahrscheinlich | dagegen, nicht überzeugt, nicht dafür, | weil die Fische und Pflanzen teuer sind. |
| | | | denn die Fische und Pflanzen sind teuer. |

| Aber Doch | wir | werden möchten wollen | einen Flohmarkt | organisieren. machen. veranstalten. | So sammeln wir Geld für das Aquarium. |
| | | | | | Dann können wir uns das Aquarium leisten. |

6 a. Schreibe den Brief nun vollständig auf.
- Ergänze deine Sätze aus Aufgabe 2 und 5.
- Du kannst auch noch die Begründungen aus Aufgabe 1 aufschreiben.
Tipp: Schreibe den Brief mit dem Computer.
b. Überprüfe die Rechtschreibung.

Das Frühstück ist

1 Welche Nahrungsmittel und Getränke seht ihr auf den Bildern?
Sprecht in der Klasse darüber.

2 • Was davon esst ihr warm?
• Was esst ihr kalt?
• Kann man einiges auch warm und kalt essen?
Tauscht euch darüber aus.

1 der → Ich sehe / esse den …

der Fruchtsaft	das Croissant	die Marmelade	die Cornflakes
der Haferbrei	[sprich: kroassong]	die Misosuppe	[sprich: kornfleeks]
der Jogurt	das Fladenbrot	die Tomate	die Oliven
der Quark	das Mineralwasser		die Weintrauben
der Toast	das Müsli		
[sprich: toost]	das Vollkornbrötchen		

fertig!

3 Was isst und trinkst du gern zum Frühstück?
Was isst und trinkst du nicht so gern?

4 **Wie** frühstückst du?
Erzähle.

Hoch lebe das Frühstück!
Warum ist ein gesundes Frühstück wichtig für den ganzen Tag?
In diesem Kapitel informiert ihr euch darüber.

3 Ich esse / trinke gern / besonders gern / am liebsten / nicht gern …
Nicht gern / nicht so gern esse / trinke ich …

4 Ich frühstücke jeden Morgen / manchmal / nie.
Ich frühstücke meist allein / mit meinen Geschwistern / mit der ganzen Familie / mit …
Ich brauche zum Frühstücken … Minuten.
An Schultagen / Am Wochenende frühstücke ich …

Was wir frühstücken

Zum Frühstück esst und trinkt ihr viele verschiedene Sachen.

Zum Frühstück habe ich heute eine Scheibe Toast mit Quark gegessen. Dazu habe ich ein Glas Kakao getrunken. Für die große Pause habe ich einen Apfel eingepackt.

 1 a. Was habt ihr in den letzten Tagen zum Frühstück gegessen und getrunken?
Schreibt es auf.
Tipp: Ihr könnt auf den Seiten 26 und 27 nachsehen.
b. Was kann man noch zum Frühstück essen und trinken?
Schreibt weitere Nahrungsmittel auf.

Die Nahrungsmittel könnt ihr in Gruppen ordnen.

 2 a. Ordnet die Nahrungsmittel in eine Tabelle ein.
b. Ergänzt weitere Nahrungsmittel.

Starthilfe

Nahrungsmittel					
Getreide-produkte	Obst und Gemüse	Getränke	Milch-produkte	Fisch und Fleisch	Zucker und Fette
das Brot ...	die Oliven ...	...	...	...	...

Der Ernährungskreis: Der Mix macht's!

Wie sieht ein gesundes Frühstück aus?
Worauf müsst ihr achten?
Mit dem Ernährungskreis könnt ihr es herausfinden.

3 Seht euch den Ernährungskreis an.
Die Kreisausschnitte zeigen, wovon ihr viel und
wovon ihr wenig essen solltet.

**Ein Frühstück –
der Mix macht's!**

Freie Fahrt!
Davon gerne viel.

Achtung,
nicht zu viel!

Stopp, nur ganz wenig!

4 Sprecht über diese Fragen:
- Wovon solltet ihr zum Frühstück viel essen oder trinken?
- Wovon solltet ihr zum Frühstück nicht zu viel essen?
- Wovon solltet ihr zum Frühstück wenig essen?

Z **5** Klassengespräch!
Worauf solltet ihr achten, wenn ihr gesund frühstücken wollt?
Fasst eure Ergebnisse zusammen.

4 Wir sollten viel Obst und … essen.
Wir sollten nicht zu viel/wenig … essen.

Einen Sachtext mit dem Textknacker knacken

Der Sachtext „Frühstücken mit Köpfchen"
informiert dich über ein gesundes Frühstück.
Der Textknacker hilft dir, den Text zu verstehen.
Zum Schluss beantwortest du diese Fragen schriftlich:
?　Warum brauche ich ein gesundes Frühstück?
?　Wie sieht ein gesundes Frühstück aus?

Das ist der Textknacker:

> 1. Schritt: Vor dem Lesen
> 2. Schritt: Das erste Lesen
> 3. Schritt: Den Text genau lesen
> 4. Schritt: Nach dem Lesen

1. Schritt: Vor dem Lesen
Du siehst dir den Text als Ganzes an.

1　a. Sieh dir die Seite 31 mit dem Text an.
　　　• Worauf fällt dein Blick als Erstes?
　　　• Was erzählen dir die Bilder?
　　　• Wie heißt die Überschrift?
　　b. Worum könnte es in dem Text gehen?
　　　Schreibe es auf.

2. Schritt: Das erste Lesen
Du überfliegst den Text.

2　a. Überfliege den Text.
　　b. Welche Wörter oder Wortgruppen fallen dir auf?
　　c. Passen diese Wörter zu deinen Fragen ? ?
　　d. Schreibe auf, worum es in dem Text geht.

> **Starthilfe**
> In dem Text geht es um …

3. Schritt: Den Text genau lesen
Du liest den Text genau und in Ruhe – Absatz für Absatz.
So findest du die wichtigen Informationen.

3　Lies den ganzen Text auf den Seiten 31 und 32.

📖 Frühstücken mit Köpfchen

1 Jeden Morgen dasselbe: aufstehen, waschen, anziehen und
schnell irgendetwas frühstücken. Oder das Frühstück fällt ganz weg,
wenn du spät dran bist … – Stopp! Da läuft etwas falsch!
Ist es wirklich so wichtig, dass du jeden Morgen frühstückst?
5 Ja, denn schließlich hat dein Körper die ganze Nacht keine Nahrung

erhalten. Alles, was du morgens isst, soll dir neue Energie[1]
geben, die du brauchst. Die Energie kommt aus
Nahrungsmitteln. Diese enthalten Kohlenhydrate, Eiweiße,
Fett und Vitamine. Alle diese Stoffe haben wichtige Aufgaben
10 für deinen Körper.

2 Kohlenhydrate liefern dir Energie. Du findest
„gesunde" Kohlenhydrate in Vollkornbrot oder
Müsli. Diese Nahrungsmittel geben dir Energie
für mehrere Stunden. Auch helle Brötchen und
15 Marmelade enthalten Kohlenhydrate – aber nicht
so gute. Sie geben nur für kurze Zeit Energie.

3 Ebenso wichtig für deine gesunde Ernährung
sind Eiweiße. Da bietet dir das Frühstück
eine leckere Auswahl: Eier, Milch, Jogurt, Quark,
20 Käse, magere Wurst oder ein paar Nüsse enthalten
besonders viele Eiweiße. Eiweiße braucht
dein Körper zum Aufbau der Knochen und
Muskeln – für dich also besonders wichtig,
da du noch im Wachstum bist.

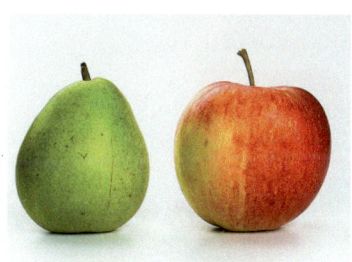

25 **4** Auch Fett liefert Energie, sogar mehr als doppelt
so viel wie Kohlenhydrate und Eiweiß. Streiche
Butter und Margarine auf dein Frühstücksbrot,
aber nur in kleinen Mengen. Fett hilft
deinem Körper bei seinen vielen Arbeiten,
30 die er Tag für Tag erledigen muss.

5 Du brauchst auch Vitamine. Ohne die tägliche
Portion Vitamine fühlst du dich schnell müde.
Du weißt längst, dass Vitamine vor allem in Obst
und Gemüse enthalten sind. Aber wusstest du auch,
35 dass in der Schale von Äpfeln und Birnen die
meisten Vitamine stecken? Du solltest die Früchte
also gründlich waschen, aber nicht schälen.

[1] die **Energie**: Das ist die Kraft, die ein Körper braucht, um
alle Aufgaben zu meistern.

6 Ganz wichtig beim Frühstücken ist auch, dass du ausreichend trinkst. Eine Tasse 40 Früchtetee oder Kräutertee, ein Glas Milch oder Mineralwasser muss es schon sein.

7 Noch ein Tipp: Bereite dir ein leckeres und gesundes Pausenbrot zu. Dann bleibst du auch nach der großen Pause fit und bist konzentriert.

Weiter mit dem 3. Schritt: Den Text genau lesen

4 Der Text ist in sieben Absätze gegliedert.
- **a.** Schreibe zu jedem Absatz eine Überschrift auf. Lasse unter jeder Überschrift drei Zeilen frei.
- **b.** Schreibe die Schlüsselwörter unter die Überschriften der Absätze.

5 **a.** Einige Wörter werden durch Bilder erklärt. Schreibe die Wörter auf.
- **b.** Ein Wort wird unter dem Text auf Seite 31 erklärt. Schreibe das Wort mit der Erklärung auf.

4. Schritt: Nach dem Lesen

Du arbeitest mit dem Inhalt des Textes.
Nun kannst du diese Fragen beantworten:
? Warum brauche ich ein gesundes Frühstück?
? Wie sieht ein gesundes Frühstück aus?

6 Schreibe diese Fragen ab und beantworte sie in Stichworten:
- • Warum sind Kohlenhydrate, Eiweiße, Fette und Vitamine wichtig?
- • In welchen Nahrungsmitteln sind sie enthalten?
- • Welche Getränke können zu einem gesunden Frühstück gehören?
- • Welche gesunden Nahrungsmittel sollte ich zum Frühstück essen?

7 **a.** Schreibe zusammenhängende Sätze aus deinen Stichworten.
- **b.** Schreibe eine Überschrift über deinen Text.

Starthilfe

Kohlenhydrate sind wichtig, weil …

→ der Textknacker auf einen Blick: Seite 270

4 *Diese Überschriften kannst du verwenden:*
Ein Tipp: Pausenbrot – Eiweiße – Fett – Kohlenhydrate –
Mein Körper braucht Energie – Trinken nicht vergessen – Vitamine

Eine Grafik mit dem Textknacker knacken

? Seid ihr leistungsfähiger mit Frühstück oder ohne Frühstück?
Die Abbildung „Fit bis zum Mittagessen" informiert euch darüber.

1 a. Seht euch die Abbildung als Ganzes an.
b. Sprecht darüber:
  • Was fällt euch als Erstes auf?
  • Wie heißt die Überschrift?
  • Worum könnte es in der Abbildung gehen?

2 Seht euch die Abbildung genau an.
  • Welche Angabe steht links? Welche Angaben stehen unten?
  • Welche Mahlzeiten sind angegeben?
  • Was zeigt die blaue Kurve? Was zeigt die rote Kurve?
Schreibt Stichworte auf.

3 Vergleicht die beiden Kurven:
  • Um wie viel Uhr habt ihr jeweils euren Leistungshöhepunkt?
  • Warum steigt die blaue Kurve nach 9:00 Uhr wieder an?
  • Wie ist die Leistungsfähigkeit ohne Frühstück?
  • Wie verändert sich die Leistungsfähigkeit, wenn ihr ein Pausenbrot esst?
Schreibt die Antworten in ganzen Sätzen auf.

4 Seid ihr leistungsfähiger mit Frühstück oder ohne Frühstück?
Beantwortet die Frage **?** mit Hilfe der Antworten aus Aufgabe 3.

2 Die rote / blaue Kurve zeigt / gibt an, wie …

3 … nimmt die Leistungsfähigkeit zu …   … leistungsfähiger als …
… steigt die Leistungsfähigkeit an …   … nicht so leistungsfähig wie …

33

Einen Frühstücksplan schreiben

Du weißt jetzt, warum ein gesundes Frühstück wichtig ist.
Du weißt auch, wie es zusammengestellt sein sollte.
Nun kannst du dir für jeden Tag ein gesundes Frühstück überlegen.

1 Welche gesunden Nahrungsmittel isst du gern zum Frühstück?
Welche Nährstoffe sind darin besonders viel enthalten?
   a. Lege eine Tabelle an.
   b. Schreibe in jede Spalte verschiedene Nahrungsmittel.

Starthilfe

Nährstoffe in Nahrungsmitteln

Kohlenhydrate	Eiweiße	Fette	Vitamine
das Vollkornbrot das Brötchen	das Ei …	die Butter …	der Apfel …

2 Stelle für jeden Tag dein persönliches Wunsch-Frühstück zusammen.
   a. Wähle Nahrungsmittel aus jeder Spalte aus.
      Beachte dabei den Ernährungskreis auf Seite 29 und
      die Informationen aus dem Text auf den Seiten 31 und 32.
   b. Schreibe für jeden Wochentag auf, was du frühstücken willst.

3 **a.** Tausche deinen Frühstücksplan mit einer Partnerin oder einem Partner.
   b. Überprüfe mit der Checkliste, ob jedes Frühstück gesund ist.
   c. Überarbeite anschließend deinen Frühstücksplan.

Checkliste: Der Frühstücksplan	ja	nein
Nahrungsmittel aus allen Gruppen?	☐	☐
Ausreichend Vitamine?	☐	☐
Fette und Zucker nur in kleinen Mengen?	☐	☐

4 Welche Möglichkeiten gibt es,
ein gesundes Frühstück zusammenzustellen?
Sprecht in der Klasse über eure Frühstückspläne.

Z **5** Gestalte ein Plakat zu deinem Frühstücksplan.
   a. Schreibe deinen Frühstücksplan auf ein Plakat.
   b. Klebe Bilder und Fotos aus Zeitschriften oder Prospekten auf.

Tabellen lesen

Alle Nahrungsmittel enthalten Kohlenhydrate, Eiweiße und Fette
in unterschiedlichen Mengen.
Auf den Verpackungen findest du oft Tabellen mit Angaben
über Kohlenhydrate, Eiweiße und Fette.

Der Quark	je 100 g
Kohlenhydrate	3 g
Eiweiße	10 g
Fette	0,2 g

Das Öl	je 100 g
Kohlenhydrate	0 g
Eiweiße	0 g
Fette	91 g

Das Vollkornbrot	je 100 g
Kohlenhydrate	33 g
Eiweiße	8 g
Fette	7 g

6 Lies die Tabellen genau.
- Auf welchen Nahrungsmitteln findest du die Tabellen?
- Wie viel Gramm Kohlenhydrate, Eiweiße und Fette enthalten
  100 g von den Nahrungsmitteln jeweils?

7 Vergleiche die Nahrungsmittel.
- Welches Nahrungsmittel enthält die meisten Kohlenhydrate?
- Welches Nahrungsmittel enthält die meisten Eiweiße?
- Welches Nahrungsmittel enthält die meisten Fette?
Schreibe es auf.

> **Starthilfe**
> Das Vollkornbrot enthält die meisten …
> …

Z Man ordnet Nahrungsmittel der Gruppe der Nährstoffe zu,
von der sie am meisten enthalten.

8 Kohlenhydrate? Eiweiße? Fette?
Zu welchen Nährstoffen gehören die Nahrungsmittel
aus Aufgabe 6?
Schreibe es auf.

> **Starthilfe**
> Quark gehört zu den …

⊠ Unser Klassenfrühstück

Gemeinsam könnt ihr ein Klassenfrühstück organisieren:
Jede Gruppe stellt ihr eigenes Frühstück zusammen und
alle in der Klasse dürfen probieren.

1 Gruppenarbeit!
Was esst ihr gern zum Frühstück?
Sammelt Vorschläge.
Schreibt dazu jeder drei Ideen auf Karteikarten.

2 Was von euren Ideen ist gesund?
Wählt die Nahrungsmittel aus,
die zu eurem Frühstück gehören sollen.
Beachtet dabei den Ernährungskreis auf Seite 29
und die Informationen aus dem Sachtext
auf den Seiten 31 und 32:
• Wovon solltet ihr viel essen?
• Wovon solltet ihr nur wenig essen?
• Was möchtet ihr trinken?

3 Was gehört alles zu eurem Frühstück?
Gestaltet für die anderen Gruppen ein Plakat.
• Welche Nahrungsmittel habt ihr ausgewählt?
  Schreibt es auf.
• Klebt Fotos dazu oder zeichnet Bilder.
• Überlegt euch auch einen Namen
  für euer Frühstück.

➜ Tipps zum Gestalten des Plakats: Seite 273

Für das Klassenfrühstück bereitet jede Gruppe ein Frühstück vor.
Ein Arbeitsplan hilft euch dabei.

4 Was braucht ihr für euer Frühstück?
Schreibt es in eine Tabelle.

Was brauchen wir für unser Frühstück?	
Was?	Wie viel?
Wasser	▨ Flaschen
▨	▨

5 Welche Aufgaben wollt ihr verteilen?
a. Schreibt in einen Arbeitsplan, **was** getan werden muss.
b. Ergänzt zu jeder Aufgabe, **wer** sie übernimmt.

Unser Arbeitsplan	
Was?	Wer?
die Einkaufsliste schreiben	alle
das Wasser mitbringen	▨
▨	▨

Der große Tag ist gekommen.
Alle Gruppen haben ein Frühstück vorbereitet.

6 Jede Gruppe präsentiert ihr Frühstück auf einem Tisch.
Stellt auch euer Plakat dazu.

7 Probiert von jedem Gruppenfrühstück.
• Welches Gruppenfrühstück schmeckt euch am besten?
• Ist das ein gesundes Frühstück?

Z 8 Wertet am nächsten Tag eure Gruppenarbeit aus.
• Was hat gut geklappt?
• Was könnt ihr beim nächsten Mal besser machen?

Checkliste: Ein Gruppenfrühstück organisieren	ja	nein
Haben wir uns an den Arbeitsplan gehalten?	▨	▨
War unser Plakat lesbar?	▨	▨
Haben wir anschließend aufgeräumt?	▨	▨
Haben wir uns gestritten?	▨	▨

5 den Tisch decken – spülen – aufräumen – das Frühstück anrichten –
Teller, Tassen und Bestecke mitbringen

8 Mir hat … gefallen.   Ich fand gut, dass …
Ich meine/denke/finde, dass …   Ich war enttäuscht über …

Gurkenchips? Oder Kartoffelchips?

Die Namen einiger Nahrungsmittel sind aus zwei Nomen zusammengesetzt.

Neulich in der Straßenbahn   Şule Aslan

Neulich in der Straßenbahn
stolperte ich neben Frau Rosenkahn.
Und zu meinem großen Schreck
fiel ihr Einkauf in den Dreck.
5 Über den Boden rollten die Sachen
und ihr werdet nun sicherlich lachen:
das Orangenbrot,
der Buttertee,
die Gurkenchips,
10 der Nusssalat,
der Vollkornsaft,
die Kartoffelschokolade
und ein Liter Pfefferminzmilch.
Frau Rosenkahn sah mich ganz entgeistert an,
15 wie ich nur so viel vertauschen kann.

1 Das Orangenbrot? Da stimmt doch etwas nicht!
- **a.** Schreibe die vertauschten Nahrungsmittel untereinander auf.
  Tipp: Verwende farbige Stifte
- **b.** Zerlege die Nomen.

> **Starthilfe**
>
> das Orangenbrot = die Orange + das Brot
> der Buttertee = … + …
> …

2 **a.** Setze die Nahrungsmittel richtig zusammen.
- **b.** Unterstreiche die Artikel.

> **Starthilfe**
>
> die Orange + der Saft = der Orangensaft
> …

1

der Saft	das Vollkorn	die Butter	die Nuss	die Chips
der Salat		die Gurke	die Pfefferminze	
der Tee		die Kartoffel	die Schokolade	
		die Milch		

3 Schreibe das Gedicht richtig auf.

> **Starthilfe**
>
> Neulich …
> …
> der Orangensaft,
> …

4 Lerne das Gedicht auswendig.

→ Tipps zum Auswendiglernen: Seite 268

5 Du kennst noch weitere Wörter für Nahrungsmittel,
die aus Nomen zusammengesetzt sind.
  a. Schreibe sieben Beispiele mit Artikeln auf.
  b. Aus welchen Nomen sind die Wörter zusammengesetzt?
    Zerlege die zusammengesetzten Nomen.

> **Starthilfe**
>
> die Weintraube = der Wein + die Traube
> …

6 Schreibe ein eigenes Gedicht „Neulich in der Straßenbahn".
  • Verwende die Nomen aus Aufgabe 5.
  • Denke dir neue vertauschte Nahrungsmittel aus.
    Bilde falsch zusammengesetzte Nomen.

7 Du kannst das Gedicht von deiner Partnerin oder
deinem Partner „knacken".
  a. Tauscht eure Gedichte aus.
  b. Schreibt die Gedichte mit den richtigen Nomen auf.

8 Lest eure neuen Gedichte in der Klasse vor.

> **Merkwissen**
>
> Zwei Nomen können ein **zusammengesetztes Nomen** bilden.
> Der **Artikel** des zusammengesetzten Nomens richtet sich
> **nach dem zweiten Nomen**.
> der Roggen + das Brot = das Roggenbrot

 5

der Apfel	der Kohl	das Brot	die Blume	die Pute
der Braten	der Kuchen	das Brötchen	die Brust	die Sahne
der Jogurt	der Roggen	das Filet	die Butter	die Torte
der Käse	der Wein	das Hähnchen	die Frucht	die Traube

Training:
Den Textknacker anwenden

1. Schritt: Vor dem Lesen
Du siehst dir den **Text als Ganzes** an.

2. Schritt: Das erste Lesen
Du **überfliegst** den Text.

3. Schritt: Den Text genau lesen
Du **liest** den Text **genau** und in Ruhe – Absatz für Absatz.
So findest du die wichtigen Informationen.

4. Schritt: Nach dem Lesen
Du arbeitest mit dem **Inhalt** des Textes.

Der Sachtext auf den Seiten 41 und 42 informiert dich
über Brotsorten in Europa.
Der Textknacker hilft dir, den Text zu verstehen.
Zum Schluss beantwortest du diese Frage:
? Welche Brotsorten gibt es in Europa?

1. Schritt: Vor dem Lesen

1 a. Sieh dir die Seiten 41 und 42 mit dem Text an.
   • Worauf fällt dein Blick als Erstes?
   • Was erzählen dir die Bilder?
   • Wie heißt die Überschrift?
   b. Worum könnte es in dem Text gehen?
   Schreibe es auf.

2 Sieh dir die Karte auf der Seite 41 an.
   a. Lies die Überschrift.
   b. Lies die Beschriftung.
   c. Was ist auf der Karte dargestellt?
   Erkläre es mit eigenen Worten.

2 Die Karte zeigt ...
   Auf der Karte ist ... dargestellt.
   Auf der Karte ist dargestellt, ...

2. Schritt: Das erste Lesen

3 a. Überfliege den Text.
b. Welche Wörter und Wortgruppen fallen dir auf?
c. Überprüfe deine Vermutung aus Aufgabe 1b.
Schreibe auf, worum es in dem Text geht.

Starthilfe

In dem Text geht es um …

3. Schritt: Den Text genau lesen

4 Lies den ganzen Text auf den Seiten 41 und 42.

Brotsorten in Europa

1 Brot wird aus einem Teig gebacken, der hauptsächlich
aus gemahlenem Getreide und Wasser besteht. Schon vor mehr
als 10 000 Jahren haben Menschen in der ganzen Welt Getreide
angebaut, um Brot daraus zu backen. Heute gibt es weltweit viele
5 Brotspezialitäten. Auch in Europa gibt es viele verschiedene Brotsorten.

Häufig verwendete Getreidesorten

Dinkel   Roggen   Weizen

2 In der Türkei und in Griechenland bereitet man
aus Weizenmehl[1] Fladenbrot zu. Es wird auf heißem Stein
gebacken. Das Fladenbrot wird in der Türkei Pide
genannt und in Griechenland Pita. Es wird als Beilage
10 zu gebratenem Fleisch, zu Gemüse und Salat oder
auch einfach zwischendurch gegessen.

[[1] das **Weizenmehl:** ein besonders helles, fast weißes Mehl

3 Aus Frankreich stammt das knusprige Baguette. Es wird aus Weizenmehl hergestellt. Besonders gut schmeckt das Baguette mit etwas Marmelade
15 oder mit Käse und Schinken belegt.

4 Aus Italien stammen die Pizza und das Ciabatta. Pizza wird aus Weizenmehl hergestellt und vor dem Backen mit verschiedenen Zutaten belegt. Ciabatta besteht aus Weizenmehl und Olivenöl.
20 Es wird im Holzkohleofen gebacken.

5 In Großbritannien darf auf keinem Tisch der Toast fehlen. Er wird aus hellem Weizenmehl gebacken und dann knusprig und braun getoastet.

6 Aus Schweden stammt das Knäckebrot. Es besteht
25 aus einer Mischung von verschiedenen Getreidesorten und Körnern und wird besonders dünn und sehr heiß gebacken. Knäckebrot ist besonders hart und knusprig. Man kann es lange aufbewahren.

7 Besonders viele Brotsorten gibt es in Deutschland.
30 Jede Region hat ihre eigenen Brotspezialitäten. Aus Süddeutschland stammt die Brezel. Das ist ein besonders geformtes Gebäck aus Weizenmehl, das vor dem Backen in eine Lauge[2] getaucht wird und dadurch den besonders würzigen Geschmack
35 bekommt. In Berlin gibt es Schusterjungen zu kaufen. Das sind Brötchen, die aus Weizenmehl und Roggenmehl gebacken werden. Aus Westfalen stammt der Pumpernickel. Dieses Brot wird aus Roggenschrot[3] hergestellt und
40 ist sehr lange haltbar.

8 Seit einigen Jahren wird neben Weizenmehl und Roggenmehl auch Dinkelmehl zum Backen verwendet. Dinkel ist eine sehr alte Getreideart, die durch die Bioläden und Biobäcker
45 „wiederentdeckt" wurde. Brote und Brötchen aus Dinkelmehl sind besonders saftig und bleiben länger frisch als andere Brotsorten.

[2 **die Lauge:** eine Flüssigkeit, die die Brezel braun werden lässt
[3 **der Roggenschrot:** grob zerkleinerte Körner aus Roggen

Weiter mit dem 3. Schritt: Den Text genau lesen

5 Der Text ist in acht Absätze gegliedert.
    a. Schreibe zu jedem Absatz eine Überschrift auf.
    b. Ergänze zu jedem Absatz wichtige Schlüsselwörter.

6 Was hast du nicht verstanden?
    a. Lies die Worterklärungen.
    b. Schlage weitere unbekannte Wörter im Lexikon nach.

4. Schritt: Nach dem Lesen

7 Beantworte nun die Frage:
    ? Welche Brotsorten gibt es in Europa?
    Stelle es in einer Tabelle dar.

Starthilfe

Brotsorten in Europa

Brotsorte	Land	Hergestellt aus?	Weitere Informationen
…	Türkei	…	…

8 Brot wird aus verschiedenen Mehlsorten hergestellt.
Beantworte die folgenden Fragen. Schreibe Sätze.
    • Welche Brotsorten werden aus Weizenmehl hergestellt?
    • Was sind die Vorteile von Dinkelmehl?

Starthilfe

Weizenmehl verwendet man für die Herstellung von …
Brote und Brötchen aus Dinkelmehl sind …

Z **Welche Brotsorten werden in Bäckereien am häufigsten angeboten?
Ihr könnt es herausfinden.**

9 **a.** Geht in verschiedene Bäckereien und notiert die Brotsorten.
    b. Tragt eure Ergebnisse in der Klasse zusammen.
    c. Schreibt die häufigsten Brotsorten in eine Rangliste.
    d. Fasst das Ergebnis in wenigen Sätzen zusammen.

Weizenbrot ///	*Die häufigsten Brotsorten:*
Roggenbrot ////	*1. Roggenbrot*
Kürbiskernbrot /	*2. …*

→ der Textknacker auf einen Blick: Seite 270

Wo wir wohnen

Hallo, ich bin Mika. Hier wohne ich!

1 Klassengespräch!
Was könnt ihr alles auf den Fotos sehen?
Beschreibt.

2 Was erfahrt ihr über Mika und Hannah?
Stellt euch gegenseitig Fragen und beantwortet sie.

2	
Wo wohnt ...?	in einem Dorf / Haus
Was tut ...?	in einer Stadt / Wohnung
Wie kommt ... zur Schule?	mit dem Bus / dem Fahrrad fahren

Hi, ich heiße Hannah.
Hier wohne ich.

3 Und wie ist es bei euch:
- Wo wohnt ihr?
- Wie wohnt ihr?
- Wie kommt ihr zur Schule?
Erzählt.

In diesem Kapitel könnt ihr euer eigenes Zuhause vorstellen.
Dazu bereitet ihr einen anschaulichen Kurzvortrag vor.

3 Ich wohne in ...
Ich gehe/fahre ... zur Schule.

Hier wohnen Mika und Hannah

? Wo und wie wohnen Mika und Hannah?
In den Texten auf den Seiten 46 und 47 erfahrt ihr
Genaueres darüber.
Der Textknacker hilft euch, die Texte zu verstehen.

1 a. Sprecht über die Fotos
und die Überschriften.
b. Lest die Texte genau.

Mika wohnt in der Stadt ...

1 Mika wohnt in Aachen. Das ist eine Stadt
mit 250 000 Einwohnern. Zur Schule fährt Mika
mit dem Fahrrad. Das dauert zehn Minuten.
Er fährt jeden Morgen an einer Bäckerei vorbei,
5 wo es herrlich nach frischen Brötchen duftet.

2 „Wir leben in einer Wohnung im dritten Stock.
Hier wohne ich zusammen mit meiner Mutter und
meinem großen Bruder David. Auf dem Hof
hinter unserem Haus hat David einen Basketballkorb
10 aufgehängt. Manchmal werfen wir dort zusammen
ein paar Körbe. Auf dem Hof steht ein Schuppen[1].
Wenn mich alles nervt, höre ich dort Musik und
entspanne mich auf dem gemütlichen alten Sessel –
das ist mein absoluter Lieblingsplatz!"

15 **3** Auf der Straße vor Mikas Haus fahren viele Autos.
Das mag Mika nicht so gern, denn es ist oft laut.
Wenn Mika aus dem Fenster schaut, sieht er
auf der anderen Straßenseite einen Kiosk.
Dort kauft er manchmal eine Fußballzeitschrift.
20 In der Nähe von Mikas Haus liegt ein schöner Park
mit einer großen Wiese. Dort trifft sich Mika oft
mit seinen Freunden zum Fußballspielen. Es ist toll,
dass alle Freunde in der Nähe wohnen.

[[1] der **Schuppen**: eine kleine Hütte. Man kann dort Geräte abstellen.

... und Hannah wohnt auf dem Land

4 Hannah wohnt in Hofhausen. Das ist
25 ein kleines Dorf in der Nähe von Aachen
mit 2 000 Einwohnern. Hannahs Schule liegt
10 km entfernt. Zusammen mit ihrer
Freundin Jessica fährt Hannah morgens
mit dem Schulbus zur Schule.

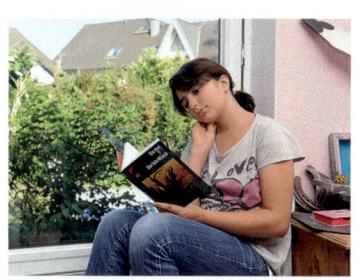

30 **5** *„Ich wohne zusammen mit meinen Eltern und
meiner Oma in einem Reihenhaus. Das Haus hat
zwei Etagen[2] und einen Keller. Mein Lieblingsplatz
ist die große Fensterbank in meinem Zimmer.
Hier sitze ich gern und lese Abenteuerbücher.*
35 *Oder ich sehe aus dem Fenster in den Garten und
beobachte meine Katze Cleopatra.*

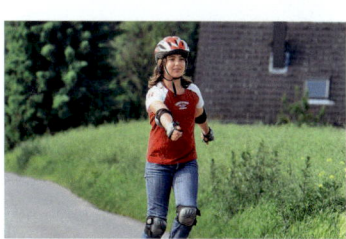

6 *Eigentlich gehe ich auch gern schwimmen,
aber das Schwimmbad ist so weit weg.
Das finde ich nicht so gut. Weil meine anderen*
40 *Freundinnen nicht in Hofhausen wohnen,
treffe ich mich oft nur mit Jessica. Wir fahren
dann Fahrrad oder skaten.“*

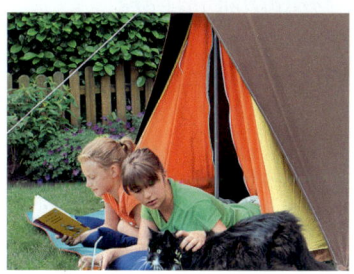

7 Im Sommer darf Hannah manchmal mit Jessica
im Garten zelten. Dann werden sie aber
45 früh geweckt: Der Nachbar hat Hühner,
die manchmal sehr laut gackern. Im Herbst
wird das Getreide auf den Feldern geerntet.
Die Maschinen sind zwar ziemlich laut, aber
den Geruch von frischem Heu liebt Hannah.

[[2] zwei Etagen – die Etage [sprich: etaasche]: das Stockwerk

Die Texte erzählen euch viel über Mika und Hannah.

2 Worum geht es in jedem Absatz?
Ordnet den Absätzen diese Themen zu:
**Wohnort, Schulweg, Lieblingsplatz, Geräusche und Gerüche,
Freizeit, Ich mag, Ich mag nicht**

3 In welchen Absätzen erzählen Mika und Hannah selbst?
Schreibt es auf.

4 Was erfahrt ihr über Mika und Hannah?
Beantwortet die folgenden Fragen mündlich.

• Wo wohnt Mika?	• Wo wohnt Hannah?
• Wo ist Mikas Lieblingsplatz?	• Wo ist Hannahs Lieblingsplatz?
• Was hört und riecht Mika?	• Was hört und riecht Hannah?
• Wo verbringt Mika seine Freizeit? Womit?	• Wo verbringt Hannah ihre Freizeit? Womit?
• Was mag Mika an seinem Wohnort?	• Was mag Hannah an ihrem Wohnort?
• Was mag Mika nicht so gern?	• Was mag Hannah nicht so gern?

5 Z a. Was erfahrt ihr noch in den Texten?
Schreibt es auf.
b. Welche Frage wird damit beantwortet?
Schreibt die Frage auf.

6 W Schreibt Stichworte zu Mika **oder** zu Hannah auf.
a. Schreibt jedes Thema auf eine Karteikarte.
b. Wählt jeder eine Person aus: Mika oder Hannah.
c. Ergänzt auf jeder Karteikarte Stichworte zu
eurer ausgewählten Person.

Wohnort:	*Lieblingsplatz:*	*Freizeit:*
-	*- die Fensterbank*	*- Fußballspielen im Park*

? Wo und wie wohnen Mika und Hannah?

7 Informiert euch gegenseitig über Mikas und Hannahs Zuhause.
Ihr könnt eure Karteikarten verwenden.

Hier wohne ich – mein Kurzvortrag

Was möchtest *du* gern über dein Zuhause erzählen?

8 a. Lies die folgenden Fragen.
   b. Überlege: Über welche Themen möchtest du sprechen?
   Wähle mindestens vier Themen aus.

Wohnort:	Wo wohnst du?
Schulweg:	Wie kommst du zur Schule?
Lieblingsplatz:	Wo ist dein Lieblingsplatz?
	Was machst du dort?
Geräusche und Gerüche:	Was hörst und riechst du, wenn du aus dem Haus kommst?
Freizeit:	Wo und womit verbringst du deine Freizeit?
Ich mag:	Was magst du an deinem Wohnort?
Ich mag nicht:	Was magst du an deinem Wohnort nicht so gern?

Deine Antworten notierst du am besten auf Karteikarten.
Du kannst aber auch ein Blatt Papier nehmen.

9 a. Welche Themen hast du für deinen Kurzvortrag ausgewählt?
   Schreibe die Themen jeweils auf eine Karteikarte oder auf dein Blatt.
   b. Schreibe zu jedem Thema Stichworte auf.

Arbeitstechnik

Stichworte aufschreiben

Stichworte **unterstützen** dein Gedächtnis, z. B. bei einem **Kurzvortrag**.
Sie sind beim Sprechen dein „Geländer".
- Formuliere Stichworte **kurz und knapp**:
  Was ist **das Wichtigste**? Was sind **Schlüsselwörter**?
- Schreibe **nur einzelne Wörter**, höchstens **Wortgruppen** auf.
  Dabei helfen dir auch die Fragen: Wo?, Was?, Wie?
- Schreibe **übersichtlich** und in guter Schrift.
  So kannst du dich beim Sprechen leichter orientieren.

10 Überprüfe deine Notizen.
   - Hast du zu jedem Thema etwas aufgeschrieben?
   - Hast du nur Stichworte aufgeschrieben?

Das Vortragen und das Zuhören üben

Nun informiert ihr die anderen über euer Zuhause.
Im wandernden Kreis könnt ihr das Vortragen und das Zuhören üben.

1 Bildet zwei Kreise: einen Innenkreis und einen Außenkreis.
Jede Person im Außenkreis steht einer Person im Innenkreis gegenüber.

> Ich wohne in Dortmund.

> Ich fahre mit dem Fahrrad zur Schule.

> Ich mag den großen Abenteuerspielplatz.

2 Erste Runde!
- Jeder im Innenkreis wählt sich ein Thema aus und spricht darüber.
- Die Partner im Außenkreis hören gut zu.

3 Zweite Runde!
- Der Innenkreis geht einen Platz weiter nach rechts.
- Jetzt sprechen die Personen im Außenkreis.
Die Partner im Innenkreis hören zu.

> Wohnort
> Schulweg
> Lieblingsplatz
> Geräusche und Gerüche
> Freizeit
> Ich mag
> Ich mag nicht

4 Was habt ihr über eure Partner erfahren?
Schreibt Stichworte auf.

5 Führt mehrere Runden durch.
Wählt immer neue Themen aus.

6 Was habt ihr voneinander erfahren?
Stellt jeder zwei Personen in der Klasse vor.

> Orkans Lieblingsplatz ist eine Bank im Park. Er sitzt dort oft mit seinen Freunden. ...

ℤ Anschaulich vortragen

Ihr könnt weitere Informationen über euren Wohnort sammeln.

1 Klassengespräch!
Was möchtet ihr noch über euren Wohnort sagen?
Sammelt Fragen an der Tafel.

> – Wie viele Einwohner hat mein Wohnort?
> – Wo liegt mein Wohnort?
> – Welche große Stadt gibt es in der Nähe?
> – …

2 a. Wählt zwei Fragen aus, über die ihr noch informieren möchtet.
  Schreibt jede Frage auf eine Karteikarte oder ein eigenes Blatt.
 b. Informiert euch, z. B. in einem Lexikon oder im Internet.
 c. Schreibt Stichworte auf.

**Ihr könnt euren Kurzvortrag mit Fotos oder anderen Materialien
anschaulich machen.**

3 Was könnt ihr für den Kurzvortrag mitbringen?
Sammelt Ideen in einem Cluster.

4 a. Bereitet eure Materialien für den Kurzvortrag vor:
  Fotografiert, zeichnet, besorgt …
 b. Lest noch einmal eure Stichworte.
  An welchen Stellen wollt ihr Material zeigen?
  Markiert die Stellen.

→ der Kurzvortrag auf einen Blick: Seite 273

Einen Kurzvortrag halten

In einem Kurzvortrag kannst du deine Klasse über dein Zuhause informieren.

1 Bereite deinen Kurzvortrag vor.
  a. Ordne deine Karteikarten oder Blätter.
  b. Lege auch weitere Materialien bereit.

2 Halte deinen Kurzvortrag in der Klasse.
Beachte dabei die Tipps in der Arbeitstechnik.

> **Arbeitstechnik**
>
> ### Frei vortragen
>
> - **Stelle dich** so hin, dass **alle dich sehen** können.
> - Versuche, **frei zu sprechen** und wenig abzulesen.
> - Sprich **langsam** und **deutlich**.
> - **Sieh** beim Sprechen die Zuhörer **an**.
> - Zeige an passenden Stellen **Bilder** und **Materialien**.

W Auch die Zuhörer und Zuschauer haben Aufgaben.
Teilt zwei Gruppen ein:
- **Gruppe 1: gut zuhören**   ➔ Aufgaben 3 und 4
- **Gruppe 2: gut beobachten**   ➔ Aufgaben 5 und 6

3 **Gruppe 1** hört gut zu: **Was** wird gesagt?
  - Zu welchen Themen wird etwas gesagt?
  - Was wird zu welchem Thema gesagt?
  Schreibt Stichworte zu jedem Thema auf.

> Wohnort
> Schulweg
> Lieblingsplatz
> Geräusche und Gerüche
> Freizeit
> Ich mag
> Ich mag nicht

4 Wertet den Kurzvortrag gemeinsam aus:
  a. War der Vortrag verständlich?
    Habt ihr Rückfragen an den Vortragenden?
  b. Gebt den Inhalt des Vortrags mit Hilfe eurer Stichworte wieder.

5 **Gruppe 2** beobachtet den Vortragenden: **Wie** wird der Vortrag gehalten?
  a. Lest noch einmal die Tipps zum Vortragen.
  b. Macht euch während des Vortrags Notizen.

6 Wertet das Vortragen gemeinsam aus.
Was hat euch gefallen? Was kann verbessert werden?

6 An deinem Vortrag hat mir gut gefallen, dass …
Bei deinem nächsten Vortrag könntest du noch …

Eine Einleitung und einen Schluss formulieren

Dein Kurzvortrag braucht
- einen Einleitungssatz,
- Sätze zur Überleitung,
- einen Schlusssatz.

W 7 Überlege dir einen Einleitungssatz.
Sage, worum es in deinem Kurzvortrag geht.
- Du kannst aus den Möglichkeiten auswählen.
- Oder du kannst dir selbst einen Einleitungssatz überlegen.

> Ich möchte euch erzählen / darüber informieren, wie ich …
> Das Thema meines Vortrages ist / heißt …
> In meinem Vortrag erzähle ich euch etwas über …
> Heute möchte ich über … sprechen.

8 Sage einen Satz zur Überleitung, wenn ein neues Thema beginnt.
a. Wähle passende Sätze aus.
b. Schreibe die Sätze jeweils vor die passenden Stichworte.
Schreibe in einer anderen Farbe.

Als Nächstes Nun Jetzt Zum Schluss	geht es um spreche ich über informiere ich euch über erzähle ich euch etwas über	das Thema … die Frage … meinen / mein / meine …

9 Beende deinen Kurzvortrag mit einem Schlusssatz.

> **Starthilfe**
> Nun wisst ihr, wie ich …

10 Vielleicht möchten deine Zuhörerinnen und Zuhörer
etwas noch genauer wissen.
a. Stelle deshalb zum Schluss die Frage:
„Habt ihr noch Fragen dazu?"
b. Höre den Fragenden genau zu und beantworte die Fragen.

z So kommst du zum ...

Toms neuer Nachbar Mauro möchte ins Freibad gehen.
Tom beschreibt ihm den Weg:

„Du kommst aus dem Haus und gehst nach rechts.
Am Ende der Straße biegst du rechts ab.
Nach einigen Metern siehst du den Supermarkt.
Du gehst am Supermarkt vorbei.
An der Ampel biegst du rechts ab.
Dann gehst du geradeaus bis zur Tankstelle.
Dort biegst du ▬▬▬▬.
Hinter dem Kino biegst du ▬▬▬▬.
Jetzt siehst du auf der ▬▬▬▬ Straßenseite das Freibad."

1 Wie kommt Mauro ins Freibad?
Geht mit dem Finger auf dem Stadtplan den Weg nach.

2 Welche Informationen fehlen noch in der Wegbeschreibung?
Schreibt die Wegbeschreibung vollständig auf.

1 nach links ↰   abbiegen – du biegst ... ab
  nach rechts ↱   geradeaus gehen – du gehst geradeaus
  geradeaus ↑

Dilay ist mit Carla an der Skaterbahn verabredet.
Carla beschreibt ihr den Weg am Telefon:

„Du kommst aus dem Bahnhof und gehst nach rechts.
Du biegst nach links ab.
Du gehst ein Stück geradeaus und biegst ab.
Dann biegst du ab. Und dann nochmal.
Nach einigen Metern siehst du die Skaterbahn."

 3 Überprüft Carlas Wegbeschreibung.
- a. Lest Carlas Wegbeschreibung.
- b. Geht mit dem Finger auf dem Stadtplan den Weg ab.
- c. An welchen Stellen ist Carlas Beschreibung ungenau?

 4 Überarbeitet die Wegbeschreibung.
- a. Wo kommt Dilay vorbei?
  Schreibt Stichworte untereinander auf.
- b. In welche Richtung muss Dilay jeweils gehen:
  nach links oder nach rechts?
  Schreibt es neben die Stichworte.

> **Starthilfe**
> vor dem Supermarkt → nach links
> …

 5 Schreibt die überarbeitete Wegbeschreibung auf.
Verwendet eure Stichworte.

> **Starthilfe**
> Du kommst aus dem Bahnhof und …
> Vor dem … biegst du nach links ab. …

Jetzt könnt ihr selbst einen Weg beschreiben.

 6 Welchen Weg möchtet ihr beschreiben?
- a. Schreibt zuerst Stichworte auf.
  Tipp: Verwendet einen Online-Stadtplan oder zeichnet eine Skizze.
- b. Schreibt die Wegbeschreibung in ganzen Sätzen auf.
- c. Überprüft eure Texte mit Hilfe der Checkliste.

Checkliste: Wegbeschreibung	ja	nein
Wird erklärt, wo man vorbeikommt?	☐	☐
Wird erklärt, in welche Richtung man gehen muss?	☐	☐

 4

an hinter vor	dem	Supermarkt
	dem	Kino
	der	Schule Tankstelle

Wo ist mein Hamster Otto?

Hannahs Hamster hat sich versteckt. Aber wo?

Otto im Versteck   Şule Aslan

Hannah kommt zurück nach Haus
und lässt den Hamster Otto raus.
Doch wer ist auch auf einmal da?
Hannahs Katz' Cleopatra!
5 Die Katze jagt – was für ein Schreck –
den armen Hamster Otto weg.
„Wo ist mein kleiner Otto bloß?",
fragt Hannah sich und sucht gleich los:
Vor der Tür? Da liegt nur Laub.
10 In der Ecke? Nichts als Staub.
Unter dem Schreibtisch? Kein Otto zu sehen.
Hinter dem Fenster? Das kann ja nicht gehen!
Auf dem Bett? Das wäre verrückt.
Unter dem Schrank? Vielleicht hab ich hier Glück …
15 Neben den Schuhen, hurra, genau:
Da sitzt mein Otto. Ganz schön schlau!

1 Lest das Gedicht vor.
 a. Bildet Dreiergruppen.
 b. Probiert, das Gedicht in unterschiedlichen Stimmungen
   zu lesen: fröhlich, ängstlich, verärgert oder …
 c. Lest das Gedicht gemeinsam vor.
 d. Lest das Gedicht auch einzeln vor.

2 Schreibe das Gedicht ab.

3 Wo genau sucht Hannah ihren Hamster?
 Markiere die Wortgruppen im Heft farbig.

> **Starthilfe**
>
> Vor der Tür? Da liegt nur Laub.
> In der Ecke? Nichts als Staub.
> …

in

auf

unter

vor

hinter

neben

der Tisch → unter dem Tisch
das Sofa → neben dem …
die Lampe → auf der …

4 Wo kann sich der Hamster Otto noch versteckt haben?
Schreibe seine Verstecke wie in den Beispielen auf.
- Schreibe zunächst nur die Gegenstände mit farbigen Artikeln auf.
  Tipp: Du kannst im Wörterbuch nachschlagen. → Wörterbuch: Seite 275
- Verwende dann die Wörter **in**, **auf**, **unter**, **vor**, **hinter**, **neben**.

5 Schreibe ein eigenes Gedicht.
Verwende deine Ergebnisse aus Aufgabe 4.
Tipp: Du kannst auch andere Tiere wählen.

> **Starthilfe**
>
> …
> Unter dem Tisch? Da liegt nur Laub.
> Neben dem Sofa? Nichts als …

W **6** Schreibe dein Gedicht sauber ab.
- Du kannst dein Gedicht auch am Computer schreiben.
- Du kannst ein Bild dazu zeichnen.

7 Lest eure neuen Gedichte in der Klasse vor.

Merkwissen

Mit den **Präpositionen** in, auf, unter, vor, hinter, neben
kannst du z. B. ausdrücken, **wo** etwas ist.
Die Antwort auf die Frage **Wo?** steht im **Dativ**.

der Schreibtisch　　**Wo?** → ***auf dem*** Schreibtisch
das Bett　　　　　　**Wo?** → ***unter dem*** Bett
die Mülltonne　　　**Wo?** → ***in der*** Mülltonne

 4

der	Tisch → Teppich →	in auf	dem	Tisch Teppich
das	Kissen → Sofa →	unter vor	dem	Kissen Sofa
die	Gardine → Lampe →	hinter neben	der	Gardine Lampe

Training: Ich stelle den Nationalpark Eifel vor

In einem Kurzvortrag kannst du andere über ein Thema informieren.
Deinen Kurzvortrag kannst du in fünf Schritten vorbereiten.

1. Schritt: Das Thema aussuchen und Informationen beschaffen

Du möchtest mit deiner Klasse in den Nationalpark Eifel fahren.

1 Wo kannst du Informationen zum Nationalpark Eifel finden?
Sammle Ideen in einem Cluster.

2. Schritt: Informationen aus dem Text entnehmen

Im Internet findest du einen Text über den Nationalpark.
Der Textknacker hilft dir beim Lesen des Textes.

1. Vor dem Lesen
2. Das erste Lesen
3. Den Text genau lesen
4. Nach dem Lesen

2 a. Sieh dir die Bilder an.
Lies die Überschrift.
b. Überfliege den Text.
Welche Wörter und Wortgruppen fallen dir auf?

3 Liest den Text genau, Absatz für Absatz.

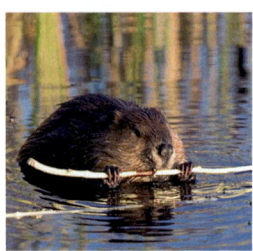

Im Nationalpark Eifel gibt es viel zu erleben

1 Der Nationalpark Eifel liegt in der Nähe von Aachen an der Westgrenze von Deutschland. Er erstreckt sich über eine Fläche, die so groß wie 15 000 Fußballfelder ist. Insgesamt gibt es in Deutschland 14 Nationalparks.

5 **2** Ein Nationalpark steht unter einem besonderen Schutz. Die Menschen dürfen dort nichts tun, was die Natur schädigt. Du kannst hier viele bedrohte Pflanzen und Tiere entdecken. Zum Beispiel leben hier Biber, die an den Bächen kleine Staudämme aus Holz bauen. 10 Im Süden des Nationalparks ist ein Moor[1]. Dort wachsen sogar fleischfressende Pflanzen wie Sonnentau.

[[1] das Moor: ein immer feuchtes Gebiet

3 Du kannst zusammen mit einem Ranger[2] die Natur
selbst erforschen und ein Lagerfeuer machen.
Gemeinsam bastelt ihr mit Materialien aus der Natur
15 und lest Tierspuren. Der Ranger untersucht auch
Pflanzen oder Wasser mit dir.

4 Auch für Sportfans gibt es im Nationalpark Eifel
tolle Angebote. Du kannst über die Staumauer
der Urft-Talsperre wandern. Sie war früher
20 die größte Staumauer in Europa. Im Nationalpark Eifel
kannst du aber auch baden und Kanu fahren.
In der Nähe gibt es einen Hochseilgarten. Dort löst du
im Team mit guten Ideen, Geschick und ein bisschen Mut
verschiedene sportliche Aufgaben.

25 **5** Rund um den Nationalpark kannst du Geschichte
selber entdecken. Es gibt einen Mittelaltermarkt.
Du kannst auch in einem Steinbruch nach Fossilien
suchen. Fossilien sind die versteinerten Reste
von Pflanzen oder Tieren. Mit viel Glück findest du
30 einen Abdruck von einem Saurierknochen,
einem Blatt oder einer Muschel.
Auch eine alte Wasserleitung der Römer,
ein Aquädukt, ist in der Nähe.

Du möchtest den Nationalpark Eifel als Ziel der Klassenfahrt vorschlagen.

4 Was könnte deine Zuhörer interessieren?
  a. Schreibe die folgenden Leitfragen auf.
    Lasse unter jeder Frage drei Zeilen frei.
  b. Ordne den Fragen jeweils den passenden Absatz im Text zu.

> • Wo ist der Nationalpark und wie groß ist er?
> • Was ist ein Nationalpark überhaupt?
> • Was kann ich gemeinsam mit einem Ranger entdecken?
> • Welche Angebote gibt es für Sportfans?
> • Was kann ich rund um den Nationalpark noch entdecken?

5 Schreibe zu jeder Frage Stichworte auf.
Tipp: Du kannst zunächst eine Folie über den Text legen und
die Antworten markieren.

[2] **der Ranger** [sprich: raindscha]: Er arbeitet in einem Nationalpark und
kümmert sich um die Pflanzen und Tiere.

3. Schritt: Den Kurzvortrag gliedern und die Notizen ordnen

**Du wählst nun die wichtigsten Informationen
für deinen Kurzvortrag aus und
schreibst Stichworte auf.**

6 Wähle die wichtigsten Informationen über den Nationalpark aus.
   a. Lies noch einmal die Leitfragen und deine Stichworte von Seite 59.
   b. Markiere zu jeder Leitfrage die wichtigsten Stichworte.

7 Gliedere nun deinen Kurzvortrag.
   a. Wähle drei Leitfragen aus, über die du informieren möchtest.
   Schreibe jede Leitfrage auf eine eigene Karteikarte.
   Tipp: Wenn du keine Karteikarten hast, nimm normales Papier.
   b. Schreibe deine markierten Stichworte dazu.
   c. Finde eine passende Reihenfolge für deine Leitfragen.
   Nummeriere die Karteikarten.

Z **8** Möchtest du Bilder oder Fotos zeigen?
   a. Wähle deine Materialien aus.
   Tipp: Du kannst im Internet Fotos finden und sie ausdrucken.
   b. Notiere auf deinen Karteikarten die passenden Stellen für das Material.

4. Schritt: Eine Einleitung und einen Schluss formulieren

Du brauchst eine Einleitung, die deine Zuhörer neugierig macht.

9 Überlege dir einen interessanten Einleitungssatz.
   Schreibe ihn auf eine weitere Karteikarte.

Z **10** Überlege dir Sätze zur Überleitung zwischen den Leitfragen.
   Schreibe sie auf.

Mit einem passenden Schluss überzeugst du deine Zuhörer.

11 **a.** Überlege dir zwei verschiedene Schlusssätze und schreibe sie auf.
   b. Wähle den Schluss, der besser zu deinem Kurzvortrag passt.

---

9 Der Nationalpark Eifel ist ein tolles Ziel für unsere Klassenfahrt.
Wie wäre es mit einer Klassenfahrt in den Nationalpark Eifel?

11 Es gibt so viele gute Gründe für den Nationalpark Eifel. Lasst uns dorthin fahren!
Ich bin auf jeden Fall für eine Klassenfahrt in den Nationalpark Eifel – ihr auch?

5. Schritt: Den Kurzvortrag üben und halten

Du klingst überzeugender, wenn du deinen Kurzvortrag vorher übst.

12 Übe deinen Kurzvortrag.
   a. Lies deine Karteikarten dreimal.
   b. Sprich den Kurzvortrag laut. Sprich in ganzen Sätzen.
   Versuche, nur wenig abzulesen.
   c. Übe den Kurzvortrag so oft, bis du sicher bist.
   Tipp: Du kannst dich selber mit der Webcam aufnehmen.

 13 **a.** Halte deinen Kurzvortrag vor
   deiner Partnerin oder
   deinem Partner.
   b. Was war gut?
   Was kann verbessert werden?
   Überprüft den Kurzvortrag
   mit Hilfe der Checkliste.

Checkliste: Kurzvortrag	ja	nein
Ist die Einleitung interessant?		
Sind die Informationen sinnvoll gegliedert?		
Ist der Schluss überzeugend?		
Passen die Materialien?		

Jetzt kannst du deinen Vorschlag für die Klassenfahrt präsentieren.

14 • Halte deinen Kurzvortrag über den Nationalpark Eifel.
   Beachte dabei die Arbeitstechnik.
   • Die anderen hören gut zu und machen sich Notizen.

Arbeitstechnik

Frei vortragen

• **Stelle dich** so hin, dass **alle dich sehen** können.
• Versuche, **frei** zu **sprechen** und wenig abzulesen.
• Sprich **langsam** und **deutlich**.
• **Sieh** beim Sprechen die Zuhörer **an**.
• Zeige an passenden Stellen **Bilder** und **Materialien**.

15 Wertet den Kurzvortrag gemeinsam aus:
   • War er überzeugend?
   • Wollt ihr in den Nationalpark fahren?
   Begründet mit Hilfe eurer Notizen.

➜ der Kurzvortrag auf einen Blick: Seite 273

 15

..., weil es dort viele	interessante spannende tolle	Freizeitmöglichkeiten Pflanzen Sportangebote Tiere	gibt.

An der Schule arbeiten

1 Ein Hausmeister, zwei Hausmeister, drei …
Wie oft seht ihr den Hausmeister im Bild?

2 Der Hausmeister hat viel zu tun!
Was tut der Hausmeister auf dem Bild?
Beschreibt es.

Z **3** Was entdeckt ihr noch alles auf dem Bild?
Beschreibt es.

2 annehmen – er nimmt … an   aufschließen – er schließt … auf
anrufen – er ruft … an   aufstellen – er stellt … auf

der Schulhof   das Treppenhaus   die Heizung   die Brötchen
                                       die Schule   die Pakete
                                                       die Tische

4 Und was tut der Hausmeister oder die Hausmeisterin
an eurer Schule?
Beschreibt es.

Z **5** Was möchtet ihr noch über den Beruf Hausmeister wissen?
Sammelt Fragen.

In diesem Kapitel lernt ihr zwei Berufe an der Schule kennen.
Die Berufe beschreibt ihr in Steckbriefen.

4 Unser Hausmeister heißt …   Unsere Hausmeisterin heißt …
Er arbeitet in …   Sie arbeitet in …
Er hilft mir, wenn …   Sie hilft mir, wenn …

Beruf: Hausmeister

Was hat ein Hausmeister den ganzen Tag zu tun?
Hausmeister Herr Klein erzählt es im folgenden Text.

Der Textknacker hilft dir, den Text zu verstehen.

1. Vor dem Lesen
2. Das erste Lesen
3. Den Text genau lesen
4. Nach dem Lesen

1 a. Was erzählen dir die Bilder und die Überschrift?
  b. Überfliege den Text.
    Welche Wörter und Wortgruppen fallen dir auf?
  c. Lies den Text genau, Absatz für Absatz.

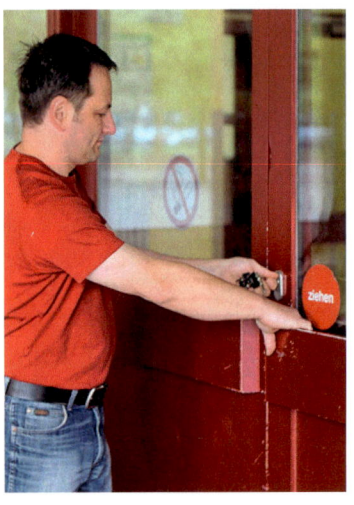

Mein Arbeitstag als Hausmeister

1 Morgens um sechs klingelt mein Wecker –
Zeit zum Aufstehen und Frühstücken!
Pünktlich um **7:00 Uhr** schließe ich die Schultür auf.
Ich mache einen Rundgang und kontrolliere
5 das Gebäude. Mein Handy vibriert. Der Elektriker
fragt an, ob er heute die Steckdosen im Kunstraum
erneuern kann. Wir vereinbaren einen Termin.
Die ersten Schülerinnen und Schüler und Lehrkräfte
treffen ein. Lehrer Hill braucht einen Fernseher
10 für die Klasse 7c. „Ich stelle den Fernsehwagen
gleich bereit", antworte ich.

2 Um **8:00 Uhr** ertönt der Gong zur ersten Stunde.
Langsam leert sich der Schulhof. Endlich Ruhe!
Da fährt ein Lastwagen über den Schulhof.
15 „Drei Pakete für die Schiller-Schule", ruft der Fahrer
mir zu. Ich nehme die Pakete an und trage
sie ins Schulgebäude. Plötzlich stehen hinter mir
mehrere Schüler: „Die Toiletten sind noch zu,
schließen Sie sie bitte, bitte schnell auf!"
20 „Unser Fenster klemmt, könnten Sie bitte mal
nachsehen?" – „In der 8c ist kein Strom …!"
Nacheinander erledige ich die kleinen Reparaturen.

3 Um **9:00 Uhr** mache ich Frühstückspause.
Aber wo ich die mache, verrate ich niemandem.

Zeilen 3 und 46: ich schließe auf → aufschließen ↔ ich schließe ab → abschließen
Zeilen 10–11:   ich stelle bereit → bereitstellen
Zeile 16:   ich nehme an → annehmen

25 **4** Um **9:30 Uhr** klingelt es zur großen Pause.
Alle rennen lärmend auf den Schulhof. Ich stehe
im Kiosk bereit und verkaufe Essen und Getränke.
Besonders beliebt sind heute die Käsebrötchen.

5 Ab **10:00 Uhr** ist wieder Ruhe. Die dritte Stunde
30 hat begonnen. Jetzt habe ich Zeit. Ich kann
kleine Schäden reparieren. Bei größeren Reparaturen
rufe ich Handwerker an und erteile ihnen Aufträge.
Wenn die Handwerker fertig sind, prüfe ich,
ob alles erledigt ist. Um **12:00 Uhr** knurrt
35 mein Magen – Zeit für die Mittagspause!

6 Nach dem Unterricht, gegen **13:30 Uhr**,
fege ich den Schulhof und pflege die Blumenbeete.
Für eine Versammlung von Lehrkräften und Eltern
muss ich in der Aula Tische und Stühle aufstellen.
40 Um **15:00 Uhr** bin ich mit allem fertig.
Am Nachmittag habe ich frei.

7 Ab **18:00 Uhr** trainieren Sportvereine
in der Schule. Ich schließe die Sporthalle
rechtzeitig auf. Um **20:00 Uhr** ist dann wirklich
45 Schluss. Ich mache den letzten Rundgang
und schließe alle Türen ab. Jetzt kann ich
meinen Feierabend genießen!

Was erfährst du über Herrn Kleins Arbeitstag?
Die wichtigsten Informationen kannst du in Stichworten aufschreiben.

2 Wann macht der Hausmeister Herr Klein was?
a. Schreibe alle Uhrzeiten untereinander auf.
b. Schreibe Stichworte zu den Tätigkeiten
neben die Uhrzeiten.

> **Starthilfe**
> • 7:00 Uhr: die Schultür
>   aufschließen, das Gebäude …
> • 8:00 Uhr: die Pakete
>   annehmen, …

3 Was erfahrt ihr noch in dem Text?
Stellt euch gegenseitig Fragen und beantwortet sie.

Z 4 Hast du Lust, für einen Tag die Arbeit des Hausmeisters zu machen?
Begründe deine Meinung.

3 Was ist Herr Klein von Beruf? Wo …? Von wann bis wann …?
Was macht …? Wann macht er Pausen? Warum arbeitet er bis …?
Warum verrät er niemandem, wo …?

Einen Berufe-Steckbrief schreiben

In dem Text hast du viel über Herrn Kleins Arbeitstag erfahren.
Welche Informationen gibt dir der Text über seinen Beruf?

1 a. Finde im Text auf Seite 64 und 65 die Informationen über den Beruf.
   Tipp: Lege zunächst eine Folie über den Text.
   Streiche alles, was nicht sachlich informiert.
b. Beantworte die folgenden W-Fragen in Stichworten.

> • Was ist Herr Klein von Beruf?
> • Wo arbeitet Herr Klein?
> • Von wann bis wann arbeitet Herr Klein?
> • Was macht Herr Klein?

**In einem Steckbrief kannst du
über den Beruf Hausmeister informieren.**

Berufe-Steckbrief

1 die Berufsbezeichnung:
2 der Arbeitsort:
3 die Arbeitszeit: von   bis   Uhr
*   und von   bis   Uhr*
4 die Tätigkeiten:

2 In einem Steckbrief ordnest du die Informationen nach
Hauptstichwörtern.
a. Lies die Hauptstichwörter 1 bis 4.
b. Jedes Hauptstichwort gibt Antwort auf eine W-Frage.
Schreibe das Hauptstichwort und
die passende W-Frage zusammen auf.

Starthilfe

1 die Berufsbezeichnung –
   Was ist Herr Klein von Beruf?

3 Schreibe den Berufe-Steckbrief zum Hausmeister auf.
   • Ergänze zunächst die Hauptstichwörter 1 bis 3.
   • Schreibe nur knappe sachliche Stichworte auf.
   • Wähle dann fünf Tätigkeiten aus, die du besonders wichtig findest.
     Schreibe sie zu Hauptstichwort 4.

Es gibt noch weitere wichtige Informationen über den Hausmeister.

4 Der Hausmeister Herr Klein beantwortet Fragen zu seinem Beruf.
Lies die Fragen und die Antworten.

Welche Ausbildung haben Sie?

Als Hausmeister hat man oft einen handwerklichen Beruf erlernt. Ich habe eine Lehre als Schlosser gemacht.

Welche Arbeitsmittel, Geräte und Werkzeuge verwenden Sie als Hausmeister?

Bei der Arbeit verwende ich mein Telefon, die Werkzeugtasche, einen Besen, ein Kehrblech und eine Schaufel.

5 a. Ergänze in deinem Steckbrief die Hauptstichwörter 5 und 6.
b. Schreibe jeweils Stichworte auf.

> 5 die Arbeitsmittel:
>
> 6 die Ausbildung: ein handwerklicher Beruf, z. B.

6 Tauscht eure Steckbriefe aus und überarbeitet sie
mit Hilfe der Arbeitstechnik.

Arbeitstechnik

Einen Berufe-Steckbrief schreiben und überarbeiten

- **Sammle Informationen** über den Beruf.
- Ordne die Informationen **den Hauptstichwörtern** zu.
- Schreibe kurze und **genaue Stichworte** auf.
  Beschränke dich auf **sachliche** Stichworte.
- **Überprüfe** deinen Steckbrief:
  Sind die Informationen **vollständig** und **verständlich**?
- **Schreibe** den Steckbrief sauber **ab** und **gestalte** ihn,
  z. B. mit einem Foto.

Beruf: Schulsekretärin

An einer Schule gibt es noch mehr Berufe.
In diesem Text stellt Frau Roth ihren Arbeitsalltag vor.
Auch zu ihrem Beruf kannst du einen Steckbrief
schreiben. Der Textknacker hilft dir dabei.

1. Vor dem Lesen
2. Das erste Lesen
3. Den Text genau lesen
4. Nach dem Lesen

1 Lies den Text mit Hilfe des Textknackers.

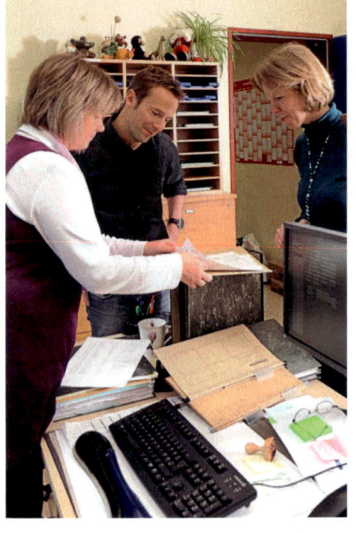

Mein Arbeitstag als Schulsekretärin

1 Ich heiße Luise Roth. Schon seit 22 Jahren
arbeite ich an dieser Schule als Schulsekretärin.

2 Vor 25 Jahren habe ich eine Ausbildung
zur Bürokauffrau gemacht. Direkt danach kam ich
5 an diese Schule. Zum Glück, denn die Schülerinnen
und Schüler halten mich jung und es ist immer
was los!

3 Das Schulsekretariat ist mein Arbeitsplatz.
Es liegt zwischen dem Büro des Schulleiters und
10 dem Lehrerzimmer. Im Sekretariat steht ein
großer Schreibtisch, an dem ich viel arbeite.

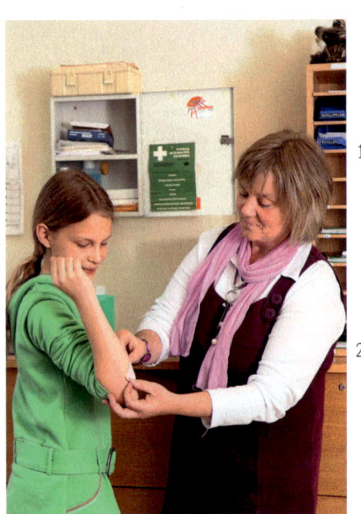

4 Meine Arbeit ist sehr abwechslungsreich:
Ich verwalte für jeden Schüler eine Karteikarte[1]
mit wichtigen Informationen, ordne Akten
15 und schreibe Briefe für den Schulleiter.
Zwischendurch nehme ich viele Telefonate an:
Ich gebe Eltern Auskünfte oder leite Anrufe
an die Schulleitung weiter. Manchmal muss ich
verletzte Schüler versorgen. Dann verteile ich
20 Pflaster. Oft reicht aber auch ein kleiner Trost oder
ein Traubenzucker. Außerdem helfe ich den Lehrern
bei der Organisation von Veranstaltungen,
zum Beispiel dem Sportfest. Dafür bereite ich
Listen und Urkunden vor.

[[1] eine Karteikarte verwalten: sich um eine Karteikarte kümmern

25 **5** Mein Arbeitstag beginnt um 7:30 Uhr und
endet um 15:00 Uhr. An besonderen Tagen,
zum Beispiel bei der Einschulung,
mache ich aber auch manchmal Überstunden².

6 Zu meinen wichtigsten Arbeitsmitteln
30 gehören der Computer, die Aktenordner,
der Kugelschreiber und das Telefon –
auch wenn ich das an manchen Tagen
am liebsten abschalten würde.

2 Welche Informationen über Frau Roths Beruf
findest du im Text?
Schreibe zu jedem Absatz Stichworte auf.

3 Zu jedem Absatz passt ein Hauptstichwort
aus dem Steckbrief.
Ordne jedem Absatz ein Hauptstichwort zu.

4 Schreibe einen Berufe-Steckbrief
über die Schulsekretärin.

5 a. Überprüft gegenseitig eure Steckbriefe.
b. Überarbeitet eure Steckbriefe.

> *Berufe-Steckbrief*
>
> *1 die Berufsbezeichnung*
> *2 der Arbeitsort*
> *3 die Arbeitszeit*
> *4 die Tätigkeiten*
> *5 die Arbeitsmittel*
> *6 die Ausbildung*

→ Tipps dazu: Arbeitstechnik Seite 67

Z 6 Der Text enthält noch weitere Informationen.
Stellt euch gegenseitig W-Fragen und beantwortet sie.

Wo liegt das Schulsekretariat?

Das Schulsekretariat liegt …

Mit welchen Menschen
hat Frau Roth zu tun?

…

Z Ihr habt Steckbriefe zum Hausmeister und zur Schulsekretärin geschrieben.

7 Vergleicht die beiden Steckbriefe.
• Welche Gemeinsamkeiten haben die Berufe?
• Welche Unterschiede gibt es?
• Was findet ihr an den Berufen interessant?

[² **Überstunden machen**: länger als die normale Arbeitszeit arbeiten

Einen Beruf in einem Steckbrief beschreiben

Damit ihr alle wichtigen Informationen auf einen Blick seht, könnt ihr eure Steckbriefe als Plakate gestalten.

1 Seht euch das Plakat zum Beruf **Hausmeister** an.

2 Was möchtet ihr an dem Plakat ändern?
Schreibt Vorschläge zur Verbesserung auf.

Checkliste für ein Plakat	ja	nein
Gibt es eine Überschrift?	☐	☐
Ist der Berufe-Steckbrief vollständig?	☐	☐
Sind die Informationen gut angeordnet?	☐	☐
Ist die Schrift groß genug und gut lesbar?	☐	☐
Passen die Bilder zum Thema des Plakates?	☐	☐
Werden die Bilder erklärt?	☐	☐

3 Überarbeitet das Plakat und gestaltet es neu.

4 Museums-Rundgang!
  • Hängt eure Plakate an den Wänden auf wie in einem Museum.
    Heftet neben jedes Plakat ein leeres Blatt.
  • Jeder beurteilt ein Plakat mit Hilfe der Checkliste.
    Schreibt Tipps und Anmerkungen auf das Blatt.

2 … ist (nicht) gut zu erkennen.
   … ist (nicht) vollständig.

Stichworte zu Tätigkeiten aufschreiben

In einem Steckbrief schreibst du Stichworte auf.
Hier kannst du üben, aus Sätzen Stichworte zu machen.

Die Sekretärin verteilt an Lehrerinnen und Lehrer Kreide und Papier.
Sie ordnet regelmäßig Akten und schreibt Briefe für den Schulleiter.
In der großen Pause versorgt sie manchmal verletzte Schüler.
Sie verbindet häufig Anrufer mit dem Schulleiter.

5 In diesem Text sind Tätigkeiten einer Schulsekretärin markiert.
Schreibe die Tätigkeiten in Stichworten auf.

> **Starthilfe**
>
> Tätigkeiten einer Schulsekretärin
>
> Kreide und Papier verteilen, …

Zu Beginn des Schuljahres baut der Hausmeister neue Regale auf.
Manchmal bringt er neue Tafeln in den Klassenräumen an.
Er legt bei Bedarf Termine mit Handwerkern fest.
Jeden Morgen stellt er belegte Brötchen im Kiosk bereit.

6 In diesem Text sind Tätigkeiten eines Hausmeisters markiert.
Schreibe sie auf.
Tipp: Setze die Teile der Verben zusammen.

> **Starthilfe**
>
> neue Regale aufbauen, …

7 Was macht die Sekretärin?
Was macht der Hausmeister?
a. Ordne die Wortgruppen zu.
b. Markiere die Verben.

> **Starthilfe**
>
> | die Sekretärin | der Hausmeister |
> | --- | --- |
> | … | alle Türen abschließen |
> | | … |

alle Türen abschließen
Anrufe an die Schulleitung weiterleiten
Pakete annehmen
die Schule aufschließen
die Sporthalle aufschließen
Listen und Urkunden vorbereiten
Telefonate annehmen
Tische und Stühle aufstellen

8 Schreibe mit jeder Wortgruppe einen Satz auf.
Markiere jeweils die beiden Teile des Verbs.

6 er baut auf → aufbauen   er bringt an → anbringen
er legt fest → festlegen   er stellt bereit → bereitstellen

z Einen Beruf im Interview erkunden

Möchtet ihr weitere interessante Berufe erkunden?
Ihr könnt jemanden über seinen Beruf befragen.

1 Welche Berufe interessieren euch?
Sammelt Ideen an der Tafel.

> die Busfahrerin, der Busfahrer
> die Maurerin, der Maurer
> die Frisörin, der Frisör
> die Gärtnerin, der Gärtner

W **2** Arbeitet in Gruppen zu dritt oder zu viert.
Wählt einen Beruf aus,
den ihr erkunden möchtet.

Jede Gruppe plant ein Interview.

3 Was müsst ihr alles tun?
• Welche Geräte und Materialien braucht ihr?
• Was müsst ihr vorbereiten?
Sammelt Ideen.

> Wir können nicht alle gleichzeitig Fragen stellen und Antworten aufschreiben.

> … hat viel zu tun. Wir sollten einen Termin verabreden.

> Wir können um ein Foto bitten.

> Dann brauchen wir eine Kamera.

4 Welche Aufgaben gibt es?
a. Schreibt in einen Arbeitsplan, **was** getan werden muss.
b. Ergänzt zu jeder Aufgabe, **wer** sie übernimmt.
c. Schreibt dazu, bis **wann** die Aufgabe erledigt wird.

Arbeitsplan: Ein Interview führen		
Was?	Wer?	Wann?
einen Termin verabreden	Jessica	
eine Kamera besorgen		
die Fragen stellen		

4 ein Aufnahmegerät besorgen   die Fragen aufschreiben
das Interview durchführen   die Fotos auswählen

Welche Fragen möchtet ihr in eurem Interview stellen?

5 Was wollt ihr erfahren?
Was interessiert euch?
Schreibt Fragen auf.

6 Übertragt die Fragen auf einen Interviewbogen.
Lasst hinter jeder Frage Platz für die Antwort.

Z 7 Übt euer Interview.
a. Verteilt die Rollen:
  • Einer stellt die Fragen.
  • Ein anderer spielt den Befragten.
    Tipp: Notiert vorher mögliche Antworten.
  • Die Übrigen beobachten das Interview.
b. Spielt das Interview.
c. Die Beobachter geben
  den beiden Sprechern eine Rückmeldung.

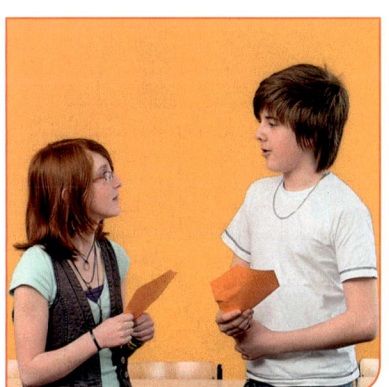

Nun könnt ihr das Interview durchführen.

8 a. Verabredet einen Termin für das Interview.
b. Führt das Interview durch.
  • Jeder aus der Gruppe sollte mindestens eine Frage stellen.
    Tipp: Sprecht euch vorher ab.
  • Ein Aufnahmegerät kann euch die Arbeit erleichtern,
    wenn ihr nicht so schnell mitschreiben könnt.
c. Nehmt Fotos auf.

W 9 Präsentiert die Ergebnisse des Interviews in der Klasse.
Wählt dazu aus:
• Ihr könnt einen Berufe-Steckbrief schreiben.
• Ihr könnt ein Plakat gestalten.
• Ihr könnt eine Projektmappe gestalten.
• Ihr könnt euren Interviewpartner in einem Vortrag vorstellen.

Z 10 Wertet am Schluss eure Gruppenarbeit aus.
• Was war gut?
• Was könnt ihr besser machen? ➔ „ein Interview führen" auf einen Blick: Seite 273

 5 Was sind Sie von Beruf?   Was macht Ihnen an dem Beruf Spaß?
Seit wann arbeiten Sie hier?

Ich passe auf, ich höre zu …

Ein Hausmeister und eine Sekretärin haben viel zu tun.
Eine Schülerin oder ein Schüler aber auch!

Leons Schultag Şule Aslan

Ein Schülerleben ist ganz schön schwer,
bitte schaut doch einmal her:
Ich passe auf,
ich höre zu,
5 ich denke nach,
ich schreibe auf,
ich schlage nach,
ich kreise ein,
ich rechne aus,
10 ich gebe ab.
Und da soll noch einer sagen,
dass nur Erwachsene Arbeit haben!

1 Stellt pantomimisch dar: Was hat Leon alles zu tun?
   • Einer wählt eine Tätigkeit aus und stellt sie ohne Worte dar.
   • Der andere rät, um welche Tätigkeit es sich handelt.

2 Was tut Leon an einem Schultag?
   a. Schreibe Sätze auf.
   b. Markiere die beiden Teile des Verbs.
   c. Schreibe die Verben in der Grundform
   (im Infinitiv) dahinter.

> **Starthilfe**
> Leon passt im Erdkundeunterricht auf. aufpassen
> …

3 Was wir Schülerinnen und Schüler alles können!
Schreibe acht Sätze auf.
Verwende die Verben aus dem Gedicht.

> **Starthilfe**
> Wir können aufpassen.
> Wir können …

2 aufpassen		**zuhören**	
ich passe auf	wir passen auf	ich höre zu	wir hören zu
du passt auf	ihr passt auf	du hörst zu	ihr hört zu
er/sie/es passt auf	sie passen auf	er/sie/es hört zu	sie hören zu

Auch in der Pause gibt es viel zu tun.

4 Was machst du alles in der Pause?
    a. Schreibe Sätze auf.
    b. Markiere die beiden Teile des Verbs.

aufessen
austrinken
mitbringen
herbeirufen
auspacken
auffangen
aufschlagen

> **Starthilfe**
> Ich esse mein Brot auf.
> …

Z 5 Was macht Leon in der Pause?
Schreibe mit jedem Verb aus Aufgabe 4 einen Satz auf.

> **Starthilfe**
> Leon isst sein Brot auf.
> …

6 a. Schreibe ein eigenes Gedicht.
     Verwende die Verben aus Aufgabe 4.
    b. Schreibe eine passende Überschrift auf.

> **Starthilfe**
> Die Pause ist gar nicht so schwer,
> bitte schaut doch einmal her:
> Ich esse auf,
> ich trinke …,
> ich …

7 Lies dein neues Gedicht in der Klasse vor.

> **Merkwissen**
> Einige Verben bestehen aus zwei Teilen. Man nennt sie **trennbare Verben**.
> In der **Grundform** (im Infinitiv) schreibst du sie **zusammen**: *ausrechnen*.
> Im **Satz** können die Teile des Verbs **getrennt** stehen: *Sie rechnet die Aufgabe aus*.

 4 mein Buch, ein Kartenspiel, meine Freunde, eine Banane, einen Ball, den Apfelsaft

Training:
Einen Berufe-Steckbrief schreiben

Den Beruf „Bäcker" kennen lernen

Kim, Deniz und Maja möchten den Beruf des Bäckers
in einem Steckbrief vorstellen. Sie besuchen
den Bäcker Herrn Klasing in der Bäckerei und
stellen ihm Fragen.

Steckbrief „Bäcker"

1 die Berufsbezeichnung
2 die Tätigkeiten
3 die Arbeitsmittel
4 der Arbeitsort
5 die Arbeitszeit

Was macht ein Bäcker?

Herr Klasing erzählt von den Tätigkeiten
eines Bäckers.

Steckbrief „Bäcker"

1 die Berufsbezeichnung
2 die Tätigkeiten
3 die Arbeitsmittel
4 der Arbeitsort
5 die Arbeitszeit

1 Was seht ihr auf den Fotos? Beschreibt.

Als Bäcker gehöre ich zu den Handwerkern.
Ich arbeite viel mit den Händen und
brauche viel Kraft. Gerade knete ich
einen Brotteig und einen Hefeteig
5 für Hörnchen. Ich backe aber auch Kuchen,
Kekse und Brötchen.

Ich muss die Menge der Zutaten
berechnen, die Zutaten wiegen und
mischen, den Teig rühren oder kneten,
10 den Teig in Backformen füllen und
die Backformen in den Backofen stellen.

2 Was macht ein Bäcker?
Schreibt die Tätigkeiten in Stichworten auf.

2 ich knete einen Brotteig → einen Brotteig kneten
ich backe Kuchen → Kuchen backen

Welche Geräte braucht ein Bäcker?

Herr Klasing hat von seinen Tätigkeiten erzählt.
Dafür braucht er als Arbeitsmittel
auch unterschiedliche Geräte.

Steckbrief „Bäcker"

1 die Berufsbezeichnung
2 die Tätigkeiten
3 die Arbeitsmittel
4 der Arbeitsort
5 die Arbeitszeit

3 Welche Geräte braucht Herr Klasing?
Sprecht über die Bilder:
- Welche Geräte kennt ihr?
- Was kann man mit den einzelnen Geräten tun?

der Backofen

der Rührbesen

das Rollholz

der Spritzbeutel

der Messbecher

die Mehlwaage

die Teigknetmaschine

4 Was kann Herr Klasing mit welchem Gerät tun?
a. Ordnet den Tätigkeiten das passende Gerät zu.
Tipp: Die hervorgehobenen Wörter helfen euch.
b. Schreibt die Sätze vollständig auf.

Mit _____ kann Herr Klasing **Mehl wiegen**.
Mit _____ kann Herr Klasing **Teig kneten**.
Mit _____ kann Herr Klasing Brote **backen**.
Mit _____ kann Herr Klasing Teig **ausrollen**.
Mit _____ kann Herr Klasing Zutaten **abmessen**.
Mit _____ kann Herr Klasing Zutaten **verrühren**.
Mit _____ kann Herr Klasing **Spritzgebäck** herstellen.

Starthilfe

Mit der Mehlwaage kann Herr Klasing …
…

3 der Messbecher ➜ mit dem Messbecher
das Rollholz ➜ mit dem Rollholz
die Mehlwaage ➜ mit der Mehlwaage

Wo arbeitet ein Bäcker?

Herr Klasing arbeitet nicht nur in der Backstube.
Er erzählt Kim, Deniz und Maja
von seinen verschiedenen Arbeitsorten.

5 **a.** Seht euch das Foto an.
b. Welcher Arbeitsort ist zu sehen?
Begründet eure Vermutung.

Ich arbeite täglich in der Backstube.
Einmal in der Woche fahre ich
in den Großmarkt.
Hier kaufe ich verschiedene Backzutaten ein.
Jeden Dienstagvormittag verkaufe ich
im Laden Backwaren und Kaffee.

6 Wo arbeitet ein Bäcker?
Schreibt die drei Arbeitsorte von Herrn Klasing auf.

Wann arbeitet ein Bäcker?

Herr Klasing zeigt Kim, Deniz und Maja
seinen Arbeitsplan.

Arbeitsplan						
Mo	**Di**	**Mi**	**Do**	**Fr**	**Sa**	**So**
frei	Beginn: 4:00 Uhr					frei
	Pause: 8:00 Uhr – 8:30 Uhr					
	Ende: 12:00 Uhr			Ende: 13:00 Uhr		

7 Beantwortet diese Fragen zum Arbeitsplan:
• An welchen Wochentagen arbeitet Herr Klasing?
• An welchen Tagen arbeitet er von 4:00 Uhr bis 12:00 Uhr?
• Wann beginnt und endet seine Arbeit am Freitag und Samstag?

 7 Er arbeitet von … bis …

Von	Dienstag bis Donnerstag	arbeitet er	von 4:00 Uhr bis 12:00 Uhr.
	Freitag bis Samstag		von 4:00 Uhr bis 13:00 Uhr.

Den Berufe-Steckbrief schreiben

Du hast viel über den Beruf des Bäckers erfahren.
Nun kannst du den Berufe-Steckbrief schreiben.
Deine Notizen helfen dir dabei.

Steckbrief „Bäcker"

1 die Berufsbezeichnung
2 die Tätigkeiten
3 die Arbeitsmittel
4 der Arbeitsort
5 die Arbeitszeit

8 Bereite einen Berufe-Steckbrief zum Bäcker vor.
   a. Schreibe die fünf Hauptstichwörter
     untereinander auf.
   b. Ergänze die **Berufsbezeichnung**.

9 Welche **Tätigkeiten** übt Herr Klasing als Bäcker aus?
   a. Wähle die Tätigkeiten aus, die du besonders wichtig findest.
   b. Schreibe deine ausgewählten Tätigkeiten in den Steckbrief.

10 Welche **Arbeitsmittel** verwendet Herr Klasing?
   a. Wähle die Arbeitsmittel aus, die du besonders wichtig findest.
   b. Schreibe deine ausgewählten Arbeitsmittel in den Steckbrief.

11 An welchen **Arbeitsorten** arbeitet Herr Klasing?
   Schreibe die Arbeitsorte in den Steckbrief.

12 Welche **Arbeitszeiten** hat Herr Klasing?
   Schreibe die Arbeitszeiten in den Steckbrief.

13 Überarbeitet eure Steckbriefe.
   a. Tauscht eure Steckbriefe aus und überprüft sie.
     • Gibt es zu jedem Hauptstichwort eine Antwort?
     • Ist alles verständlich?
     • Ist alles richtig geschrieben?
   b. Überarbeitet eure Steckbriefe allein.

→ „einen Steckbrief schreiben" auf einen Blick: Seite 271

Z **Vielleicht interessiert dich der Beruf des Bäckers.**

14 **a.** Im Internet kannst du dich über die **Ausbildung**
     zum Bäcker informieren. → sich im Internet informieren: Seite 128–131
   b. Ergänze die Informationen in deinem Steckbrief.

z Ein Beruferätsel

Frau Winkelmann und Frau Koslowski arbeiten an der Schule. Aber als was?
Nina und Kenan haben sich zu ihren Berufen ein Rätsel ausgedacht.
Ihr löst das Rätsel und lernt dabei die beiden Berufe kennen.

1 a. Seht euch die Fotos an.
b. Welche Berufe haben Frau Winkelmann und Frau Koslowski? Begründet.

Frau Winkelmann

Frau Koslowski

2 Im Beruferätsel sind die Informationen vermischt.
Lest das Beruferätsel genau.

K die Köchin
W die Raumpflegerin
o die Rührmaschine, der Herd
i die Poliermaschine
s für die Schüler kochen
l montags bis freitags von 8:00 Uhr bis 15:00 Uhr
n den Eingangsbereich der Schule kehren und wischen
k der Besen, das Putztuch
e der Schrubber, der Wischlappen
o in der Schulmensa
l montags bis freitags von 15:00 Uhr bis 18:00 Uhr
m die Klassenräume saugen
w die Waage, der Kochtopf und der Messbecher
s jeden Morgen zum Einkaufen der Lebensmittel in den Großmarkt fahren
k für jede Woche einen Speiseplan erstellen
a in allen Räumen des Schulgebäudes
n die Mülleimer in den Klassenräumen leeren
i die Zutaten für verschiedene Gerichte berechnen
n mit einem feuchten Putztuch die Tische abwischen

Welche Informationen gehören zu welchem Beruf?

3 Ordnet den Berufen die Informationen zu.
Schreibt sie in eine Tabelle.
Tipp: Wenn ihr alles richtig habt, ergeben sich zwei Lösungswörter.

Starthilfe	
W die Raumpflegerin	**K** die Köchin
i die Poliermaschine, …	…

4 Einer von euch ist Frau Winkelmann, einer ist Frau Koslowski.
Stellt euch gegenseitig Fragen zu eurem Beruf.
Beantwortet die Fragen mit Hilfe der Tabelle.

W Mit Hilfe der Informationen könnt ihr Berufe-Steckbriefe schreiben.
Wählt aus:
• Steckbrief „Raumpflegerin" oder „Raumpfleger"
• Steckbrief „Köchin" oder „Koch"

5 Bereitet einen Berufe-Steckbrief vor.
a. Schreibt die fünf Hauptstichwörter untereinander auf.
b. Ergänzt die Berufsbezeichnung.

6 Ordnet die Informationen aus der Tabelle den passenden Hauptstichwörtern zu.
Schreibt sie in den Berufe-Steckbrief.

Steckbrief
1 die Berufsbezeichnung
2 die Tätigkeiten
3 die Arbeitsmittel
4 der Arbeitsort
5 die Arbeitszeit

Z 7 Gestaltet euren Berufe-Steckbrief als Plakat.

→ ein Plakat gestalten: Seite 273

Z Welche Berufe gibt es oder gab es in deiner Familie?

8 Wähle einen Beruf aus, der dich besonders interessiert.
a. Sammle Informationen zu diesem Beruf.
• Befrage die Person aus deiner Familie.
• Oder informiere dich im Internet.

→ sich im Internet informieren: Seite 128–131

b. Schreibe einen Berufe-Steckbrief.

 4 Welchen Beruf …?, Wann …?, Welche Arbeitsmittel …?, Welche Tätigkeiten …?, Wo …?

Was quiekt und kracht

Speech bubbles: rtsch-rtsch-rtsch · knarrrzzz · fch-ch-ch-ch

1 Schließt für eine Minute die Augen und lauscht.
- Was könnt ihr jetzt gerade hören?
- Was hört ihr im Klassenraum?
- Was hört ihr draußen?

1 Ich höre …

Dieses Geräusch ist laut/leise/unheimlich …

Das klingt wie ein/ein/eine …

Ich habe das Geräusch schon einmal gehört, als …

es faucht	es kracht
es klopft	es quiekt
es knarrt	es raschelt
es knistert	es zischt

denn da?

> tok-tok-tok

> uieeeh

2   a. Seht euch das Bild an: Was könnt ihr sehen?
     b. Lest die Sprechblasen laut: Was könnt ihr hören?

3   Macht Geräusche zu dem Bild: mit eurer Stimme oder
mit den Händen oder … Probiert es aus.

In diesem Kapitel übt ihr, Geschichten mit Geräuschen vorzulesen.

2 Auf dem Bild sehe ich …
Das Bild sieht … aus.
In der Mitte ist … zu sehen.
Rechts / Links / Oben / Unten erkenne ich …

die Dunkelheit   düster
ein / der Lichtschein   graublau
das Schulhaus   unheimlich
ein / der Schulhof   verregnet

Es tropft und donnert

Bei einem Gewitter könnt ihr viele Geräusche hören, auch unheimliche.
Diese Zeilen aus einem Gedicht machen das Gewitter hörbar.

Gewitter   Erwin Moser

Blitze tollen
Donner rollen
Es plitschert und platscht
Es trommelt und klatscht
Es rauscht und klopft
Es braust und tropft

1 a. Lest die Zeilen aus dem Gedicht leise.
b. Lest die Zeilen so vor, dass man das Gewitter hören kann.

2 Ihr könnt die Gedichtzeilen auch zu zweit vortragen.
• Einer liest so vor, dass sich die Zuhörer das Gewitter vorstellen können.
• Der andere macht die Geräusche: mit der Stimme,
   mit den Händen oder …

3 Gestaltet ein Blatt zu dem Gedicht „Gewitter".
• Schreibt die Gedichtzeilen in die Mitte.
   Ihr könnt die Gewitter-Wörter besonders gestalten.
• Zeichnet Bilder dazu.
   Oder findet passende Bilder.

Z 4 Ihr könnt auch das vollständige Gedicht lesen oder vorlesen.

→ das vollständige Gedicht: Seite 286

W 5 Was ist noch alles bei einem Gewitter zu hören?
Wählt eine dieser Aufgaben aus:
• Ihr könnt weitere Wörter finden, die zu einem Gewitter passen.
• Ihr könnt Geräusche machen, die man bei einem Gewitter hört.
• Ihr könnt ein eigenes Gewittergedicht schreiben.

Es quiekt und faucht

Auch Tiere machen Geräusche.

u-iek-ie-iek

fch-fch-fch

rrrrrrrrrr

rtsch-rtsch-rtsch

6 Welche Geräusche machen die Tiere?
Schreibe Sätze auf. Ergänze passende Verbformen:
quiekt, knurrt, fauchen, raschelt.

Im Schweinestall ▭ es laut: Die Schweine warten auf ihr Futter.
In der Ecke sitzen zwei Katzen und ▭ sich an.
Den Hund scheint das zu stören, er ▭ böse.
Da ▭ doch etwas im Stroh!

7 Macht die Geräusche nach.

Ein Gewitter macht Geräusche, Tiere machen Geräusche.
Mit Gegenständen könnt ihr diese und andere Geräusche erzeugen.

8 **a.** Überlegt, wie ihr mit den Gegenständen Geräusche erzeugen könnt.
b. Probiert verschiedene Möglichkeiten aus.
c. Probiert noch andere Gegenstände aus.

Auch in Geschichten kommen Geräusche vor. Diese Geräusche könnt ihr
hörbar machen. Und ihr könnt diese Geschichten so vorlesen,
dass die Zuhörer sich genau vorstellen können, was geschieht.
Das übt ihr Schritt für Schritt in diesem Kapitel.

Eine Geschichte mit Geräuschen vorlesen

Bevor du die Geschichte vorlesen kannst, solltest du sie verstehen.
Dabei hilft dir der Textknacker.

1 Sieh den Text als Ganzes an:
Was erzählen dir die Bilder und die Überschrift?

1. Vor dem Lesen

2 Lies die Geschichte einmal: Was fällt dir auf?

2. Das erste Lesen

3 Lies die Geschichte genau, Absatz für Absatz.

3. Den Text genau lesen

Was quiekt und kracht in der Lesenacht?

Werner B. Ninte

1 Vorsichtig öffnet Karim die Schultür. Kalter Regen klatscht ihm ins Gesicht. Vor ihm liegt der dunkle Schulhof. Plötzlich blitzt es am Himmel. In der Ferne ist ein dumpfes Donnern zu hören.
5 Dann ist wieder alles still. Nur das Plätschern und Tröpfeln des Regens hält an.

2 Karim setzt seine Kapuze auf und macht sich eilig auf den Weg nach Hause. Er hat sein Buch mit Gruselgeschichten vergessen und will es noch
10 schnell holen. Wenige Minuten später ist er zurück. Die Bäume und Sträucher auf dem Schulhof wirken in der Dunkelheit wie unheimliche schwarze Ungetüme. Der Regen rauscht in den Blättern. Am Tage ist der Schulhof ein schöner Park.
15 Jetzt aber erscheint er geheimnisvoll.

3 Was ist das? Karims Herz scheint stehen zu bleiben. Da quiekt doch etwas ganz leise. Woher kommt das? Und wieder quiekt es und faucht noch dazu: „U-ie-ie-iek, u-ie-ie-ie-iek,
20 fch-fch-ch, fch-fch-ch-ch." Das Geräusch wird lauter und lauter. Richtig gruselig klingt es. Karim starrt mit großen Augen in die Dunkelheit. Doch nichts ist zu sehen. Dann knurrt es drohend: „Rrrrrrrrrr, rrrr, rrrrr." Plötzlich ist es ganz still. Hastig stolpert Karim
25 weiter. Nur noch wenige Schritte bis zur Schule.

4 „Buhu-hu-hu, buhu-hu-hu, buhu-hu-hu",
tönt es bedrohlich über ihm. Und dazu raschelt es
gespenstisch: „Buhu-hu-hu, buhu-hu-hu, rtsch,
rtsch-rtsch-rtsch, buhu-huhu, rtsch-rtsch, buhu!"
30 Karims Schritte werden immer schneller. Ohje!
Nun knackt es auch noch da drüben in den Büschen:
„Knack-knack-knack." Wer schleicht sich da an?
Und flüsterte da nicht jemand? – Mit weit
aufgerissenen Augen blickt Karim zum Gebüsch.
35 Aber er sieht nichts, hört nur: „Fst-fst-ft-ft-fst."
Was bewegt sich dort für ein Schatten? – Karim holt
tief Luft. Sein Herz klopft bis zum Hals.

5 Karim summt eine Melodie vor sich hin. So will er
sich selbst Mut machen. Es sind ja nur noch
40 ein paar Meter bis zur Schule. – „Krreck, krrck-kreck,
krreck, krreck, krrck-kreck – fst-fst-ft-ft", knarrt und
flüstert es nun direkt neben ihm. Karim läuft es
eiskalt den Rücken herunter[1]. Er rennt, so schnell
ihn seine Füße tragen. Der kurze Weg
45 zum Schulgebäude kommt ihm endlos vor.

6 Endlich kann er die Tür öffnen. Da huscht etwas
an ihm vorbei, und noch etwas. Karim traut
seinen Augen nicht: Im Lichtschein sieht er
zwei kleine Waschbären! Wie die ihn erschreckt
50 haben! – Bevor er den Leseraum betritt,
holt er tief Luft. Ob die anderen Karim ansehen
können, was er erlebt hat?

---

 4 Sprich mit einer Partnerin oder einem Partner
über diese Fragen:
- Wer ist die Hauptperson?
- Wo und wann spielt die Geschichte?
- Was erlebt und was fühlt die Person?
- Wie endet die Geschichte?

4. Nach dem Lesen

5 In der Geschichte kommen Geräusche vor.
  a. Lest abwechselnd die Textstellen mit den Geräuschen vor.
    Lest so, dass man die Geräusche hören kann.
  b. Beantwortet die Frage aus der Überschrift:
    Was quiekt und kracht in der Lesenacht?

[1] **Karim läuft es eiskalt den Rücken herunter:** Weil er sich gruselt,
hat er eine Gänsehaut.

Bitte gruseln!

Die Geschichte „Was quiekt und kracht in der Lesenacht" ist gruselig und enthält Geräusche. Das alles könnt ihr beim Vorlesen hörbar machen.
Ihr könnt das Vorlesen zu zweit vorbereiten und üben.

Der Absatz **1** der Geschichte ist schon zum Vorlesen vorbereitet.

1 Vorsichtig | öffnet **Karim** die Schultür. || Kalter **Regen** |

klatscht ihm ins Gesicht. || Vor ihm liegt |

der **dunkle** Schulhof. || Plötzlich **blitzt** es am Himmel. ||

In der Ferne ist | ein dumpfes **Donnern** zu hören. ||

Dann | ist wieder alles **still**. || **Nur** das Plätschern und

Tröpfeln des Regens | hält an. |

1 a. Lest Absatz **1** vor.
Wechselt euch nach jedem Satz ab.
b. Sprecht über die Markierungen im Text.

	eine kurze Pause machen
||	eine längere Pause machen
	die Stimme heben
	die Stimme senken
Plötzlich **blitzt** es	das **Wort** betonen

2 Übt mehrmals, Absatz **1** vorzulesen.
- Achtet auf die Markierungen im Text.
- Probiert verschiedene Möglichkeiten aus.
- Macht Geräusche an den passenden Stellen.
- Beratet darüber, was ihr noch verbessern könnt.

3 Bereitet Absatz **2** auf Seite 86 zum Vorlesen vor:
- Legt eine Folie über den Text.
- Probiert es aus: Wo wollt ihr eine Pause machen?
  Wo hebt oder senkt ihr die Stimme?
  Welche Wörter betont ihr?
- Tragt Markierungen auf der Folie ein.

„Richtig gruselig klingt es", findet Karim.
Auch ihr könnt es beim Vorlesen richtig gruselig klingen lassen.

4 Lest noch einmal Absatz **3** der Geschichte still.

3 Was ist das? Karims Herz scheint stehen zu bleiben. Da quiekt doch etwas ganz leise. Woher kommt das? Und wieder quiekt es und faucht noch dazu: „U-ie-ie-iek, u-ie-ie-ie-iek,
20 fch-fch-ch, fch-fch-ch-ch." Das Geräusch wird lauter und lauter. Richtig gruselig klingt es. Karim starrt mit großen Augen in die Dunkelheit. Doch nichts ist zu sehen. Dann knurrt es drohend: „Rrrrrrrrrr, rrrr, rrrrr." Plötzlich ist es ganz still. Hastig stolpert Karim weiter. Nur noch wenige Schritte bis zur Schule.

5 Welche Wörter und Sätze machen den Absatz gruselig und spannend?
Sprecht darüber.
Tipp: Ihr könnt die Stellen auch auf einer Folie markieren.

6 Lest Absatz **3** so vor, dass er gruselig und spannend klingt.
• Probiert es mehrmals aus:
Lest mal laut, mal leise.
Lest mal langsam, mal schnell.
• Besprecht, was ihr noch
ändern könnt.

> **Starthilfe**
>
> Was ist das?
>   *(flüstern und die Stimme heben)*
> Karims Herz scheint stehen zu bleiben.
>   *(immer langsamer sprechen und
>   die Stimme senken)*
> …

Am Ende der Geschichte heißt es:
„Ob die anderen Karim ansehen können, was er erlebt hat?"

7 a. Was erlebt Karim noch alles? Und wie fühlt er sich dabei?
Sprecht über die Absätze **4**, **5** und **6**.
b. Markiert auf einer Folie die gruseligen und spannenden Stellen.

8 a. Bereitet die Absätze **4**, **5** und **6** zum Vorlesen vor.
b. Lest euch die Absätze abwechselnd vor.
c. Besprecht, was euch gut gelungen ist und
was ihr noch verbessern könnt. → „ausdrucksvoll vorlesen" auf einen Blick: Seite 269

Eine Gruselgeschichte vorlesen

Ihr könnt nun die Gruselgeschichte „Was quiekt und kracht in der Lesenacht?" so vorlesen, dass die Zuhörer sich gruseln. Dazu könnt ihr eine Vorlesestunde planen, durchführen und auswerten. Ihr selbst seid die Vorleser und auch die Zuhörer.

→ Geschichte: Seite 86–87

1 Partnerarbeit! – **Das Vorlesen vorbereiten:**
- Teilt die Absätze untereinander auf.
- Besprecht auch, wer jeweils die Geräusche macht.
- Übt, die ganze Geschichte vorzulesen.

2 Klassengespräch! – **Das Zuhören vorbereiten:**
- Worauf wollt ihr als Zuhörer achten? Sammelt Stichworte.
- Erarbeitet aus den Stichworten einen Beobachtungsbogen.

Beobachtungsbogen: Vorlesen Vorleser/in:	☺	☺	☹
flüssig gelesen			
Tempo			
Lautstärke			
Betonung			
Geräusche			

Besonderheiten:

3 **Gut vorlesen:**
- Stellt euch gerade vor die Klasse.
- Sprecht deutlich.
- Seht die Zuhörer auch hin und wieder mal an.
- Beachtet eure Markierungen im Text.

4 **Aufmerksam zuhören:**
- Setzt euch ruhig hin und seht die Vorleser an.
- Hört aufmerksam zu und macht euch Notizen.

5 **Das Vorlesen auswerten:**
- Verwendet euren Beobachtungsbogen.
- Besprecht zunächst, was euch gut gefallen hat.
- Gebt Tipps, was man noch verbessern könnte.
- Tauscht euch sachlich und freundlich aus. Denn Kritik darf nicht verletzen!

Z 6 Ihr könnt auch einen Vorlesewettbewerb organisieren.

Ausdrucksvoll vorlesen

Mit dieser Gruselgeschichte kannst du noch einmal das Vorlesen üben.

7 Lies die Geschichte mit dem Textknacker:
die Bilder, die Überschrift, die Absätze, die Schlüsselwörter.

Lärm um Mitternacht   Heinz Müller

1 In ihrer ersten Nacht auf dem Ferienhof wurde Ilka plötzlich munter.
Sie hörte die Turmuhr und zählte mit, zwölf Schläge: „Bim – bim –
bim – bim – bim – bim – bim – bim – bim – bim – bim – bim."
Kurze Zeit darauf war von draußen zu hören, wie etwas pfiff,
5 zuerst ganz leise, dann immer lauter und immer schneller.
„Pfchchch, pfchchch, pfchchchchchch, uiiiiiiiii, uiiiiiiiiii, fchchchchch",
fauchte der Wind um das Haus. Immer stürmischer wurde es.

2 Und dann prasselte der Regen auf das Dach herab,
wie tausend Trommeln klang es: „Terrerrrrrrrrrrr, terrerrrrrrrrrrr." –
10 „Platsch, plitsch, klatsch, plitsch, klatsch" – dicke Regentropfen
landeten am Fenster. So rauschte, brauste und klopfte es
unaufhörlich, es schien überhaupt kein Ende zu nehmen:
„Pfchchchchchch, uiiiiiiiii, fchchchchch – terrerrrrrrrrrrr, plitsch,
klatsch, platsch." Ilka zog die Decke über ihren Kopf.

15 **3** Doch dann, so plötzlich, wie alles begonnen hatte, war es
wieder vorbei. Ilka stand auf, öffnete das Fenster und
ein angenehm kühler Lufthauch strömte in ihr Zimmer.
Von Ferne hörte sie die Turmuhr einmal schlagen:
„Bim" klang es durch die Luft, die nun wie gereinigt war.
20 Beruhigt legte sie sich wieder ins Bett und schlief ein.

8 a. Bereite die Geschichte zum Vorlesen vor.
b. Übe mehrmals, die Geschichte vorzulesen.
c. Lies die Geschichte vor: deiner Klasse oder deinen Eltern.

Arbeitstechnik

Ausdrucksvoll vorlesen

- Betone **wichtige Wörter**.
- Lies manche Textstellen **lauter**, manche **leiser**.
- Lies manche Textstellen **schneller**, manche **langsamer**.
- Mache **Pausen**, z. B. vor einer spannenden Stelle.

⊠ Wir bauen eine Klangwand

Diese Klangwand steht in einem großen Garten.

An der Klangwand hängen klingende Gegenstände.
Menschen, die vorbeikommen, machen Musik damit.
Sie hängen auch weitere klingende Gegenstände dazu.
Die Idee hatte der Künstler Bernd Maretsch,
der sonst Musikinstrumente baute.

1 Was würdet ihr noch an die Klangwand hängen?
Findet klingende Gegenstände im Klassenraum oder anderswo.

2 Wie bringt ihr die Gegenstände zum Klingen?
Probiert es aus und sprecht darüber.

2 hämmern, klimpern, klopfen, kratzen, pusten,
reiben, rütteln, schlagen, schütteln, …

Ihr könnt selbst eine Klangwand bauen.
Die Bilder zeigen, wie das geht.

3 Klassengespräch!
Wie bauen wir eine Klangwand?
a. Seht euch die einzelnen Bilder genau an.
b. Beschreibt die einzelnen Arbeitsschritte.
• Welche Gegenstände benötigt ihr?
• Was müsst ihr nacheinander tun?

4 Baut eine Klangwand.

5 Schreibt eine Bauanleitung.

Z Mit eurer Klangwand könnt ihr nun Musik machen.

6 Vertont eine Geschichte mit eurer Klangwand.
a. Überlegt, welche Töne und Geräusche zu der Geschichte
„Was quiekt und kracht in der Lesenacht?" passen. → Geschichte: Seite 86–87
b. Wer hat ein Handy? Nehmt die Töne und Geräusche auf.
c. Macht nun eine Lesung mit Musik und Geräuschen.
• Einer liest die Geschichte vor.
• Die anderen machen mit ihren Handys
an den richtigen Stellen die Musik und Geräusche.

3 5 Wir brauchen/benötigen …	stellen	zwei Tische, eine Stange,
Außerdem müssen wir … besorgen.	befestigen	das Klebeband, die Schnur
Zuerst stellen wir … verkehrt herum …	verknoten	*klingende Gegenstände:*
Danach/Als Nächstes/Zum Schluss …	anhängen	die Flasche, der Topf,
	benutzen	der Deckel, der Löffel,
		die Gabel, das Rohr

Bellt oder fiept die Maus?

Jedes Tier macht ein Geräusch. Aber welches?
Ob du es mit dem Gedicht „Manchmal" herausfindest?

Manchmal Jürgen Spohn

An manchen Tagen
geht nichts zusammen:
Da bellt die Maus.
Da kräht der Frosch.
5 Da muht das Schwein.
Da fiept der Hund.
Da quakt der Hahn.
Da quiekt das Huhn.
Da miaut die Ziege.
10 Da meckert die Meise.
Da gackert die Katze.
Da zwitschert die Kuh.

1 Lest das Gedicht mit verteilten Rollen vor.
Ahmt dabei auch die Tierstimmen nach.

2 Da bellt die Maus?
Das stimmt doch nicht!
a. Ordnet den Tieren die passenden Stimmen zu.
b. Schreibt das Gedicht richtig auf.

3 Und wenn es viele Mäuse sind?
Schreibe das **geordnete** Gedicht um.
Verwende den Plural.
Tipp: Verändere auch die Verbformen.

> **Starthilfe**
>
> Manchmal
> …
> Da bellen die Hunde.
> Da krähen die …

 3

Da	bellen krähen … gackern zwitschern	die	Hunde. Hähne. … Hühner. Meisen.

4 Du kennst noch mehr Tiere und ihre Stimmen.
Schreibe weitere Tiere zusammen mit ihren Stimmen auf.
Tipp: Du kannst ein Lexikon oder ein Wörterbuch verwenden.

> **Starthilfe**
> der Hirsch röhrt
> …

W 5 Schreibe ein eigenes „Manchmal"-Gedicht.
- Verwende die Tiere und Tierstimmen aus Aufgabe 4.
- Wähle aus: immer **ein** Tier oder immer **mehrere**.
- „Schüttele" die Tiere und ihre Stimmen schön „durcheinander".

> **Starthilfe**
> Manchmal
> An manchen Tagen
> geht nichts zusammen:
> Da wiehert das Küken.
> Da schnattert …

> *Oder:*
> Da wiehern die Küken.
> Da schnattern …

6 Ihr könnt das „Schüttelgedicht" von eurer Partnerin
oder eurem Partner ordnen.
a. Tauscht eure Gedichte aus.
b. Schreibt die Gedichte mit den passenden Tierstimmen auf.

7 Lest eure neuen Gedichte in der Klasse vor.

> **Merkwissen**
> Nomen können im Singular (in der Einzahl) stehen:
> *der Hund, das Huhn, die Maus.*
> Nomen können im Plural (in der Mehrzahl) stehen:
> *die Hunde, die Hühner, die Mäuse.*
> Die Verbform richtet sich nach dem Singular oder
> dem Plural des Nomens:
> *der Hund bellt, die Hunde bellen.*

4 der Hirsch, das Küken, das Pferd, die Biene, die Gans, die Grille
piepst, röhrt, schnattert, summt, wiehert, zirpt

Training:
Eine Geschichte vorlesen

In dieser Geschichte erzählt Alfons von einem unheimlichen Erlebnis.
Du kannst sie so vorlesen, dass deine Zuhörer sich gruseln.
Gut vorlesen kannst du, wenn du die Geschichte verstanden hast.
Der Textknacker hilft dir dabei.

1. Vor dem Lesen
2. Das erste Lesen
3. Den Text genau lesen
4. Nach dem Lesen

1 **a.** Sieh dir den Text als Ganzes an:
Was erzählen dir die Bilder und die Überschrift?
b. Überfliege die Geschichte.
• Wo spielt die Geschichte?
• Wer sind die Hauptpersonen?
c. Lies die Geschichte genau, Absatz für Absatz.

Gerhard Holtz-Baumert

Mein Erlebnis in der Gespensterbahn

**Eines Tages ging Alfons Zitterbacke
mit seinem Freund Erwin auf den Jahrmarkt.
Sie wollten mit der Gespensterbahn fahren.**

1 Der Mann an der Kasse sagte: „Kommen Sie rein,
hier werden Sie das Klappern Ihrer Zähne hören,
hier werden Sie zittern wie Hunde im Winter." Ich merkte,
wie mir eine kalte Hand auf dem Rücken herumkrabbelte.
5 Erwin und ich stiegen in einen Wagen.

2 Der Wagen machte einen Ruck, eine große Tür knallte
uns um die Ohren und wir fuhren ins Dunkel. Überall
heulte und jaulte es. Es ging im Zickzack[1], wir mussten uns
festhalten, damit wir nicht aus dem Wagen flogen.
10 Plötzlich blickte uns etwas mit rot glühenden Augen[2] an,
und wir sausten unter einer riesigen Eule durch.
Wir bumsten wieder gegen ein paar Türen, und
ich duckte mich etwas ins Polster, weil ich Angst hatte,
es ginge mir an die Ohren. Da erschien plötzlich
15 ganz blaurot ein Gespenst und drohte uns.
„Raus", schrie Erwin, „weg von hier!"
Aber wie konnten wir aus dem Wagen steigen,
der fuhr doch mit uns weiter, und es ging erst richtig los!

---

[1] **es ging im Zickzack:** Der Wagen fuhr schnell hin und her.
[2] **mit rot glühenden Augen:** mit Augen, die rot leuchten wie Feuer

3 Lange zittrige Finger griffen nun nach unseren Köpfen
20 und fuhren über unser Gesicht. „Totenfinger", schrie ich
und schloss die Augen. Dann schlug ein Blitz neben uns ein
und Donner rollte. Damit wir die Augen aufmachten,
blendete uns Licht[3], und zwei Hexen umtanzten
unseren Wagen. Die Fahrt wurde auf einmal langsamer,
25 es wurde ein bisschen heller, Erwin und ich guckten
uns an und wollten gerade aufatmen,
da entdeckten wir es.
In einer beleuchteten Nische stand ein Gerippe und
winkte uns zu. Wir fuhren ganz langsam drauflos.
30 Immer, immer näher. Mir stiegen die Haare zu Berge[4].
Ich sprang auf und schrie: „Ich kann nicht mehr …"

4 Erwin wollte mich festhalten, da machte der Wagen
einen Ruck und ich lag auf dem kalten Sand und
sah nichts. Ich hörte nur noch Erwin von ferne jammern:
35 „Hilfe, Zitterbacke, wo bist du?"
Ich war in der Gespensterbude allein. Raus wollte ich und
rappelte mich auf[5]. Als ich stand, sauste ein neuer Wagen
vorbei und eine Frauenstimme rief: „Ewald, schon wieder
ein Gespenst!" Die meinte wohl mich.

2 Klassengespräch!
a. Alfons und Erwin hatten Angst.
An welchen Textstellen merkt man das? Lest die Stellen vor.
Tipp: Die Schlüsselwörter helfen euch.
b. Wen hielt die Frau am Ende für ein Gespenst? Warum?

Ihr könnt zu zweit üben, die Geschichte spannend vorzulesen.
Besonders spannend klingt die Geschichte, wenn ihr die wörtliche Rede
auf besondere Weise vorlest.

 3 a. Lest noch einmal Absatz **1**.
b. Wie spricht der Mann an der Kasse?
Lest die wörtliche Rede vor.
Tipp: Ihr könnt schreien, flüstern, rufen, locken, …

4 Lest den ersten Absatz vor.
Probiert verschiedene Betonungen aus.

---

[3] **Licht blendete uns:** Licht schien uns sehr hell in die Augen.
[4] **mir stiegen die Haare zu Berge:** Ich hatte große Angst.
[5] **ich rappelte mich auf:** Ich stand wieder auf.

Unheimliches hörbar machen

Die Stimme ist beim Vorlesen euer wichtigstes Instrument.
Besonders spannend klingt es, wenn ihr wichtige Wörter
betont und Pausen an den richtigen Stellen macht.

1 a. Lest noch einmal Absatz **2**.
   b. Welche Wörter und Sätze machen den Absatz unheimlich?
      Legt eine Folie über den Absatz und markiert wichtige Wörter.
   c. Lest den Absatz so vor, dass man das Unheimliche hören kann.
      • Sprecht gruselige Wörter mit unheimlicher Stimme.
      • Macht Pausen an spannenden Stellen.

2 In Absatz **3** sind schon Betonungen und Pausen markiert.
   Lest den Absatz still.

3 **Lange** zittrige **Finger** griffen nun nach unseren Köpfen

und fuhren über unser Gesicht. | „Totenfinger", schrie ich

und schloss die Augen. || Dann schlug ein **Blitz** neben uns ein |

und **Donner** rollte. || Damit wir die Augen aufmachten, |

blendete uns Licht, | und zwei Hexen umtanzten

unseren Wagen. || Die Fahrt wurde auf einmal langsamer, |

es wurde ein bisschen heller, || Erwin und ich guckten uns an |

und wollten gerade **aufatmen**, |

da entdeckten wir es. ||

In einer beleuchteten Nische stand ein **Gerippe** und

winkte uns zu. Wir fuhren ganz langsam drauflos. ||

Immer, | immer || näher. Mir stiegen die Haare zu Berge. |

Ich sprang auf und schrie: „Ich kann nicht **mehr** …"

3 a. Lest die Sätze abwechselnd vor.
   b. Sprecht über die Markierungen.
   c. Übt mehrmals, den Absatz
      vorzulesen.

|	eine kurze Pause machen
||	eine längere Pause machen
⟋	die Stimme heben
⟍	die Stimme senken
ein **Blitz**	das **Wort** betonen

Eure Stimme kann noch mehr:
Ihr könnt schnell oder langsam sprechen.

 4 Bereitet Absatz 4 zum Vorlesen vor.
    a. Legt eine Folie über den Text auf Seite 97.
        Markiert wichtige Wörter und Pausen auf der Folie.
    b. Lest den Absatz vor. Probiert dabei verschiedene Möglichkeiten aus:
        • Lest mal schnell, mal langsam.
        • Sprecht die wörtliche Rede auf besondere Weise.

 5 Lest einen Absatz gleichzeitig vor.
    • Wenn einer von euch einen Fehler macht, verbessert er sich zuerst selbst.
     • Danach lest ihr den ganzen Satz noch einmal gleichzeitig vor.

6 Übt, den ganzen Text vorzulesen.
    Beachtet die Arbeitstechnik.

Arbeitstechnik

Ausdrucksvoll vorlesen

Du kannst eine Geschichte so vorlesen, dass **die Zuhörer**
sich **genau vorstellen** können, was geschieht.
Vor dem Lesen:
• Lies die Geschichte **mehrmals** leise.
  Der **Textknacker** hilft dir, sie zu verstehen.
Beim Lesen:
• Betone **wichtige Wörter**.
• Lies manche Textstellen **lauter**, manche **leiser**.
• Lies manche Textstellen **schneller**, manche **langsamer**.
• Mache **Pausen**, z. B. vor einer spannenden Stelle.
• Achte auf **die wörtliche Rede**:
  Die Zuhörer sollen verstehen, *wer* spricht.
  Sie sollen auch hören, *wie* jemand spricht.
• Achte auf die **Satzzeichen**.
  Hebe die Stimme leicht an, z. B. vor einem Komma.
  Senke die Stimme, z. B. nach einem Punkt.

  7 **a.** Lest die Geschichte vor Zuhörern vor.
        • Ihr könnt der Klasse einen Absatz vorlesen.
        • Ihr könnt die Geschichte eurer Familie oder euren Freunden vorlesen.
    b. Besprecht, was gut gelungen ist und was ihr noch verbessern könnt.
    Tipp: Ihr könnt auch einen Beobachtungsbogen verwenden.

→ Beobachtungsbogen: Seite 90

Die Welt der Bücher

Mir gefällt das Buch, weil es spannend aussieht.

Das ist bestimmt ein Abenteuerbuch.

Das ist bestimmt ein lustiges Buch!

1 a. Seht euch die Bilder auf den Büchern an.
Welche Bilder machen euch neugierig? Warum?

b. Stellt Vermutungen an: Worum könnte es in den Büchern gehen?

2 a. Lest die Titel der Bücher.

b. Welche Bücher möchtet ihr vielleicht lesen?
Begründet eure Entscheidung.

1 In dem Buch geht es bestimmt um …   Ich glaube, in dem Buch …
Wahrscheinlich erfährt man in dem Buch …   Mich interessiert das Buch, weil …

GRIMMS MÄRCHEN

Vollständige illustrierte Ausgabe

Sauerländer

Ich möchte wissen, worum es in dem Buch geht.

Das Buch finde ich nicht so interessant, denn …

BIBI DUMON TAK

Mit Zeichnungen von
FLEUR VAN DER WEEL

KUCKUCK, KRAKE, KAKERLAKE
Das etwas andere Tierbuch

DIE WILDEN HÜHNER

Cornelia Funke

DRESSLER

Astrid Lindgren
Ronja Räubertochter

Das ist ein Buch für …

Ich würde gern dieses Buch lesen.

In diesem Kapitel begegnet ihr vielen Büchern.
• Ihr erfahrt, wie ihr ein Buch zum Lesen auswählen könnt.
• Leitfragen werden euch beim Lesen helfen.
• In einer Lesemappe sammelt ihr alles rund ums Lesen.

3 Lege eine Lesemappe an.
Schreibe deinen Namen auf die Lesemappe.

Das Buchcover

Wie wählt ihr ein Buch aus? Ihr erfahrt schon viel,
wenn ihr euch den Buchdeckel, also das Buchcover, anseht.

Das Bild auf dem Buchcover verrät euch etwas über das Buch.

1 a. Seht euch die Bilder auf den Buchcovern an.
    b. Worum geht es wohl in den Büchern?
       Sprecht in der Klasse über eure Vermutungen.

Der Buchtitel sagt euch etwas über das Thema des Buches.

2 a. Lest die Buchtitel.
    b. Stellt Vermutungen über das Thema der Bücher an.

3 Welches der beiden Bücher möchtet ihr vielleicht lesen? das Buchcover
    a. Schreibt es mit einer Begründung auf.
    b. Heftet das Blatt in die Lesemappe.
       Tipp: Ihr könnt auch das Cover dazu zeichnen.

1 Auf dem Cover sehe ich …
    Man kann … erkennen.
    Ich denke, dass …
    Mich interessiert vor allem, ob …

Der Klappentext

Viele Bücher haben einen Klappentext.
Er steht oft auf der Rückseite des Buches.
Der Klappentext erzählt euch ganz kurz,
worum es in dem Buch geht.

der Klappentext ⟶

> Mitten im Wald, zwischen Räubern, Graugnomen und Wilddruden, wächst Ronja, die Tochter des Räuberhauptmannes Mattis, auf. Eines Tages trifft sie auf ihren Streifzügen Birk, den Räubersohn aus der verfeindeten Sippe von Borka. Und als die Eltern den beiden verbieten, Freunde zu sein, fliehen Ronja und Birk in die Wälder …

4 Die beiden Klappentexte gehören zu den Buchcovern
auf Seite 102.
Ordnet die Klappentexte den Buchcovern zu.

1

Philipp und Anne trauen
ihren Augen nicht[1], als sie
ein Baumhaus im Wald
entdecken. Gespannt
5 klettern sie über die lange
Strickleiter nach oben.
Was für ein toller Ausblick!
Doch plötzlich beginnt sich
das Baumhaus zu drehen.
10 Schneller und schneller!
Dann ist alles still.
Aber Philipp und Anne
sind nicht mehr da, wo sie
vorher waren. Sie sind im
15 Tal der Dinosaurier …

2

Mitten im Wald, zwischen
Räubern, Graugnomen
und Wilddruden[2], wächst
Ronja, die Tochter
5 des Räuberhauptmannes
Mattis, auf. Eines Tages trifft
sie auf ihren Streifzügen[3]
Birk, den Räubersohn
aus der verfeindeten Sippe
10 von Borka. Und als
die Eltern den beiden
verbieten, Freunde zu sein,
fliehen Ronja und Birk
in die Wälder …

5 a. Was verraten euch die Klappentexte
über den Inhalt der Bücher? Sprecht darüber.
b. Überprüft eure Vermutungen aus den Aufgaben 1 und 2.

der Klappentext

6 Bleibst du bei deinem ausgewählten Buch?
Oder würdest du nun das andere Buch auswählen?
a. Schreibe den Klappentext in deine Lesemappe.
b. Welche Wörter findest du spannend? Unterstreiche sie.
c. Begründe deine Wahl.

[1] **sie trauen ihren Augen nicht**: sie können es kaum glauben
[2] **Graugnome und Wilddruden**: unheimliche Wesen
[3] **auf ihren Streifzügen**: auf ihren Ausflügen

Ausschnitte aus zwei Büchern

Du bist dir noch nicht sicher, ob dir das Buch gefällt?
Dann lies einen Buchausschnitt. So kannst du entscheiden,
ob du das ganze Buch lesen möchtest.

📖 Im Tal der Dinosaurier   Mary Pope Osborne

1 Philipp verließ den Weg und ging mitten in den Wald
hinein. Die Bäume leuchteten golden im Licht
der untergehenden Sonne. „Hierher!", rief Anne.
„Schau mal!", sagte sie und deutete auf eine Strickleiter.
5 Das war die längste Strickleiter, die Philipp
je gesehen hatte. „Nicht zu fassen!", flüsterte er.
Die Leiter führte ganz hoch in die Baumkrone.
Und dort, zwischen den Zweigen, war ein Baumhaus.
„Das ist bestimmt das höchste Baumhaus der Welt!",
10 meinte Anne.

2 Philipp und Anne stiegen zu dem Baumhaus hinauf.
Dort oben war der ganze Raum voller Bücher.
„Schau, hier ist ein Buch für dich!" Anne hielt ein Buch über
Dinosaurier hoch. Da war das Bild eines fliegenden Reptils,
15 eines Pteranodons[1]. Philipp fuhr mit dem Finger
die riesigen, fledermausartigen Flügel nach.
„Oh, Mann!", flüsterte er. „Ich wünschte, ich könnte
so ein Pteranodon mal in Wirklichkeit sehen."

3 Philipp sah aus dem Fenster. Dann blickte er
20 auf das Bild in dem Buch und dann wieder
aus dem Fenster. Die Welt draußen vor dem Fenster
und die auf dem Bild sahen absolut gleich aus.
Das Pteranodon segelte über den Himmel. Der Boden
war mit riesigen Farnen[2] und hohen Gräsern bewachsen.

25 Ein Fluss schlängelte sich durch die Landschaft,
Philipp sah einen Hügel und in der Ferne Vulkane[3].
„Wo … sind wir denn?", stammelte Philipp.
Das Pteranodon landete am Fuß des Baumes und saß
ganz still. „Was ist passiert?", fragte Anne. Sie sah
30 Philipp an, er sah sie an. „Ich weiß auch nicht", sagte er.
„Ich habe mir dieses Buch angesehen …"

[1] **das Pteranodon**: ein fliegender Saurier. Er lebte in der Kreidezeit.
[2] **der Farn**: eine Pflanze, die im Wald wächst
[3] **der Vulkan**: ein Berg, aus dem heiße Flüssigkeit strömt

Leitfragen helfen dir, den Buchausschnitt zu verstehen.
Die Leitfragen und deine Antworten sammelst du
in deiner Lesemappe.

Wer sind die Hauptpersonen?

Wer?

W 1 a. Schreibe die Namen der Hauptpersonen auf.
   b. Wie stellst du dir die Hauptpersonen vor?
      Wähle aus:
      • Beschreibe, wie die Personen aussehen könnten.
      • Oder zeichne die Personen.

Wo spielt die Geschichte?

Wo?

2 Was erfährst du über das magische Baumhaus?
   a. Zeichne das magische Baumhaus.
   b. Beschreibe es.
   c. Warum ist das Baumhaus ein magisches Baumhaus?
      Schreibe es auf.

Wann spielt die Geschichte?

Wann?

3 Philipp und Anne befinden sich plötzlich
   in einer anderen Zeit, nämlich in der Kreidezeit.
   Was erfährst du in der Geschichte über diese Zeit?
   Schreibe es auf.
   Tipp: Lege zunächst eine Folie über den Text und markiere.

Z 4 Was weißt du noch über die Kreidezeit?
   a. Informiere dich im Lexikon oder im Internet.
   b. Schreibe die Informationen auf.
   c. Hefte die Informationen in deine Lesemappe.

5 Du hast nun einen ersten Eindruck von dem Buch erhalten.
   Würdest du das Buch gern lesen?
   Schreibe deine Meinung auf und begründe sie.

**Was Anne und Philipp in der Kreidezeit erleben,
kannst du in dem Buch lesen.**

2 eine lange Strickleiter, eine riesige Baumkrone, … bis in den Himmel …

Mit Hilfe der Leitfragen kannst du auch diesen Ausschnitt verstehen.
Die Antworten sammelst du in deiner Lesemappe.

📖 Ronja Räubertochter   Astrid Lindgren

Ronja ist eine Räubertochter. Sie lebt in der Mattisburg.
Eines Tages rannte Ronja durch den Mattiswald.
Dort begegnete sie Birk, dem Sohn der verfeindeten Räuberfamilie.

1 „Gib Acht, Räubertochter", sagte Birk. „So eilig hast du es
ja wohl nicht, oder?"
„Wie eilig ich es habe, geht dich nichts an", fauchte sie und
stürmte weiter. Doch dann verlangsamte sie ihre Schritte.
5 Ihr kam der Gedanke zurückzuschleichen, um zu sehen,
was Birk in ihrem Wald trieb.

2 Er hockte vor dem Bau, wo ihre Fuchsfamilie wohnte.
Das machte sie nur noch wütender, denn es waren ja
ihre Füchse! Sie hatte sie schon beobachtet,
10 seit im Frühjahr die Jungen zur Welt
gekommen waren. Sie sprangen und bissen und
balgten sich¹ vor dem Bau und Birk saß da
und schaute zu.
Er saß mit dem Rücken zu ihr, dennoch merkte er
15 auf geheimnisvolle Weise, dass sie hinter ihm stand,
denn ohne sich umzuwenden rief er:
„Was willst du, Räubertochter?"

3 „Ich will, dass du meine Jungfüchse in Frieden lässt und
aus meinem Wald verschwindest!" Da stand er auf und
20 kam zu ihr. „**Deine** Jungfüchse! **Dein** Wald! Die Jungfüchse
gehören nur sich allein, verstehst du das nicht? Und sie leben
im Wald der Füchse. Und es ist auch der Wald der Wölfe und
der Bären, der Elche und der Wildpferde." […] „Erzähl mir
was Neues", sagte Ronja, „was ich nicht besser weiß als du.
25 Sonst halt lieber den Mund."

1 • **Wer** sind die Hauptpersonen?
• **Wo** spielt die Geschichte?
• **Wann** spielt die Geschichte?
Schreibe die Antworten in deine Lesemappe.

Wer?
Wo?
Wann?

[¹ **sie balgten sich**: sie stritten / rauften sich

Ronja und Birk sind keine Freunde.

2 • Was tat Ronja? Was sagte sie?
• Warum reagierte Ronja so?
Schreibe es in deine Lesemappe.

3 • Was tat Birk? Was sagte er?
• Was dachte Birk?
Schreibe es in deine Lesemappe.

An einem Winterabend geriet Ronja beim Skifahren in eine Notlage.

4 Ronja schoss den Hang hinab. Plötzlich gab es
eine Vertiefung in der Schneedecke. Ronja flog
darüber hinweg. Doch mitten im Flug verlor sie
einen Ski. Ihr Fuß brach bei der Landung
30 in die Schneedecke ein. Ronja steckte bis zum Knie fest.
Sie sah noch, wie ihr Ski den steilen Hang hinunterrutschte.
Zuerst lachte sie darüber. Doch das Lachen verging ihr bald.
Sie bekam ihren Fuß nicht mehr frei. Wie sehr sie auch zog,
es half nichts. […]

35 **5** Es war totenstill. Ein eiskalter Wind wehte. Ronja lag reglos da.
Große Schneeflocken fielen vom Himmel.
Da hörte Ronja, wie jemand ihren Namen rief. Das konnte nur
ein Traum sein. „Ronja, willst du denn nicht nach Hause?"
Mühsam öffnete sie die Augen. Vor ihr stand Birk.
40 „Ich hab da unten deinen Ski gefunden. Du brauchst wohl Hilfe?"

4 • Was könnte Ronja denken?
• Hilft Birk wohl Ronja? Oder hilft er ihr vielleicht nicht?
Schreibe deine Vermutungen auf und begründe sie.

Du hast nun einen ersten Eindruck von dem Buch erhalten.

5 Würdest du das Buch gern lesen?
Schreibe deine Meinung auf und begründe sie.

Ob Ronja und Birk Freunde werden, kannst du in dem Buch lesen.

4 Oh nein, ausgerechnet Birk! Was will der denn hier? …

Deine Lesemappe

Deine Lesemappe begleitet dich immer, wenn du ein Buch liest.
Du kannst in deiner Lesemappe Informationen, viele gute Ideen,
eigene Texte und Bilder sammeln.

1 Was alles gehört in deine Lesemappe?
   a. Lies die folgenden Ideen.
   b. Überlege, wie du deine Lesemappe gestalten möchtest.

Das Buchcover

Schreibe Informationen zum Buchcover auf.
- Was ist auf dem Buchcover zu sehen?
- Wie heißt der Buchtitel?
- Wie heißt der Autor?

Der Klappentext

Fasse kurz zusammen, was der Klappentext über das Buch erzählt.

Wer ist die Hauptperson?

Wähle eine Person aus dem Buch aus.
- Du kannst die Person zeichnen.
- Du kannst die Person in einem kurzen Text beschreiben.
- Du kannst die Person sich selbst vorstellen lassen.

Wo spielt die Geschichte?

- Du kannst den Ort beschreiben.
- Du kannst den Ort zeichnen.
- Du kannst Informationen zu dem Ort
  im Lexikon oder im Internet suchen.

Der Ort ist schön / hässlich, weil
Das Besondere an diesem Ort ist, dass
Der Ort ist im Buch wichtig, denn

Wann spielt die Geschichte?

- Du kannst aufschreiben,
  in welcher Zeit dein Buch spielt.
- Du kannst dich im Lexikon oder
  im Internet über die Zeit informieren.
- Du kannst Bilder über die Zeit
  in Sachbüchern oder im Internet suchen.

Mein Buch spielt in der heutigen Zeit /
in der Vergangenheit / im Jahr

Was ist deine Lieblingsstelle?

Du kannst eine besondere Textstelle auswählen.
- Schreibe die Seitenzahl auf.
- Fasse kurz zusammen, was
  in dieser Textstelle geschieht.
- Begründe, warum die Stelle
  deine Lieblingsstelle ist.

> – Eine wichtige Textstelle steht
>   auf der Seite
> – Das geschieht dort:
> – Die Textstelle finde ich
>   besonders wichtig / lustig /
>   traurig, weil

Welche Gedanken und Gefühle hattest du?

Du kannst aufschreiben, was du beim Lesen
gedacht und gefühlt hast.
- Was hat dir gut gefallen?
- Was hat dir nicht so gut gefallen?
Begründe deine Meinung.

Zu deiner Lesemappe gehört auch ein Inhaltsverzeichnis.

2 Du hast nun viele Blätter in deiner Lesemappe gesammelt.
  a. In welcher Reihenfolge möchtest du die Blätter ordnen?
  Nummeriere die Seiten.
  b. Schreibe ein Inhaltsverzeichnis für deine Lesemappe.
  Tipp: Gestalte das Inhaltsverzeichnis mit schöner Schrift
  und mit Bildern. Du kannst z. B. einzelne Buchstaben
  oder die Seitenangaben verzieren.

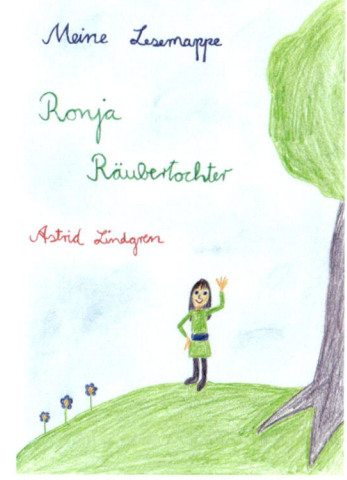

3 Gestalte zum Schluss ein schönes Deckblatt
passend zum Buch.
Schreibe auch deinen Namen darauf.

→ die Lesemappe auf einen Blick: Seite 269

Ein Jugendbuch auswählen

Möchtest du dieses Buch lesen?
Finde es selbstständig heraus.

1 **a.** Sieh dir das Buchcover an.
  • Was verrät dir das Bild?
  • Wie heißt der Buchtitel?
  • Wie heißt die Autorin?
b. Schreibe die Antworten auf.

Die wilden Hühner   Cornelia Funke

Es war ein wunderbarer Tag. Warm und weich
wie Hühnerfedern. Aber leider ein Montag.
Und die riesige Uhr über dem Schuleingang
zeigte schon Viertel nach acht, als Sprotte
5 auf den Schulhof gerast kam. „Mist!", sagte sie,
bugsierte[1] ihr Rad in den verrosteten Fahrradständer
und zerrte die Schultasche vom Gepäckträger.
Dann stürmte sie die Treppe rauf und
rannte durch die menschenleere Pausenhalle.
10 Auf der Treppe raste sie fast in Herrn Mausmann,
den Hausmeister, hinein. „Hoppla!", sagte er und
verschluckte sich an seinem Käsebrot.
„'tschuldigung!", murmelte Sprotte – und stürmte
weiter. Noch zwei Flure entlang, dann stand sie
15 japsend[2] vor ihrer Klassentür. Mucksmäuschenstill
war's da drin. Wie immer bei Frau Rose.
Sprotte schnappte noch einmal nach Luft, klopfte
und öffnete die Tür. „'tschuldigung, Frau Rose",
sagte sie, „ich musste noch die Hühner füttern."

2 Beantworte die Leitfragen zum Textausschnitt schriftlich.
  • **Wer** ist die Hauptperson?
  • **Wo** und **wann** spielt die Geschichte?
  • **Was** geschieht?

3 Würdest du das Buch gern lesen?
Schreibe eine Begründung auf.

---

[1] **sie bugsierte:** sie schob, sie beförderte
[2] **japsend:** keuchend, Luft schnappend

☑ Ein Buch vorstellen

Wenn du ein Buch gelesen hast, kannst du es in deiner Klasse vorstellen.
Deine Lesemappe hilft dir bei der Vorbereitung.

1 Bereite eine Buchvorstellung vor.
    a. Lies noch einmal die Einträge in deiner Lesemappe.
    b. Wie möchtest du deine Buchvorstellung gliedern?
        Mache dir Notizen mit Hilfe des Inhaltsverzeichnisses.

> das Buchcover
> der Klappentext
> Wer?
> Wo?
> Wann?
> Was?

2 Wähle passende Materialien für deine Buchvorstellung aus.
    • Lege das Buch bereit.
    • Wähle einen Textausschnitt aus, den du vorlesen möchtest.
    • Welche Bilder möchtest du zeigen?

3 Übe, dein Buch vorzustellen.
    Du kannst die folgenden Satzanfänge verwenden.

    • Ich möchte euch mein Buch vorstellen. Es hat den Titel   .
    • Der Autor/die Autorin heißt   .
    • Die Hauptpersonen sind   .
    • In dem Buch geht es um   .
    • An dem Buch hat mir besonders gut gefallen, dass   .

4 Stelle dein Buch der Klasse vor.
    Beachte dabei die Arbeitstechnik.

> **Arbeitstechnik**
>
> **Ein Buch vorstellen**
>
> • Zeige den Zuhörern das **Buchcover**.
> • Nenne den **Titel** und den **Autor** des Buches.
> • **Wer?** – Stelle die **Hauptpersonen** vor.
> • **Wo?** – **Wann?** – **Was?** – Erzähle **kurz** etwas über den **Inhalt**
>   des Buches. Aber verrate nicht zu viel.
> • Erkläre, **warum** dir das Buch gut **gefallen**
>   (oder nicht so gut gefallen) hat.
> • **Lies** einen **Ausschnitt** aus dem Buch **vor**.

5 Wertet die Buchvorstellung gemeinsam aus.
    • Welche Fragen habt ihr noch?
    • Würdet ihr das Buch gern lesen?

Was alles fand der Bücherwurm?

Auf seiner Reise durch das Bücherland fand der Bücherwurm sieben Sachen.
Welche sieben Sachen? Du kannst es mit diesem Gedicht herausfinden.

Der Bücherwurm   Şule Aslan

Ein kleiner, schlauer Bücherwurm
kroch auf einen Bücherturm.
Er reiste durch das Bücherland,
wo er sieben Sachen fand:
5 Einen spannenden Krimi,
ein verstaubtes Bilderbuch,
eine gruselige Fantasiegeschichte,
einen aufregenden Abenteuerroman,
einen lustigen Comic,
10 ein vergilbtes Heft
und einen roten Füller.
Er setzte sich an einen Tisch
und schrieb ein eigenes Gedicht.

1 Lies das Gedicht laut.
Versuche, dir die sieben Sachen zu merken,
die der Bücherwurm gefunden hat.

2 Konntest du dir alle sieben Sachen merken?
 a. Decke das Gedicht ab.
 b. Sage die sieben Sachen auswendig auf.

3 Welche sieben Sachen fand der Bücherwurm?
 a. Schreibe einen Satz mit allen sieben Wortgruppen auf.
 b. Markiere jeweils die unbestimmten Artikel und
 die Endungen der Adjektive farbig.

> **Starthilfe**
>
> Der Bücherwurm fand einen spannenden Krimi,
> ein verstaubtes Bilderbuch, eine gruselige …

 2 Der Bücherwurm fand einen spannenden Krimi. ➔ ein spannender Krimi

4 Welche Gegenstände findet der Bücherwurm noch?
Schreibe Sätze auf.
Beschreibe dabei jeden Gegenstand mit einem Adjektiv genauer.
• Du kannst die Satzschalttafel verwenden.
• Du kannst auch eigene Sätze schreiben.

Der Bücherwurm findet	einen	alt- bunt- kaputt-	en	Fußball. Regenschirm. Wecker.
	ein	groß- hübsch-	es	Foto. Lineal.
	eine	lustig- winzig-	e	Perle. Socke.

5 Schreibe ein eigenes Gedicht.
Verwende die Gegenstände aus Aufgabe 4.

> **Starthilfe**
> …
> Einen bunten Regenschirm,
> ein lustiges Foto,
> …

6 Lest eure Gedichte in der Klasse vor.

Z 7 Du kannst auch ein Gedicht über ein Buch schreiben.
  a. Welche Orte, Personen und Gegenstände gibt es in dem Buch?
    Schreibe Nomen mit ihren unbestimmten Artikeln auf.
  b. Beschreibe die Orte, Personen und Gegenstände mit Adjektiven genauer.
    Verwende die richtigen Endungen.
  c. Schreibe das ganze Gedicht auf.

> **Merkwissen**
>
> Adjektive **beschreiben Nomen** genauer.
> Sie können **zwischen Artikel und Nomen** stehen.
> Achte auf die Endungen:
> *Der Bücherwurm fand einen alten Roman,*
> *ein verstaubtes Buch, eine gruselige Geschichte.*

 7

In dem Buch gibt es	einen	gefährlich- mutig-	en	Dinosaurier. Helden.
	ein	riesig- treu-	es	Haus. Mädchen.
	eine	unheimlich- wunderschön-	e	Burg. Feder.

Training:
Wir gehen in die Bücherei

Jonas und Alina gehen in die Bücherei.

1 Klassengespräch!
Seht euch das Bild an.
- Was könnt ihr alles in einer Bücherei entdecken?
- Welche Abteilungen gibt es?

In einer Bücherei könnt ihr nicht nur Bücher ausleihen.

2 Was könnt ihr alles in einer Bücherei ausleihen?
Sprecht darüber.

3 a. Welche Abteilungen interessieren euch besonders? Begründet.
b. Was würdet ihr gern ausleihen? Sammelt es an der Tafel.

1
die Hörbuchabteilung
die Jugendbuchabteilung
der Lesetisch

die Mediathek
das Neuheitenregal
die Sachbuchabteilung

Was gibt es alles in der Jugendbuchabteilung?

Jonas und Alina gehen in die Jugendbuchabteilung.
Dort sind die Bücher nach Themen geordnet.

4 Welche Themen gibt es in der Jugendbuchabteilung?
Schreibe sie untereinander auf.

5 Wo im Regal stehen die folgenden Bücher?
Ordne die Buchtitel den Themen zu.

Z 6 Welches der vier Bücher möchtest du gern lesen?
Begründe.

6 ..., denn ich finde es interessant/spannend/gruselig.
..., denn ich interessiere mich für ...

Wie findest du Bücher mit dem Computer?

Im Computer der Bücherei kannst du Bücher suchen.

Jonas gibt in das Suchfeld das Stichwort Harry Potter ein.

Titel: Harry Potter und der Stein der Weisen — **Band:** 1
Autor/in: Joanne K. Rowling[1]
Jahr: 1998
Signatur JUG 900 Row
Dieser Titel ist vorhanden.

Titel: Harry Potter und die Kammer des Schreckens — **Band:** 2
Autor/in: Joanne K. Rowling
Jahr: 1998
Signatur JUG 900 Row
Dieser Titel ist verliehen.

Titel: Harry Potter und der Feuerkelch — **Band:** 4
Autor/in: Joanne K. Rowling
Jahr: 2000
Signatur JUG 900 Row
Dieser Titel ist vorhanden.

1 a. Lies die Informationen auf dem Bildschirm.
   - Wie heißt Band 1?
   - Wie heißt die Autorin?
   - Welche Bände sind verliehen?
     Welche Bände sind vorhanden?
   b. Kann Jonas Band 1 ausleihen? Begründe.

Alina möchte lieber ein spannendes Hörbuch ausleihen.
Sie gibt Hörbuch + Abenteuer in das Suchfeld ein.

Titel: Das Rennen zum Südpol (Audio CD)
Autor/in: Arved Fuchs
Dieser Titel ist vorhanden.

Titel: Die drei ??? In der Geisterstadt (Hörkassette)
Autor/in: Ulf Blanck
Dieser Titel ist vorhanden.

Titel: Fear Street 01. Falsch verbunden … (Audio CD)
Autor/in: R. L. Stine
Dieser Titel ist verliehen.

2 Lies die ersten drei Suchergebnisse.
Welche Hörbücher werden angezeigt?

3 Welches Hörbuch würde dich interessieren?
Begründe.

[[1] **Joanne K. Rowling** [sprich: Dschoän Käi Roling]

116

Wie findest du ein Buch im Regal?

Jedes Buch in der Bücherei hat eine eigene Kennzeichnung
aus Buchstaben und Zahlen. Diese Kennzeichnung nennt man Signatur.

4 Welche Signaturen haben die folgenden Bücher?
Schreibe sie auf.

> **Titel:** Weltgeschichte
> Autor/in: Manfred Mai
> Signatur G 200 Mai
>
> **Titel:** Beinhart, die Steinzeit
> Autor/in: Terry Deary
> Signatur G 210 Dear

> JUG – Jugendbücher
> G – Geschichte
> N – Natur

Die Abkürzungen sagen dir, in welcher Abteilung du ein Buch findest.

5 In welcher Abteilung findest du die beiden Bücher?
Schreibe es auf.

Z 6 Was bedeuten die Abkürzungen am Ende der Signatur?
Begründe deine Vermutung.

7 Seht euch das Foto genau an.
- Welches der beiden Bücher
  findet ihr in diesem Regal?
- Wie heißt das Buch mit
  der Signatur **G 200 Nase**?

Z 8 Erkundet eine Bücherei in eurer Nähe.
- Wie ist die Jugendbuchabteilung
  aufgebaut?
- Wie sind die Signaturen aufgebaut?
- Was kostet eine Mitgliedskarte
  für Schüler?

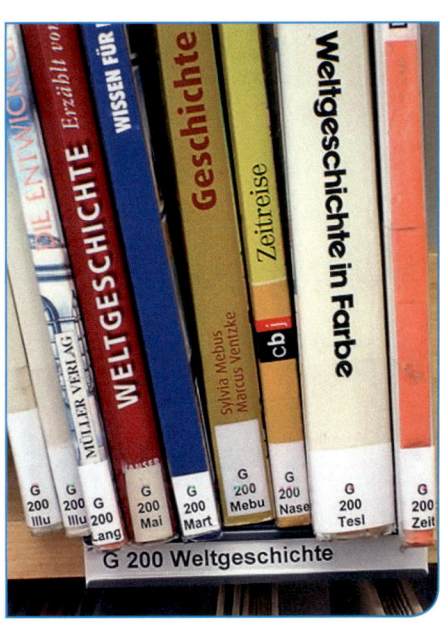

Computer, Handy und CD

Das Bild zeigt verschiedene Geräte und Gegenstände.

1 Klassengespräch!
- Welche Geräte und Gegenstände kennt ihr?
- Was könnt ihr damit alles machen?

1 Auf dem Bild sehe ich einen/ein/eine … Ich habe selbst einen/ein/eine …
Den/das/die … nutze ich, weil ich damit/darin …

ein E-Book-Reader, ein Fernseher, ein Laptop/ein Computer,
ein MP3-Player, ein Buch, ein Handy, eine CD

Mit den Geräten und Gegenständen
könnt ihr viele verschiedene Dinge tun.

2 Beschreibt ein Gerät oder
einen Gegenstand genauer.
Sammelt Notizen in einem Cluster.

3 Präsentiert euren Cluster
mit dem Overheadprojektor.
Zeichnet dazu den Cluster auf eine Folie
und stellt ihn der Klasse vor.

Filme

Musiksendungen

...

mich unterhalten

der Fernseher

mich informieren

...

Nachrichten

4 Klassengespräch!
- Was nutzt ihr besonders **gern**? Wofür?
- Was nutzt ihr besonders **häufig**? Begründet.

Statt von Geräten und Gegenständen wird heute meist von Medien
gesprochen. Das Wort Medien hast du sicher schon oft gehört.
Medien begleiten dich jeden Tag und überall.

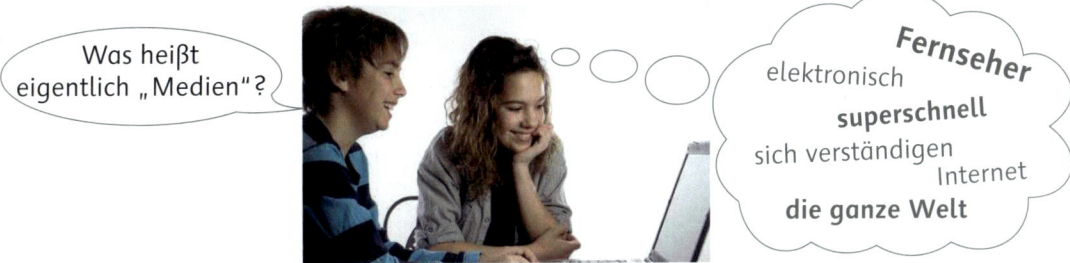

Was heißt
eigentlich „Medien"?

Fernseher
elektronisch
superschnell
sich verständigen
Internet
die ganze Welt

5 Was sind eigentlich Medien?
a. Schreibe auf, was du dir darunter vorstellst.
b. Vergleiche deine Gedanken mit dem Lexikonartikel
aus dem Internet.

die **Medien**, das **Medium**: hier: Mittel zur Verständigung.
Moderne Medien sind zum Beispiel: der Computer, das Fernsehen,
das Internet, aber auch Zeitungen. Mit Medien kann man sich
in kürzester Zeit und über weite Entfernungen hinweg informieren,
Gedanken austauschen oder unterhalten.

2 telefonieren, spielen, chatten, mit Freunden sprechen, mich informieren,
mich unterhalten, Hausaufgaben, lesen, Spaß haben, mich schnell erkundigen

Moderne Medien vergleichen

Geschichten könnt ihr lesen oder hören.
Wie oder wo? – Mit den modernen Medien habt ihr die Wahl!

1 Klassengespräch!
- Was seht ihr auf den Bildern?
- Mit welchen Medien könnt ihr lesen?
- Mit welchen Medien könnt ihr hören?
- Kennt ihr noch andere Medien zum Lesen oder Hören?

2 Und wie lernt **ihr** neue Geschichten kennen?
Sprecht über diese Fragen:
- Welche Medien habt ihr schon zum Lesen oder Hören genutzt?
- An welchen Orten habt ihr diese Medien genutzt?
- Was war dabei gut, was hat euch vielleicht gestört?

3 Macht euch Notizen
zu den Fragen aus den
Aufgaben 1 und 2.

> **Starthilfe**
>
> **Geschichten lesen**
> – Buch: kann ich in jede Tasche packen,
>   kann ich ausleihen …
> – …
>
> **Geschichten hören**
> – MP3-Player: kann ich unterwegs hören …
> – …

1 das/ein Buch, die/eine CD, das/ein Smartphone, der/ein MP3-Player,
der/ein E-Book-Reader – ich sehe/ich benutze den/einen E-Book-Reader –
mit dem/einem E-Book-Reader

Ihr könnt Vorteile und Nachteile der Medien zusammentragen.

Ich brauche kein Gerät und keinen Strom.

Manchmal bin ich abgelenkt und kriege nicht alles mit.

Die Akkus können leer sein.

Ich kann es mir dabei gemütlich machen.

Ich kann mit meinem Freund sofort darüber sprechen.

Ich kann es überall mit hinnehmen.

Es ist klein und handlich.

Da sind viele Bücher drin, nicht nur eins.

 4 Welche Vorteile und Nachteile nennen die Schülerinnen und Schüler?
   a. Sprecht über die Sprechblasen.
   b. Ordnet die Vorteile und die Nachteile den verschiedenen Medien zu.
   c. Findet selbst weitere Vorteile und Nachteile.
   d. Ergänzt eure Notizen aus Aufgabe 3.

Z Die Arbeitsergebnisse präsentieren

W **5** Mit welchen Medien könnt ihr Geschichten kennen lernen?
   Haltet einen Kurzvortrag. Wählt dazu aus:
   • Ihr könnt eine Präsentation mit dem Computer gestalten.
   • Ihr könnt ein Plakat oder eine Wandzeitung gestalten.
   • Ihr könnt Folien gestalten. → Tipps zum Kurzvortrag: Seite 273

Arbeitstechnik

Mit Folien oder dem Computer präsentieren

• Verwendet eine gut **lesbare, große Schrift**.
• Schreibt eine **Überschrift** auf.
• Schreibt das Wichtigste **in Stichworten** auf.
• Schreibt **nicht zu viel** auf jede Folie oder Seite.
• Verwendet **Farben** zum Hervorheben, aber nicht zu viele.
• Fügt anschauliche **Bilder** ein.
  Tipp: Fotos könnt ihr auch auf Folie drucken.
• Überprüft die **Reihenfolge** der Folien oder Seiten.

Chatten: Im Internet „schwatzen"

Viel zu tun? – Zum Chatten ist immer Zeit! Oder?

Mir geht es gut.
Ich bin gut gelaunt.
Und wie geht es dir?
Ich freue mich,
dich zu sehen, und
umarme dich.

 1 **a.** Seht euch das Bild an.
b. Lest die Texte.
c. Sprecht über das Bild.

Maria und Roxana chatten miteinander.

Maria *[So 17:30]* sagt zu Roxana: Hi, wie geht es dir? {dich}
Roxana *[So 17:30]* sagt: gut ☺ und dir? *freu* {dich}
Maria *[So 17:31]* sagt: danke, :`-) *groß freu*
Roxana *[So 17:31]* sagt: ???
Maria *[So 17:32]* sagt: war gestern mit meinen Eltern in der Stadt, hab endlich
mein neues Handy bekommen.
Roxana *[So 17:33]* sagt: wieso neues Handy?
Maria *[So 17:33]* sagt: Das alte war kaputt. ☹ konnte Akku nicht mehr aufladen (:-(((
Roxana *[So 17:34]* sagt: *graz* und wie ist das neue Handy?
Maria *[So 17:34]* sagt: prima, kann damit auch ins Internet ☺ lol
Roxana *[So 17:35]* sagt: toll, freu mich mit dir.

[…]
Maria *[So 18:02]* sagt: muss jetzt Schluss machen, war schön zu plaudern {dich}
bis bald, cu
Roxana *[So 18:03]* sagt: ich dich auch, cu

 2 Worum geht es in dem Chatgespräch?
Gebt den Inhalt mit eigenen Worten wieder.

Z **3** Woran erkennt ihr, dass sich die beiden in Echtzeit unterhalten?
Erklärt es.

**Beim Chatten verwenden Maria und Roxana
eine ganz besondere Sprache.**

4 Maria und Roxana drücken aus, was sie fühlen.
Besprecht:
- Welche Wörter verwenden sie für Gefühle?
- Welche Zeichen drücken Gefühle aus?

5 „Übersetzt" das Chatgespräch in die „normale" Sprache:
- Schreibt verkürzte Sätze vollständig auf.
- Findet Worte für die verschiedenen Zeichen.
Schreibt eure Übersetzung auf.

> **Starthilfe**
>
> Maria: Hi, wie geht es dir? (Ich umarme dich).
> Roxana: Mir geht es gut. (Sie ist gut gelaunt).
> Und wie geht es dir? (Ich freue mich, dich …

6 Was ist im Chatgespräch anders als in eurer Übersetzung?
Begründet.

7 Spielt ein „echtes" Gespräch zwischen Maria und Roxana.
W Wählt dazu aus:
- Maria und Roxana telefonieren miteinander.
- Oder Maria und Roxana treffen sich im Park und unterhalten sich.
Tipp: Ihr könnt vor dem Gespräch einen Szenenplan entwickeln.

> **Arbeitstechnik**
>
> ### Eine Szene spielen
>
> - **Was sagen** die beiden **der Reihe nach**?
> - **Wie** sprechen sie?
> - Wie ist der **Gesichtsausdruck** (die Mimik)?
> - Wie ist die **Körperhaltung**?
> - **Was tun** sie während des Gesprächs noch?

Z 8 Schreibe einen kurzen Text über das Chatten.
- Was ist eigentlich „chatten"?
- Was brauchst du zum Chatten? Was musst du tun?
- Wie ist deine Meinung zum Chatten?
Tipp: Informiere dich auch im Internet.

 5 ☺ lächeln, gut gelaunt, :'-) zum Weinen glücklich, ☹ traurig, schlecht gelaunt,
(:-(((sehr traurig, {…} umarmen, *freu* ich freue mich, *groß freu* ich freue mich sehr,
??? warum?, lol laut lachen, *graz* Gratulation, cu wir sehen uns (engl.: see you)

Umfragen zum Thema „Fernsehen"

Eine Grafik: Fernsehzeit

Die Schülerinnen und Schüler der 5 c haben
in ihrer Klasse eine Umfrage gemacht.
Über die Ergebnisse informiert dich die Grafik.

1 Sieh dir die Grafik als Ganzes an und notiere:
  - Was fällt dir als Erstes auf?
  - Wie heißt die Überschrift?

2 Lies die Beschriftung der Grafik und notiere:
Worüber sagt die Grafik etwas aus?
Tipp: Die roten Pfeile helfen dir.

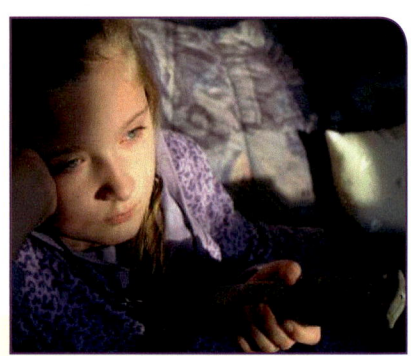

Klasse 5 c: Wie lange sehen wir jeden Tag fern?

3 Nun kannst du die Ergebnisse aus der Grafik ablesen.
  a. Sieh dir die Grafik genau an.
  b. Was hat die Klasse 5 c in der Umfrage herausgefunden?
     Schreibe die folgende Antwort auf und ergänze sie.

In der Klasse 5 c lernen ▬▬ Schülerinnen und Schüler.
Die meisten Schülerinnen und Schüler sehen am Tag ▬▬ Stunde fern.
Das sind ▬▬ Schülerinnen und Schüler.
Zwei Schülerinnen und Schüler sehen mehr als ▬▬ Stunden fern.
Nur ▬▬ Schüler ▬▬ überhaupt nicht fern.

---

2 Die untere Zeile zeigt … an./In der unteren Zeile kann ich …
Die Säulen zeigen, wie viele …

Eine eigene Umfrage: Unsere Fernsehzeit

Auch ihr könnt in eurer Klasse eine Umfrage machen.

4 Wie lange seht **ihr** jeden Tag fern?
- Macht die Umfrage in eurer Klasse.
- Schreibt die Ergebnisse auf.

Zu eurer Umfrage könnt ihr eine Grafik gestalten.

W **5** **Wie** wollt ihr die Grafik gestalten? Wählt aus:
- Ihr könnt die Grafik auf Karopapier zeichnen:
  Für jeden Schüler malt ihr ein Kästchen aus.
- Ihr könnt die Grafik mit dem Computer gestalten.
  Das klappt auch mit einem einfachen Schreibprogramm.
  Tipp: Sucht mit der Hilfe-Funktion die Tipps für Diagramme.
  Folgt dann Schritt für Schritt den Tipps.

Eine Punktabfrage: Unsere Lieblingssendungen

Mit einer Punktabfrage könnt ihr eure Lieblingssendungen herausfinden.

6 Welche Sendungen seht ihr besonders gern?
- a. Tragt die Sendungen
  untereinander an der Tafel zusammen.
- b. Jeder vergibt zwei Klebepunkte.
- c. Wertet die Punktabfrage aus.
  Welche Sendungen sind die beliebtesten?

Z **7** Gestaltet eine Grafik zu eurer Punktabfrage.

 6 Die beliebteste Sendung in unserer Klasse ist/heißt …   Auf Platz 2 folgt …
Den dritten Platz belegt …   Die wenigsten Punkte bekam die Sendung …

Training:

Texte am Computer schreiben

Der Computer

Mit dem Computer könnt ihr Texte schreiben und überarbeiten.
Ein Computer besteht aus verschiedenen Teilen.

1 Aus welchen Teilen besteht ein Computer?
   a. Seht euch das Bild genau an.
   b. Nennt die Teile des Computers.
   c. Schreibt die Namen auf.
      Zeichnet zu jedem Teil ein Bild.

Jedes Teil des Computers hat eine besondere Aufgabe.

2 Welche Aufgaben haben die einzelnen Teile des Computers?
   Schreibt die Sätze vollständig auf.

Mit der Tastatur kann man _____.
Auf dem Bildschirm kann man _____.
Mit dem Drucker kann man _____.
Mit den Lautsprechern kann man _____.
Mit der Maus kann man _____.
Im Rechner kann man _____.

etwas anklicken
Musik hören
Texte und Bilder ausdrucken
Texte lesen und Bilder ansehen
Texte schreiben
Informationen speichern

1 der Bildschirm, der Drucker, der Lautsprecher, die Maus, der Rechner, die Tastatur

Mit der Tastatur schreiben

Zum Schreiben braucht ihr die Tastatur.
Die Tastatur hat viele Tasten.
Jede Taste hat eine andere Funktion.

die Großschreibtaste   die Leertaste   die Löschtaste   die Eingabetaste

 3   Welche Funktionen haben die Tasten?
Schreibt die Sätze vollständig auf.

Großbuchstaben schreibst du mit _____ : Halte die Taste gedrückt
und tippe dabei einen Buchstaben. Dann wird er großgeschrieben.
Zwischen zwei Wörter setzt du mit _____ ein Leerzeichen.
Buchstaben kannst du mit _____ löschen. Wenn du _____ drückst,
beginnt eine neue Zeile.

**Mit dem Computer könnt ihr auch die Rechtschreibung überprüfen:
Rechtschreibfehler könnt ihr an den roten Wellenlinien erkennen.**

Der Apfel stammtnicht aus europa. Er wurde wahrscheinlich als
Heilmittel aus Asien mitgebracht. Dem Abpfel wurde nachgesagt,
dass er auf wundersame Weise das Leben verlängert.

> **Achtung:
> Fehler!**

 4   Drei Wörter kennt das Rechtschreibprogramm nicht.
    a. Wie werden die Wörter richtig geschrieben?
       Welche Taste wurde jeweils nicht gedrückt?
    b. Schreibt den Text richtig auf.

3   die Taste → mit der Taste
die Leertaste → mit der Leertaste

Training:
Sich im Internet informieren

Eine Suchmaschine nutzen

Ihr möchtet euch über Äpfel informieren.
Ihr habt zwei Fragen:
? Woher kommt der Apfel?
? Was kann man aus Äpfeln herstellen?
Im Internet könnt ihr Antworten auf diese Fragen finden.
Eine Suchmaschine hilft euch dabei.

1 Diese Suchmaschinen sind besonders geeignet:
www.blinde-kuh.de   www.helles-koepfchen.de
Seht euch die Startseiten (Homepages[1]) im Internet an.
Gebt dazu jeweils die Adresse in das Adressfeld ein und
drückt die Eingabetaste.

das Suchfeld

2 Auf dieser Homepage könnt ihr euch über verschiedene Themen informieren.
Unter welcher Überschrift könntet ihr etwas zum Thema **Apfel** finden?

3 Probiert die Suche aus.
Gebt dazu das Stichwort **Apfel** in das Suchfeld ein.

[[1] die **Homepages** [sprich: hoompäidsches] – die **Homepage** [sprich: hoompäidsch]

Die Suchmaschine zeigt dieses Suchergebnis an.

T Suchen	**Ich fand**	**Blinde Kuh** Suchmaschine	
Klicken	**40 Seiten**	☐ sortiert für **KIDS**	
Beamen	zu deiner Suchanfrage	Apfel	**Suchen**
Lernen	in 0.0448 Sekunden		

 4 Wie viele Seiten (Treffer) hat die Suchmaschine gefunden?

Welche der Seiten helfen euch überhaupt, die Fragen ? zu beantworten? Ihr könnt die Liste mit den Treffern mit dem Textknacker prüfen.

5 Wendet die Schritte 1 und 2 vom Textknacker an.
- Seht euch die Bilder in der folgenden Liste an.
- Lest die Überschriften.
- Überfliegt die Liste.

1. Vor dem Lesen
2. Das erste Lesen

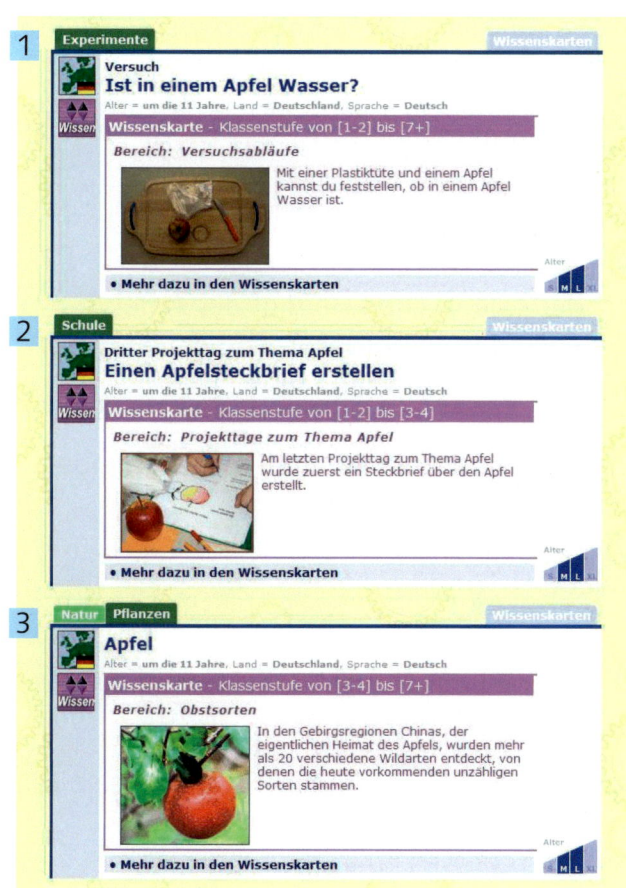

6 Welche Seiten könnten euch helfen, eure Fragen ? zu beantworten?
Begründet.

Internetseiten prüfen, auswählen und lesen

Ihr habt zwei Seiten gefunden, die euch helfen könnten,
eure Fragen ? zu beantworten.
Wenn ihr die beiden Links anklickt,
führen sie euch zu diesen Internetseiten.

1 Überfliegt die beiden Texte.

2. Das erste Lesen

Einen Apfelsteckbrief erstellen

Aber an unserem dritten und letzten Projekttag – einem Freitag –
hatten wir jedenfalls vier ganze Schulstunden Zeit, uns mit unseren Elstars
zu beschäftigen. Um diesen köstlichen Apfel nicht zu vergessen, haben wir
einen Steckbrief über ihn geschrieben.

Da auch das Gewicht des Apfels auf dem Steckbrief notiert werden sollte,
haben natürlich alle versucht, den dicksten und größten Apfel zu
erwischen. Und Isabelle hat ihn dann auch erwischt. Er wog tatsächlich
195 Gramm, war aber nun nicht gerade der schönste von allen.

Der Apfel

In den Gebirgsregionen Chinas, der eigentlichen Heimat des Apfels,
wurden mehr als 20 verschiedene Wildarten entdeckt, von denen
die heute vorkommenden unzähligen Sorten stammen. [...]
Mehrere tausend Sorten werden inzwischen gezüchtet[1], die sich
5 in der Farbe, der Form und dem Geschmack voneinander unterscheiden.
Der Apfelbaum gehört zur Familie der Rosengewächse.
Anfang April blühen die Apfelbäume in rosaroten Farben und
sind daher auch eine Zierde in jedem Garten.

Inzwischen ist der Apfel in Europa die bedeutendste Obstsorte.
10 Reife Äpfel können roh verzehrt oder einem Obstsalat beigemischt werden.

2 a. Welche Wörter und Wortgruppen sind euch in den Texten aufgefallen?
Schreibt sie auf.
b. Welche Wörter und Wortgruppen passen zu euren Fragen ? ?
Unterstreicht sie in eurem Heft.
c. Welcher Text hilft, eure Fragen ? zu beantworten? Begründet.

[[1] **sie werden gezüchtet:** sie werden angepflanzt

Ihr habt euch nun für einen Text entschieden.

3 Lest den ganzen Text genau.

3. Den Text genau lesen

Der Apfel

In den Gebirgsregionen Chinas, der eigentlichen Heimat des Apfels,
wurden mehr als 20 verschiedene Wildarten entdeckt, von denen
die heute vorkommenden unzähligen Sorten stammen. [...]
Mehrere tausend Sorten werden inzwischen gezüchtet, die sich
5 in der Farbe, der Form und dem Geschmack voneinander unterscheiden.
Der Apfelbaum gehört zur Familie der Rosengewächse.
Anfang April blühen die Apfelbäume in rosaroten Farben und
sind daher auch eine Zierde in jedem Garten.

Inzwischen ist der Apfel in Europa die bedeutendste Obstsorte.
10 Reife Äpfel können roh verzehrt oder einem Obstsalat beigemischt

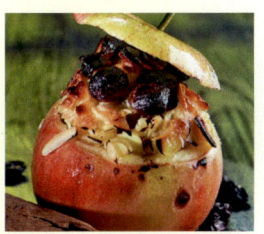

werden. Viele Apfelsorten eignen sich auch gut
zum Herstellen von Apfelsaft.
Weitere Verwendung findet der Apfel auch
bei der Herstellung von Apfelmus, Apfelkuchen
15 und Apfelstrudel. Im Winter verzehren ihn viele
Menschen auch gerne als Bratapfel.

In Deutschland wird der Apfel im Spätsommer oder Herbst –
je nach Sorte – geerntet. Da er aber in vielen verschiedenen Ländern
angebaut wird und es eine Vielzahl von Sorten gibt, kann er
20 im Handel ganzjährig angeboten werden.

---

4 Der Text ist in drei Absätze gegliedert.
   a. Schreibt zu jedem Absatz eine Überschrift auf.
   b. Schreibt zu jedem Absatz Schlüsselwörter auf.

Nun könnt ihr die Fragen beantworten:
? • Woher kommt der Apfel?
? • Was kann man aus Äpfeln herstellen?

5 Beantworte die Fragen **?** schriftlich.

4. Nach dem Lesen

Gespenstergeschichten

Oh, wie unheimlich!

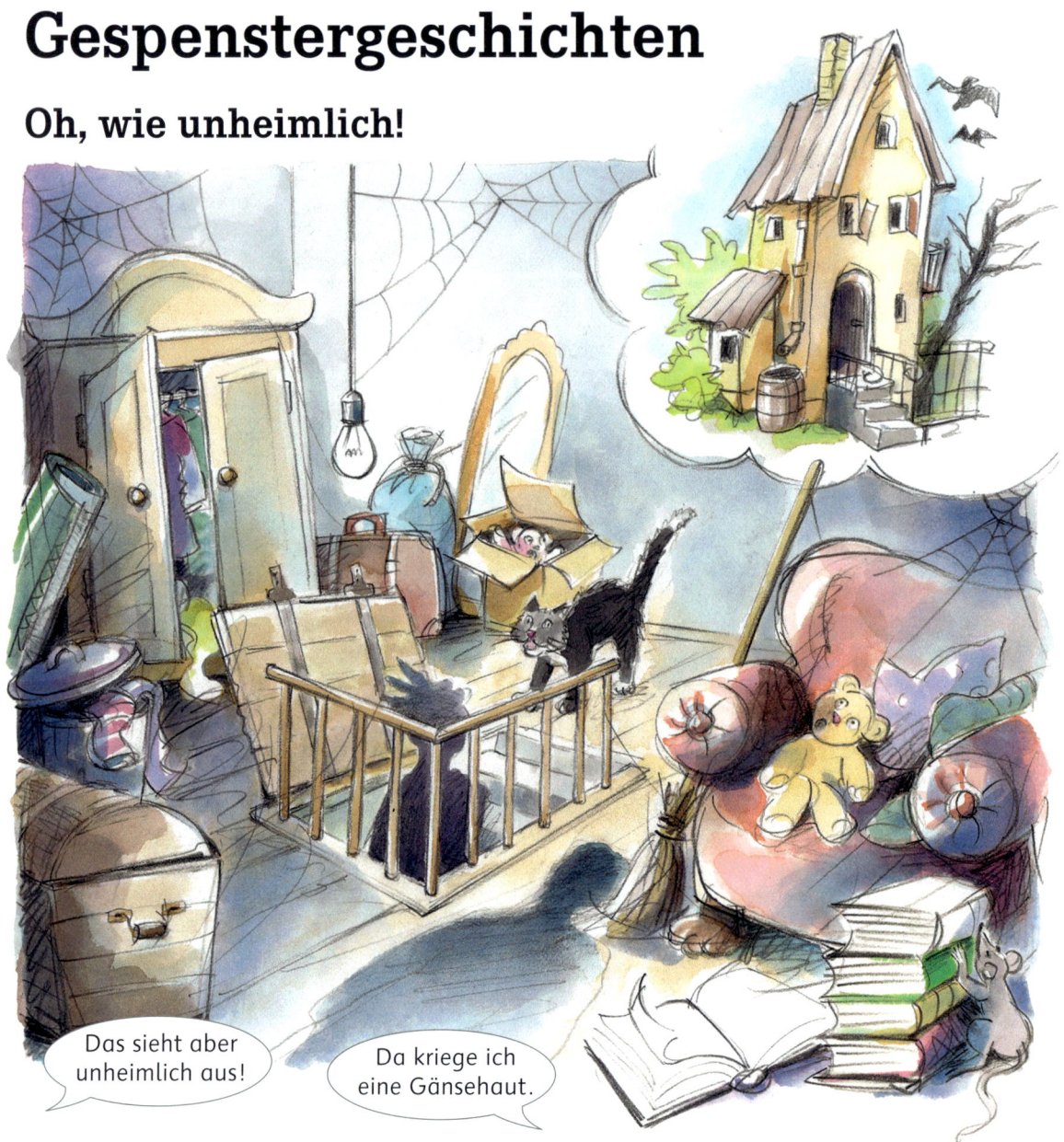

Das sieht aber unheimlich aus!

Da kriege ich eine Gänsehaut.

1 **a.** Seht euch die Bilder an.
b. Lest auch die Sprechblasen.

2 Klassengespräch!
Was ist an den Bildern unheimlich?

Z **3** Erzählt von euch:
• Habt ihr schon einmal etwas Unheimliches erlebt?
• Wobei bekommt ihr eine Gänsehaut?

2 der finstere, staubige Dachboden, der dunkle Schatten, der geöffnete Schrank,
der rätselhafte Gegenstand, das alte Haus, das riesige Spinnennetz,
die schwere Holztruhe, die düstere Ecke, die geheimnisvollen Bücher

Fanni riecht Gespensterluft

Auch Fanni hatte ein unheimliches Erlebnis.
Davon erzählt diese Geschichte.
Der Textknacker hilft dir, die Geschichte zu verstehen.

1. Vor dem Lesen
2. Das erste Lesen
3. Den Text genau lesen
4. Nach dem Lesen

1. Schritt: Vor dem Lesen
Du siehst dir die Geschichte als Ganzes an.

4 a. Sieh dir die Bilder an.
    b. Lies die Überschrift.
    c. Worum könnte es in der Geschichte gehen?
       Schreibe es auf.

Gespensterluft   Sibylle Durian

1 Fannis Familie war umgezogen. Das neue Haus machte
einen gespenstischen Eindruck. Fanni streifte durch das Haus.
Plötzlich tauchte wie aus dem Nichts eine Katze auf.
Die Katze drehte sich um und lief die Treppe hinauf zum Dachboden.
5 „Warte!" Fanni folgte ihr.

2. Schritt: Das erste Lesen
Du liest die Geschichte einmal still durch.

5 a. Lies die Geschichte still.
  b. Überprüfe deine Vermutung aus Aufgabe 4.

Gespensterluft Sibylle Durian

1 Fannis Familie war umgezogen. Das neue Haus machte
einen gespenstischen Eindruck. Fanni streifte durch das Haus.
Plötzlich tauchte wie aus dem Nichts eine Katze auf.
Die Katze drehte sich um und lief die Treppe hinauf zum Dachboden.
5 „Warte!" Fanni folgte ihr.

2 Auf dem Dachboden war es dunkel.
Spinnweben streiften ihr Gesicht. Im flackernden
Kerzenschein sah Fanni einen etwa gleichaltrigen
Jungen vor sich. „Was suchst du hier?",
10 fragte er und musterte sie von oben bis unten.
„Ich wohne hier. Seit heute!" Fanni wischte sich
die Spinnwebe von der Wange. „Und du?"
„Ich habe auch mal hier gewohnt. Früher." – „Und wieso kommst du
immer noch her?", fragte Fanni. „Nur so. Ich wollte
15 meine Katze holen!" Die Katze schmiegte sich an die Beine
des Jungen und schnurrte. Er bückte sich und hob sie auf.
Ein Lufthauch ließ die Kerze flackern. Fanni hatte Angst,
sie könnte verlöschen, und schirmte sie mit der Hand ab.
„Ganz schön unheimlich hier oben", sagte sie und fröstelte.
20 „Man könnte glauben, hier gibt's Gespenster!"

3 „Na, und ob!" Der Junge grinste sie an. „Riech mal!
Du atmest echte Gespensterluft!" – „Gespensterluft!
So'n Blödsinn!" – „Wenn ich's dir doch sage!
Ich könnte dir da Geschichten erzählen …"
25 „Au ja, ich mag Gespenstergeschichten",
sagte Fanni. „Na ja, du meinst erfundene.
Aber ich kenne Geschichten von echten
Gespenstern!" Der hält mich wohl für blöd,
dachte Fanni. „Du meinst also, es gibt
30 in diesem Haus tatsächlich Gespenster?",
fragte sie und bemühte sich, nicht zu kichern.
„Jetzt bloß noch eins", sagte der Junge.

4 „Aber früher wimmelte es hier nur so von ihnen! – Von gefährlichen Piraten und Räubern", fügte er
35 flüsternd hinzu. „Du spinnst ja", rief Fanni. „Ehrlich, hier hat mal eine richtige Räuberbande gehaust, so vor hundert oder mehr Jahren. Die waren in der ganzen Stadt gefürchtet. Sogar ein Kind soll dabei gewesen sein, ungefähr so alt
40 wie wir."

5 „Und das Kind war auch so gefährlich?", fragte Fanni ungläubig. „Jedenfalls hat es geklaut wie ein Rabe, sagt man. Eines Tages hat man die Räuber gefasst und vor Gericht gestellt. Aber die haben den
45 Richter nur ausgelacht. Das Kind soll ihm sogar heimlich seinen Geldbeutel gestohlen haben, während er die anderen verhört hat. Da bekam der Richter so eine Wut, dass er die ganze Bande zum Tode verurteilt und dazu noch
50 verflucht hat …" – „Verflucht?" „‚Ihr sollt keinen Frieden finden, bis ihr eure bösen Taten gesühnt[1] habt', hat er gebrüllt. Und von da an mussten die Räuber nachts herumgespenstern."

6 „Alle? Auch das Kind?" – „Na klar! Aber mit der Zeit
55 sind die meisten von ihnen müde geworden und dorthin gezogen, wo mehr los ist. Nur einer ist geblieben." „Und wer?", fragte Fanni.

3. Schritt: Den Text genau lesen
Du liest die Geschichte genau und in Ruhe – Absatz für Absatz.

 6 a. Lest die Absätze **1** und **2** noch einmal genau.
  b. Sprecht mit einer Partnerin oder einem Partner über diese Fragen:
    • Wer sind die Hauptpersonen?
    • Wo und wann spielt die Geschichte?
  c. Findet die „unheimlichen" Textstellen und lest sie vor.
    Tipp: Markiert die Textstellen auf Folie.

> Wer?
> Wo?
> Wann?

7 a. Lest die Absätze **3** bis **6** genau.
  b. Welche Menschen haben früher in dem Haus gelebt?
    Sprecht darüber.

[1 **gesühnt:** wieder gut gemacht

4. Schritt: Nach dem Lesen
Du arbeitest mit dem Inhalt der Geschichte.

8 Was erzählte der Junge Fanni von früher?
Erzählt es mit eigenen Worten.

Hauptteil:
Was passiert?

> **Starthilfe**
> Früher gab es in dem Haus
> eine richtige Räuberbande. …

9 Stellt eigene Fragen an den Text.
Z   Schreibt sie auf und beantwortet sie gemeinsam.

„Nur einer ist geblieben." – „Und wer?", fragte Fanni.

10 Der Schluss der Geschichte fehlt noch.
W   Wählt aus:
• Erzählt die Geschichte selbst zu Ende.
  Lest dann Absatz **6**. Vergleicht ihn mit eurem Schluss.
• Oder lest den Schluss der Geschichte mit verteilten Rollen.

Schluss:
Auflösung?

6 „Alle? Auch das Kind?" – „Na klar! Aber mit der Zeit
55 sind die meisten von ihnen müde geworden und
dorthin gezogen, wo mehr los ist. Nur einer
ist geblieben." „Und wer?", fragte Fanni.
„Das wirst du schon sehen", grinste der Junge.
„Ich schätze, ihr bleibt eine Weile hier wohnen, oder?"
60 „Sogar für immer", sagte Fanni. „Und dass du's nur weißt:
Es gibt überhaupt keine Gespenster!"
„Bist du sicher?", fragte der Junge – und verschwand
mit der Katze im Arm durch die Wand …

Der Junge verschwand durch die Wand.

11 Was fühlt Fanni? Was denkt sie?
Schreibe es auf.
Tipp: Du kannst Fanni auch zeichnen und
ihre Gedanken dazuschreiben.

> Das gibt es doch
> nicht! Er ist einfach
> weg. Träume ich?

Z Unheimlich spannend erzählen

Die Geschichte „Gespensterluft" ist spannend und
an einigen Stellen auch unheimlich.

1 Klassengespräch!
    a. Findet spannende und unheimliche Textstellen.
    b. Welche Wörter und Wortgruppen machen die Geschichte
       spannend oder unheimlich?
       Tragt sie an der Tafel zusammen.

2 Jeder Mensch hat eigene „Gruselwörter".
    a. Wählt eure Gruselwörter
       aus den Vorschlägen aus. Begründet.
    b. Findet weitere eigene Gruselwörter.
       Schreibt sie auf.

die Geisterstunde, eine feuchtkalte Hand,
der Vampir, das Krächzen des Raben, heulen,
die dunkle Burgruine, die scheppernden Ketten,
die Totenschädel, kreischen, die glühenden Augen,
das bleiche Mondlicht …

Fanni trifft den Jungen bestimmt irgendwann wieder.
Vielleicht lädt er sie in seine Gespensterwelt ein?
Ihr könnt die Gespenstergeschichte selbst weitererzählen.

3 Plant eure Gespenstergeschichte.
    • Sammelt dazu Ideen.
    • Notiert euch Stichworte zu eurer Geschichte.
      Die Fragewörter helfen euch dabei.

> Wer …?
> Wo …?
> Wann …?
> **Hauptteil:**
>   Was passiert …?
> **Schluss:**
>   Auflösung?

4 Schreibt nun eure Geschichte auf.
    • Verwendet auch eure „Gruselwörter".
    • Schreibt zum Schluss eine passende Überschrift auf.

→ mehr Tipps zum Erzählen: Seite 272

5 **a.** Stellt eure Geschichten in der Schreibkonferenz vor.
    b. Überarbeitet eure Geschichten. → Regeln für die Schreibkonferenz: Seite 271

Hendrik: Unheimlich mutig

Wie viel Mut braucht man nachts in einem Museum?
In dieser Geschichte erfährst du es.

Der Textknacker hilft dir, die Geschichte zu verstehen.
W Nach dem Lesen kannst du wählen:
- Du kannst die Geschichte nacherzählen.
- Du kannst die Geschichte vorlesen.

1. Vor dem Lesen
2. Das erste Lesen
3. Den Text genau lesen
4. Nach dem Lesen

1. Schritt: Vor dem Lesen
Du siehst dir die Geschichte als Ganzes an.

1 **a.** Sieh dir die Bilder an.
b. Lies die Überschrift.
Worum könnte es in der Geschichte gehen? Schreibe es auf.

2. Schritt: Das erste Lesen
Du liest die Geschichte einmal still durch.

Allein im Museum · Alexandra Fischer-Hunold

1 Bis auf das Licht der Straßenlaternen,
das von draußen hereinfiel, lag die Steinzeithalle
im Dunkeln. Hendrik ließ den Schlüssel
in seine Hosentasche gleiten. Er grinste.
5 Bis jetzt hatte sein Plan hervorragend funktioniert.
Das Naturkundemuseum gehörte ihm.
Für eine lange Nacht! „Jippieh!", rief Hendrik.
Er zückte seine Taschenlampe und leuchtete
durch den Raum. „Hallo, Freunde!", rief er
10 dem Säbelzahntiger, dem Höhlenbären,
dem Nashorn und vor allem dem Mammut zu.
„Heute Nacht sind wir allein und können machen,
was wir wollen!" Die ausgestopften Tiere zeigten
keine Begeisterung. Aber das störte Hendrik nicht.
15 Endlich konnte er sich mal so richtig in Ruhe
umsehen. Hendriks Mutter war zwar die Direktorin
des Naturkundemuseums, aber sie erlaubte ihm nie,
allein auf Erkundungstour zu gehen.

2 Als Erstes zog sich Hendrik eines der Felle über, die für die Kinder
20 am Eingang der Halle bereitlagen. Jetzt sah er
wie ein richtiges Steinzeitkind aus. Dann […] ging er zu den Tieren
hinüber. „Brüll, Säbelzahntiger!", rief er und drückte
auf einen schwarzen Knopf neben dem ausgestopften Tier.
Sofort erfüllte ein markerschütterndes¹ Gebrüll die Steinzeithalle.
25 „Und wie geht es dir?", erkundigte Hendrik sich beim Mammut.
Er drückte wieder auf einen Knopf. Ein Trompetenkonzert
schmetterte aus der Box neben dem Mammut. „Dir geht es gut?
Das freut mich!", lachte Hendrik. „Und jetzt habe ich Hunger!"

3 Er öffnete seinen Rucksack.
30 „Hmm. Leckere Salamibrote! Die magst du
doch auch?", fragte er den Säbelzahntiger.
„Ich mag solche Sachen nicht!", sagte
eine Stimme. Hendrik ließ das Brot fallen.
Entgeistert starrte er den Säbelzahntiger an.
35 Hatte der eben gesprochen?
„Ein Einbruch in ein Naturkundemuseum
lohnt sich fast nie! Aber man muss nehmen,
was man kriegen kann. Vielleicht ist
wenigstens die Einnahmekasse² gut gefüllt.
40 Schließlich ist heute Sonntag. Da gehen
viele Leute ins Museum!", fuhr die Stimme fort.
„Stimmt!", sagte eine andere Männerstimme.
„Das sind Diebe!" Plötzlich verstand Hendrik.

4 Er löschte seine Taschenlampe und kroch hinter
45 das Mammut. Jetzt näherten sich Schritte und zwei Lichtkegel.
„Zum Büro der Museumsleitung geht es da lang!", sagte
einer der Männer und ließ das Licht seiner Taschenlampe
einen Gang entlanghuschen. Was sollte Hendrik nur tun? […]
„Blödes Urzeitviech!", lachte der Mann verächtlich
50 und schlug gegen den Rüssel des Mammuts. […]
„Na, wartet!", dachte Hendrik. „He, ihr Schurken³!"
Seine Stimme dröhnte durch die Steinzeithalle. Die Männer
wirbelten herum. Im Licht ihrer Taschenlampen sahen sie
einen Steinzeitjungen, der lässig an einem Bein des Mammuts
55 lehnte. „Ihr habt das Mammut beleidigt! Entschuldigt euch
gefälligst!"

---

¹ **ein markerschütterndes** Gebrüll: ein sehr lauter Schrei, vor dem man sich fürchten kann
² **die Einnahmekasse:** die Kasse mit dem Geld von den verkauften Eintrittskarten
³ **ihr Schurken:** ihr gemeinen Verbrecher

⑤ Die Männer schauten sich an. „W-w-wo kommst du denn her?",
stammelte[4] der eine von ihnen.
„Direkt aus der Steinzeit!", erwiderte Hendrik. „Wie wir alle hier!
60 Nur werden wir einer nach dem anderen wieder lebendig,
wenn man einem von uns etwas Böses antut!"
„Das ist ja lächerlich!", sagte jetzt der andere Mann.
Aber das Zittern in seiner Stimme verriet seine Unsicherheit.
„So, meinst du?", fragte Hendrik und drückte unauffällig
65 auf den schwarzen Knopf neben dem Mammut.
Ohrenbetäubendes Mammuttrompeten ließ die Luft erzittern.
Die Männer wurden kreidebleich. Jetzt hatten Hendriks Finger
einen zweiten Knopf ertastet. Der Boden vibrierte[5] und es stampfte,
als ob eine ganze Mammuthorde auf die Steinzeithalle zutraben würde.

70 ⑥ Das war zu viel für die Einbrecher.
Sie ließen ihre Taschenlampen
fallen und rannten schreiend
aus dem Museum.
„Lauft nur!", rief Hendrik ihnen nach.
75 „Und lasst euch nie wieder hier blicken!"
Er tätschelte[6] das Mammut
und flüsterte leise:
„Und ich verdünnisier mich[7] jetzt lieber,
bevor meine Mutter merkt,
80 dass ich eine Reise in die Steinzeit
gemacht habe!"

3. Schritt: Den Text genau lesen
Du liest die Geschichte genau und in Ruhe – Absatz für Absatz.

2 Die Geschichte besteht aus sechs Absätzen.
   a. Lege für jeden Absatz eine Karteikarte an.
   b. Finde zu jedem Absatz eine treffende Überschrift.
      Schreibe sie auf die jeweilige Karteikarte.
   c. Schreibe für jeden Absatz die Schlüsselwörter dazu.

3 Kläre unbekannte Wörter.
   a. Lies die Worterklärungen.
   b. Schlage weitere unbekannte Wörter im Wörterbuch nach.

[4 **er stammelte**: er stotterte
5 **der Boden vibrierte**: der Boden bebte, erzitterte
6 **er tätschelte**: er streichelte, klopfte sanft

[7 **ich verdünnisier mich**: ich gehe hier weg
   (umgangssprachlich)

Nacherzählen oder vorlesen? – Du hast die Wahl!

4. Schritt: Nach dem Lesen
Du arbeitest mit dem Inhalt der Geschichte „Allein im Museum".

W In diesem Fall kannst du wählen:
- Du kannst die Geschichte nacherzählen. ➜ Aufgaben 4 und 5
- Du kannst die Geschichte vorlesen. ➜ Aufgaben 6 und 7

Die Geschichte nacherzählen

Mit Hilfe von Erzählkärtchen kannst du die Geschichte nacherzählen.

4 Lege deine Karteikarten aus Aufgabe 2 bereit:
Du kannst sie als Erzählkärtchen verwenden.

 5 Was erlebte Hendrik in der Nacht im Museum? Erzähle die Geschichte deiner Partnerin oder deinem Partner.

> **Arbeitstechnik**
> **Eine Geschichte mündlich nacherzählen**
> - Ordne die Kärtchen in **der richtigen Reihenfolge**.
> - Erzähle **spannend** und **mit eigenen Worten**.
> - Lass nichts **Wichtiges** aus. **Füge nichts hinzu.**
> - Erzähle **im Präteritum**, also wie in der Geschichte.

Die Geschichte vorlesen

Du kannst die Geschichte so vorlesen,
dass deine Zuhörer dir gespannt zuhören.

6 a. Lies die Geschichte noch einmal leise.
b. Markiere auf einer Folie die Stellen, die du besonders spannend findest.

7 a. Bereite die Geschichte zum Vorlesen vor. Beachte die Tipps zum Vorlesen.
b. Lies die Geschichte deinen Zuhörern vor.

> **Arbeitstechnik**
> **Ausdrucksvoll vorlesen**
> - Betone **wichtige Wörter**.
> - Mache **Pausen**, z. B. vor spannenden Stellen oder nach einem Satz.
> - Lies manchmal **lauter**, manchmal **leiser**.
> - Lies mal **schneller** und mal **langsamer**.
> - Lies **wörtliche Rede** auf besondere Weise.

z Jack the Ghost

In welcher Sprache spricht man mit englischen Gespenstern?
Ihr erfahrt es in dieser Geschichte.
Zwei Absätze fehlen: Nach dem Lesen könnt ihr
diese Absätze selbst erzählen.

1. Vor dem Lesen
2. Das erste Lesen
3. Den Text genau lesen
4. Nach dem Lesen

1 Lest die Geschichte mit dem Textknacker.

Das Gespenst von Bedfort Castle   Dietrich Herters

1 „Du, Papa, gibt es eigentlich Gespenster?",
fragte Rüdiger am Frühstückstisch. Er war stinksauer.
Erst verschleppten seine Eltern ihn im Urlaub nach England
in ein Schlosshotel, damit er endlich vernünftig Englisch lernt,
5 und dann so was. Ab Mitternacht war da nur Gequietsche,
Geklapper und Geschrei in dem alten Gemäuer, sodass er
kein Auge zubekam. Sein Vater antwortete: „Nein, Rüdiger,
da brauchst du keine Angst zu haben, Gespenster gibt's nicht",
und seine Mutter strich ihm dabei tröstend über den Kopf –
10 vor allen Leuten: „Ich bin ja bei dir, hab keine Angst, mein Junge."
War das peinlich!

2 Doch was war das? Unter ihrem ausgestreckten
Arm hindurch sah er in einem Fenster des hohen Turms
eine weiße Gestalt. Und – kein Zweifel – sie winkte
15 Rüdiger zu sich. Nach dem Frühstück nahm Rüdiger
allen Mut zusammen. Er betrat den alten Turm
und kletterte vorsichtig die Wendeltreppe hoch.
An den Wänden hingen Spinnweben, die Stufen waren
von einer dicken Staubschicht bedeckt. Es roch nach
20 vermodertem Holz. Ein kalter Windhauch streifte
Rüdigers Gesicht. Tapfer ging er weiter.
„Hello, nice to see you", sagte eine weiße Gestalt,
die lässig am Fenster lehnte, „my name is Jack."
„Hello, my name is Rüdiger, I am … äh … I'm from
25 Germany", stotterte er. „Are you a real Geist … äh …
a ghost[1]?"

3 Das Gespenst antwortete: „…" Rüdiger …

[[1] **a real ghost:** ein echter Geist

4 Jack grinste: „Übrigens, Deutsch kann ich auch, meine Mutter ist
Deutsche."

Rüdigers Gesicht färbte sich rötlich: „Und ich stottere hier so rum!

30 Und überhaupt – wieso Mutter? Ich denke, du bist ein Gespenst!"

„Ja", lachte Jack, „bin ich, das ist gut fürs Geschäft, aber ich spuke
nur in den Ferien. Sonst muss ich zur Schule, wie du auch."

„Verstehe ich nicht." Rüdiger machte ein ratloses Gesicht.

„Na ja, englische Schlösser sind berühmt für ihre Geister.

35 Und wenn es in einem alten Schlosshotel spukt, finden die Leute
das aufregend und kommen in Scharen. Sie wissen zwar, dass es
keine Gespenster gibt, aber so ganz sicher sind sie nicht."

„Meine Eltern sagen, das sei alles Unfug, Gespenster gäbe es
nicht." „Wir können ihnen heute Nacht das Gruseln beibringen,

40 wenn du willst. Machst du mit?" „Klar, Ehrensache! Wann treffen
wir uns und was soll ich mitbringen?"

„Häng dir nur ein weißes Bettlaken um, für den Rest sorge ich."

5 Die Uhr des alten Schlossturms schlug halb zwölf. Rüdiger …

6 Am nächsten Morgen, beim Frühstück auf der Schlossterrasse,
fragte Rüdiger seinen Vater: „Du, Papa, gibt es eigentlich

45 Gespenster?" Sein Vater gähnte, rieb sich die müden Augen
und antwortete: „Ach, Rüdiger, seit letzter Nacht denke ich,
dass die Menschen noch nicht alles darüber wissen."

Und die Mutter stöhnte: „Oh je, ich habe ganz schlecht geträumt."

Da stand Rüdiger auf, sagte: „Ihr braucht keine Angst zu haben,

50 Gespenster gibt's nicht." Und dabei strich er beiden tröstend
über den Kopf – vor allen Leuten.

Wie geht die Geschichte in den Absätzen 3 und 5 weiter?

W Ihr wählt aus, welchen Teil ihr selbst erzählen möchtet.

W Ihr könnt im Tandem oder in der Gruppe arbeiten.

2 Absatz 3: Rüdiger und Jack unterhielten sich auf Englisch.
Schreibt das Gespräch weiter: auf Englisch oder auf Deutsch.

2 Absatz 5: Rüdiger und Jack trafen sich zum gemeinsamen Spuken.
Erzählt, wie sie Rüdigers Eltern das Gruseln beibrachten.
Schreibt eure Fortsetzung auf.

→ Gruselwörter: Seite 137

2 Where do you come from? How old …? What are you doing here? …
every night, to fly through the floors, to make noise, to go through the wall …

Einfach märchenhaft

Das alles gibt es in Märchen: Einen Wolf, der mit einem Mädchen spricht, einen Jungen mit einer Wunderlampe, einen Zauberer, einen Bären, der spricht, ein Tier, das ein verzauberter Prinz ist.

A

B

1 Ängstlich drückte Aladin die Lampe an sich.

2 Als das Tier hörte, dass der Kaufmann eine schöne Tochter hatte, ließ es von ihm ab und brummte: „Wenn du mir morgen deine Tochter bringst, dann lasse ich dich leben."

C

3 Sogleich packte der Bär die kleine Mascha und brüllte: „Was hast du hier zu suchen? Ich werde dich fressen!"

4 Ein dritter Bewerber überreichte der Prinzessin einen Becher aus feinstem Porzellan, mit einer blauen Rose bemalt.

D

E

5 Auf dem Waldweg kam Rotkäppchen ein Wolf entgegen.

1 Klassengespräch!
  a. Seht euch die Bilder an.
  b. Welcher Textausschnitt könnte zu welchem Bild passen?

In diesem Kapitel lest ihr Märchen. Und ihr könnt sie weitererzählen, miterzählen, nacherzählen, weiterschreiben, selbst schreiben …

Im Märchenwald

Dieses Märchen wurde schon vor vielen Jahrhunderten erzählt.
Du kannst es selbst weitererzählen.

2 Lies den Märchenanfang.

Rotkäppchen   Brüder Grimm

1 Es war einmal ein Mädchen, das von
seiner Großmutter ein rotes Mützchen aus Samt
bekommen hatte. Das Kind trug das Käppchen
jeden Tag. Deshalb nannten alle es „Rotkäppchen".

5 **2** Eines Tages, als die Großmutter schon alt und schwach
geworden war, sollte Rotkäppchen ihr einen Korb mit Kuchen
und Wein zur Stärkung bringen. Die Großmutter aber wohnte
weit draußen im Wald. Auf dem Waldweg kam Rotkäppchen
ein Wolf entgegen. Rotkäppchen wusste nicht, dass der Wolf
10 sehr böse sein konnte. Deshalb fürchtete es sich auch nicht.
Der Wolf grüßte höflich und erkundigte sich, wohin Rotkäppchen
mit dem Korb wollte. Freundlich gab Rotkäppchen Auskunft.

3 Nun wollte der Wolf wissen, wo denn die Großmutter wohnte.
Als Rotkäppchen ihm das verraten hatte, zeigte er dem Mädchen
15 die vielen schönen Blumen auf der Waldwiese. Er gab
Rotkäppchen den Rat, der Großmutter einen Blumenstrauß
mitzunehmen. Diesen Rat nahm das Mädchen an und ging
Blumen pflücken. So gewann der Wolf Zeit: Er lief geradewegs
zum Haus der Großmutter und klopfte an ihre Tür.

20 **4** Die Großmutter öffnete, weil sie glaubte, Rotkäppchen
wolle sie besuchen. …

 3 Was ist an diesem Märchen besonders märchenhaft?

Merkmal:
In Märchen können
Tiere oft sprechen.

 4 Erzählt, wie das Märchen weitergehen **könnte**.
- Was könnte im Haus der Großmutter geschehen?
- Wie könnte das Märchen enden?
- Ihr könnt auch erzählen, wie das Märchen **tatsächlich** weitergeht.

→ Das Ende vom Märchen könnt ihr auf Seite 286 lesen.

Wunder und Zauberei

In Märchen werden manchmal Wunder wahr.
Dieses Märchen könnt ihr an einigen Stellen gemeinsam miterzählen.

📖 Aladin und die Wunderlampe

1 In fernen Zeiten lebte in einem fernen Land eine sehr arme Frau
mit ihrem Sohn Aladin. Aladin träumte davon, durch ein Wunder
aus seinem Elend erlöst zu werden.
Eines Tages nun stand ein Zauberer vor Aladins Hütte. Er sagte,
5 er wolle Aladin zu großem Glück verhelfen. Aladin glaubte ihm
und folgte ihm bis zu einem hohen Berg. Dort gab es eine Tür
zu einer unterirdischen Höhle. Die Tür ließ sich aber nur
durch einen Zauberspruch öffnen.

1 Was könnte an dem Berg wohl geschehen sein?
Erzählt.

Merkmal:
In Märchen gibt es
Zauberer und Zauberkräfte.

📖 **2** Die Tür war aber so eng, dass nur Aladin hindurchpasste.
10 In der Höhle erstarrte Aladin, denn er war geblendet
von Gold und Edelsteinen. Doch der Zauberer rief:
„Rühre nichts an. Bringe mir nur die alte Lampe!"
Was hatte der Zauberer vor? Aladin wollte ihm die Lampe erst draußen
wiedergeben. Da wurde der Zauberer wütend und schlug die Tür zur Höhle zu.

15 **3** Ängstlich drückte Aladin die Lampe an sich. Unbewusst
rieb er mit seiner Hand daran. Was war das?
Nach dem dritten Mal blitzte die Lampe hell auf und
in der Höhle erschien aus einer Wolke ein riesiger Geist.
Der Geist fragte: „Womit kann ich dir dienen,
20 junger Herr?" Aladin war hungrig und wollte nach Hause.
Kaum hatte er das ausgesprochen, saß er zu Hause
an einem reich gedeckten Tisch. Nun erfuhr Aladin auch
das Geheimnis der Lampe: „Wer die Lampe besitzt,
ist mein Herr, und ich bin sein Diener. Was immer
25 du möchtest, das bekommst du. Du brauchst nur
die Lampe dreimal zu reiben."

2 Welche Wünsche könnte der Geist Aladin noch erfüllen? Erzählt.

📖 **4** Aladin und seine Mutter lebten durch den Geist in der Lampe
in Wohlstand und Zufriedenheit. Eines Tages erblickte Aladin
die wunderschöne Tochter des Sultans[1], die in einer Sänfte[2]

30 durch die Stadt getragen wurde. Aladin konnte den Blick nicht
von ihr lassen und auch sie sah ihn verliebt an.
Schon bald ließ Aladin mit einem Kästchen voller Edelsteine
um die Hand der Prinzessin anhalten[3]. Der Sultan überzeugte sich
von Aladins Wohlstand und willigte in die Hochzeit ein.

35 Aladins Träume vom Glück hatten sich endlich erfüllt.
Der Zauberer aber dachte: ▬▬.

3 Was könnte der Zauberer gedacht haben,
als er von Aladins Glück erfuhr? Erzählt.

📖 **5** Eines Tages, als Aladin auf Reisen war, erschien
der Zauberer verkleidet vor Aladins Palast.
Die Prinzessin wusste nichts von der Zauberkraft

40 der Wunderlampe und ließ den Zauberer ein.
Als der Zauberer die Wunderlampe endlich erblickt hatte,
bot er der Prinzessin an, die alte Lampe gegen eine neue
einzutauschen. Gern willigte sie ein. Kaum jedoch hielt er
die Lampe in der Hand, wünschte er auch schon den Geist

45 herbei. Der Geist sollte den Palast mitsamt der Prinzessin
in eine weit entfernte Wildnis entführen.

6 Wie groß war Aladins Verzweiflung, als er wieder zurückkehrte
und sah, dass sein ganzes Glück verschwunden war!
Das konnte nur das Werk des Zauberers gewesen sein!

50 Verzweifelt suchte Aladin in der ganzen Welt nach dem Zauberer.
Lange irrte er umher, bis er endlich das Haus des Zauberers fand.
Denn nur durch die Zauberkraft der Lampe würde Aladin
sein Glück wiedererlangen und den Zauberer bestrafen können.

4 Was geschah danach mit Aladin, mit dem Zauberer
und mit der Wunderlampe?
Erzählt das Märchen zu Ende.

Merkmal:
Märchen haben
ein glückliches Ende.
Das Böse wird bestraft.

→ Das Ende vom Märchen könnt ihr auf Seite 287 lesen.

[1] **der Sultan:** der Herrscher in einem islamischen Land
[2] **die Sänfte:** ein Tragesessel
[3] **um die Hand anhalten:** um die Erlaubnis zur Hochzeit bitten

Mit kluger List

Märchen wurden schon immer erzählt und nacherzählt.
Das kannst du bei diesem Märchen ausprobieren.

📖 Mascha und der Bär

1 Es war einmal in alten Zeiten, da lebte irgendwo in Russland
die kleine Mascha bei ihren Großeltern Baba und Djeduschka.[1]
Als Mascha eines Tages Pilze suchte, kam sie immer tiefer
in den Wald hinein. Schließlich stand sie vor einer Höhle und
5 ging hinein. Es war spät und Mascha war müde und hungrig.
In der Höhle standen ein gedeckter Tisch und ein Bett zum Ausruhen.
Mascha aß von den Speisen auf dem Teller, trank aus dem Glas,
legte sich dann hin und schlief ein.

2 Die Höhle aber gehörte einem großen,
10 gefährlichen Bären. Der Bär kam in der Nacht zurück
und brummte böse, als er sich umsah: „Wer hat von
meinem Essen gegessen? Wer hat auf meinem Stuhl
gesessen? Wer liegt da in meinem Bett?" Sogleich
packte er Mascha und brüllte: „Was hast du hier zu
15 suchen? Ich werde dich fressen!" Da bat ihn Mascha:
„Lass mich leben, ich werde auch alles für dich tun,
was du willst!" Das ließ sich der Bär nicht zweimal
sagen. Fortan musste Mascha für ihn arbeiten.

3 Mascha aber bekam mit jedem Tag größere Sehnsucht
20 nach ihrer Baba und ihrem Djeduschka. Lange überlegte sie,
was sie tun könnte. Eines Tages sagte sie zu dem Bären:
„Ich bleibe gern bei dir, aber meine Großeltern Baba und
Djeduschka haben nichts zu essen. Ich möchte ihnen etwas
schicken. Du kannst es ja in einer Kiepe[2] selbst auf dem Rücken
25 zu ihnen bringen." Der Bär willigte ein und Mascha
begann sogleich, Piroggen[3] zu backen. Die Piroggen lud sie
in eine Kiepe, schnallte sie dem Bären auf den Rücken und
sagte: „Aber du darfst nicht ruhen unterwegs, sonst isst du
vorher schon alles auf! Ich werde auf einen Baum steigen und
30 dir von hier aus zusehen." Blitzschnell sprang sie dann selbst
in den Korb hinein, deckte sich und die Piroggen zu und
der Bär wanderte los.

[1] **Baba und Djeduschka**: die Großmutter und der Großvater
[2] **die Kiepe**: ein Korb, der wie ein Rucksack getragen wird
[3] **die Pirogge, die Piroggen**: gefüllte Teigtaschen, die gebacken werden

4 Nach einiger Zeit wurde der Bär
müde: „Die Kiepe ist so schwer!
35 Ich will mich ausruhen."
Als er versuchte, die Kiepe abzusetzen,
rief Mascha mit lauter Stimme:
„Bär, ich sitze hoch und sehe weit,
ich sehe, dass du ruhen willst."
40 Da sprang der Bär auf und lief weiter.
Ein zweites und auch ein drittes Mal
versuchte er noch, sich hinzusetzen.
Aber Mascha rief jedes Mal
aus der Kiepe: „Ich sitze hoch und
45 sehe weit, ich sehe, dass du ruhst."

5 Endlich kam der Bär in das Dorf zu Baba und Djeduschka
und alle Leute liefen zusammen, um den Bären zu sehen.
Der Bär lud seine Last ab und im gleichen Augenblick
sprang Mascha aus der Kiepe heraus. Wie groß
50 war da die Freude im Dorf und gemeinsam verjagten sie
den bösen Bären. Von da an lebten
alle zufrieden und ohne Angst vor dem Bären.

Besser nacherzählen kannst du, wenn du das Märchen gut kennst.

1 Beantworte die folgenden Fragen zum Inhalt.
- Wann und wo spielt das Märchen?
- Warum wollte Mascha den Bären
davon abhalten, sich auszuruhen?
- Was ist an Maschas Erlebnis mit dem Bären
märchenhaft?

Tipp: Lege eine Folie über den Text und
markiere die passenden Stellen.

> **Merkmal:**
> Märchen spielen
> in der Vergangenheit
> an einem unbestimmten Ort.

2 Erzählt das Märchen mit Hilfe von Erzählkärtchen nach.
- Schreibt zu jedem Absatz eine Überschrift auf ein Erzählkärtchen.
- Schreibt zu jeder Überschrift die Schlüsselwörter auf.
- Erzählt das Märchen gemeinsam nach. → Tipps zum Nacherzählen: Seite 272

Z 3 Was könnte Mascha den Dorfbewohnern über ihr Erlebnis erzählen?
Schreibe eine kurze Geschichte.

Mit Liebe und Fantasie

Eine blaue Rose gibt es nicht? Doch! Du kannst sie sehen, wenn du es willst.
Dieses Märchen kannst du an einigen Stellen weiterschreiben.

📖 Die blaue Rose

1️⃣ Vor langer Zeit lebte in China ein Kaiser. Er hatte
eine Tochter, die so schön war, dass man ihre Schönheit
im ganzen Lande lobte. Ihr Lachen klang wie
Silberglocken. Mit ihren zierlichen Füßen bewegte sie sich
5 wie eine Tänzerin. Darüber hinaus war sie sehr klug
und verstand es, wunderschöne Lieder zu singen.
Aber die Prinzessin machte dem Vater Sorgen, denn sie
wollte nicht heiraten. Sie hatte zur Bedingung gemacht,
dass sie nur den Mann heiraten werde, der ihr
10 eine blaue Rose schenkte. Der Kaiser suchte
landauf, landab nach einem passenden Mann.
Weil noch niemand eine blaue Rose gesehen hatte,
versuchten viele Männer erst gar nicht, um die Gunst
der schönen Prinzessin zu werben[1]. Andere aber waren
15 so verliebt, dass sie überlegten, wie sie die Prinzessin
mit einer blauen Rose für sich gewinnen konnten.

1 Welche Ideen könnten die Bewerber gehabt haben,
um der Prinzessin eine blaue Rose zu schenken?
Schreibe es auf.

📖 2️⃣ Der Tag, an dem die jungen Männer im Palast mit einer blauen Rose
um die Hand der Prinzessin anhalten sollten, war gekommen.
Der erste Bewerber kam aus dem Land der Perser[2]. Aus blauen Edelsteinen
20 hatte er eine kostbare Rose anfertigen lassen. Ein anderer Jüngling ließ
eine weiße Rose in eine blaue Flüssigkeit stellen, sodass die Rose
blau wurde. Die Prinzessin aber sagte: „Diese Rose will ich nicht. Wenn
sich die Schmetterlinge und die Vögel auf sie setzen, müssen sie sterben."
Ein dritter Bewerber überreichte der Prinzessin einen Becher
25 aus feinstem Porzellan, mit einer blauen Rose bemalt.
Die Prinzessin bewunderte das Kunstwerk sehr. Aber sie sagte:
„Auch dies ist nicht die rechte Rose." Nicht nur diese drei Männer,
sondern sieben mal sieben Bewerber wurden so abgewiesen.

[1] **um die Gunst werben:** die Zuneigung gewinnen wollen
[2] **das Land der Perser:** etwa das Gebiet des heutigen Iran und des Irak

2 Warum wohl wurden sieben mal sieben Bewerber abgewiesen? Schreibe es auf.

Merkmal:
Die magischen Zahlen **3** oder **7** kommen häufig in Märchen vor.

3 Da kam eines Tages ein Wanderer daher. Er wusste nichts
30 von der Prinzessin und von der blauen Rose. Er setzte sich
an die Mauer des Schlosses und sang ein bezauberndes Lied.
Das Lied war so schön, dass die Königstochter wissen wollte,
wer da sang. Sie trat aus dem Tor und hörte zu. Und es geschah
ein Wunder: Beide sahen sich an und verliebten sich ineinander.
35 Sogleich wollte der Jüngling zum König gehen und um die Hand
der Tochter bitten. Aber da fing das Mädchen an zu weinen.
Als der Jüngling ihre Tränen getrocknet hatte, begann sie
zu erzählen: .

3 Was erzählte die Prinzessin dem Jüngling? Schreibe es auf.

4 Die Prinzessin seufzte: „Ich werde dich nie heiraten
40 können." Der Jüngling aber lächelte: „Ich werde
die blaue Rose finden." Er ging zum Wegesrand, pflückte
dort eine weiße Rose und brachte sie in den Palast.
Der Kaiser lachte, zeigte die weiße Rose seiner Tochter
und sagte: „Schau her! Meinst du, dass dies die Rose ist,
45 die du zur Bedingung für deine Heirat gemacht hast?"
Er erwartete natürlich, dass die Tochter sich abwenden
würde. Aber es kam anders. „Ja, das ist eine blaue Rose,
genau so, wie ich sie haben wollte", antwortete
die Prinzessin. Der Kaiser protestierte.

4 Wie könnte das Märchen enden? Schreibe den Schluss.

➜ Das Ende vom Märchen kannst du auf Seite 287 lesen.

Z 5 Auf den Seiten 145 bis 151 hast du die **Merkmale von Märchen** kennen gelernt.
Schreibe die Merkmale auf ein Blatt.
Tipp: Gestalte das Blatt „märchenhaft".

Ein Märchen in Bildern

Auch hier wird ein Märchen erzählt – in Bildern.

Der Wolf und die sieben Geißlein   Brüder Grimm

Das Märchen könnt ihr mit Worten erzählen.

1 Erzählt das Märchen gemeinsam in der Klasse.
Beantwortet dabei die folgenden Fragen:

- Bild 1: Warum ging die Geiß fort? Was wollte der Wolf?
- Bild 2: Warum ließen die sieben Geißlein den Wolf nicht in das Haus?
- Bild 3: Wie wollte der Wolf die Geißlein überlisten?
- Bild 4: Wie wollte der Wolf die Geißlein beim nächsten Mal überlisten?
- Bild 5: Was geschah, als der Wolf dann doch ins Haus kam?
- Bild 6: Was geschah, als die Geiß nach Hause kam?

 1 die Geiß: die Ziege
das Geißlein: das Kind der Ziege
die Geißlein: die Kinder der Ziege

Du weißt jetzt, worum es in dem Märchen geht.
Nun kannst du es aufschreiben.

2 Was geschah der Reihe nach?
   a. Lies noch einmal die Fragen aus Aufgabe 1.
   b. Lies dazu auch die Stichworte auf den Erzählkärtchen.

> **Bild 1:**
> - Geiß ging fort, wollte Futter holen
> - Geißlein sollten den Wolf nicht
>   in das Haus lassen
> - Wolf wollte die Geißlein fangen
>   und fressen

> **Bild 2:**
> - Wolf hatte eine raue Stimme
>   und schwarze Pfoten
> - Geißlein erkannten den Wolf

> **Bild 3:**
> - Wolf fraß Kreide, hatte
>   eine feine Stimme,
>   aber schwarze Pfoten
> - Geißlein erkannten den Wolf

> **Bild 4:**
> - Wolf ließ sich beim Bäcker
>   Teig und Mehl
>   um die Pfoten wickeln
> - hatte nun weiße Pfoten
> - Geißlein erkannten
>   den Wolf nicht

> **Bild 5:**
> - Geißlein versteckten sich
> - Wolf verschluckte
>   sechs Geißlein,
>   fand eins nicht

> **Bild 6:**
> - Geiß fand nur das siebte Geißlein und
>   den schlafenden Wolf
> - Geiß befreite die Geißlein aus dem Bauch,
>   alle lebten und freuten sich
> - steckten dem Wolf Steine in den Bauch
> - Wolf wachte auf und fiel in den Brunnen

3 Schreibe das Märchen mit Hilfe der Fragen und der Stichworte auf.
   Tipps: • Verwende das Präteritum.
         • Überlege dir einen märchenhaften ersten und letzten Satz.
         • Beachte die Märchenmerkmale.

4 Schreibe dein Märchen noch einmal in schöner Schrift auf.

 3

sie versteckten sich	in	dem	Ofen, Schrank, Tisch, Uhrenkasten
	unter	dem	Bett
		der	Küche, Waschschüssel

Ein Märchen schreiben

Du weißt nun, was das Besondere an Märchen ist.
Das hilft dir beim Schreiben eines eigenen Märchens.

Märchen spielen in der Vergangenheit:
Vor langer Zeit trug es sich zu, ...
Es war einmal ...

In Märchen spielen
magische Zahlen eine Rolle,
z. B. die Zahlen 3 und 7.

Märchen können an einem besonderen
oder geheimnisvollen Ort spielen,
z. B. in einem Wald, in einer Höhle,
in einem verwunschenen Schloss ...

Am Ende eines Märchens siegt
das Gute, das Böse wird bestraft.
Die Figuren leben wieder
zufrieden und glücklich.

In Märchen kann es Zauberei oder
wundersame Gegenstände geben,
z. B. eine Wunderlampe,
einen Zauberstab,
eine Flasche mit einem Geist ...

In Märchen können
verschiedene Figuren auftreten:
gute Menschen, böse Menschen,
verzauberte Menschen, Zauberer,
Feen, sprechende Tiere ...

In Märchen müssen die Figuren
Schwierigkeiten überwinden:
Sie verirren sich, sie verlieren
ihr Glück, sie werden entführt oder
verzaubert ...

1 a. Schreibe die hervorgehobenen Wortgruppen auf einzelne Kärtchen.
   b. Schreibe Ideen für **dein** Märchen dazu.

2 Schreibe dein Märchen mit Hilfe der Arbeitstechnik.

> **Arbeitstechnik**
>
> ### Ein Märchen schriftlich erzählen
>
> - Beginne mit einem **märchenhaften Anfang**.
> - Schreibe dann, **wie** deine Figuren **lebten** und
>   wodurch eine Figur in **Schwierigkeiten** geriet.
> - Verwende das Präteritum.
> - Erzähle nun nacheinander, welche **Abenteuer** deine Figur bestehen
>   oder welche **Aufgabe** sie lösen musste.
> - Schreibe einen **passenden Schluss** für dein Märchen.
> - Überlege dir eine **Überschrift** für dein Märchen.

Z 3 Schreibe dein Märchen in schöner Schrift auf ein Blatt.
Gestalte das Blatt mit Bildern.

2 Vor vielen Jahren, als das Zaubern noch ...
Es geschah vor langer, langer Zeit ...
Sie lebten glücklich / zufrieden ...
Doch dann geschah es, dass ...

Eines Tages jedoch ...
Plötzlich stand sie vor / an / in ...
Als die erste Aufgabe gelöst war, ...
Tagein, tagaus ...

z Zu Märchenfiguren schreiben

Ein Untier in einem Rosengarten – was mag wohl geschehen sein?
Du kannst zu diesen Märchenfiguren schreiben.

1 Sieh dir die Bilder an und lies die Überschrift.
Was könnte in diesem Märchen geschehen?

📖 Die Schöne und das Tier

1 Es war einmal ein Kaufmann, der hatte drei Töchter,
eine schöner als die andere. Aber die Jüngste war
bei weitem die Schönste. Alle Leute nannten sie deshalb
nur die „Schöne". Eines Tages musste der Vater verreisen.
5 Seine Töchter baten ihn, schöne Kleider oder Schmuck
mitzubringen. Die „Schöne" aber war sehr bescheiden und
bat nur um eine Rose.

2 Auf der Rückreise von seinen Geschäften erfüllte der Kaufmann
die Wünsche seiner Töchter, aber eine Rose fand er nicht.
10 Spät am Abend kam er an ein wunderschönes Schloss
mit einem herrlichen Rosengarten. Rasch pflückte er eine Rose.
Da nahte mit furchtbarem Gebrüll ein riesiges Tier
mit weit aufgerissenem Rachen, mit Schuppen und
Borsten am ganzen Körper, mit Krallen und Warzen
15 an den Füßen. Es schrie: „Was suchst du hier?
Du bist in mein Reich eingedrungen – ich werde dich
fressen." Der Kaufmann fiel vor dem Tier auf die Knie
und bat: „Bitte töte mich nicht! Meine jüngste Tochter
ist nicht nur sehr schön, sondern auch bescheiden.
20 Sie hat sich nur eine einzige Rose gewünscht."

In dem Märchen lernst du drei Figuren kennen:
den Kaufmann, seine Tochter, also die Schöne, und das Tier.

2 Das Tier hörte, dass der Kaufmann eine wunderschöne Tochter hatte.
Was könnte das Tier vom Kaufmann verlangt haben?
Schreibe es auf.

3 Als das Tier hörte, dass der Kaufmann eine schöne Tochter hatte, ließ es von ihm ab und brummte: „Wenn du mir morgen deine Tochter bringst, dann lasse ich dich leben." Der Kaufmann sah keinen Ausweg und versprach es zitternd.

25 **4** Zu Hause angekommen, gab der Kaufmann den Töchtern ihre Geschenke. Als er aber der Schönen die Rose gab, erzählte er traurig von dem Versprechen, das er dem Tier gegeben hatte. Da wurden alle sehr traurig. Doch die Schöne war auch klug und gütig und meinte: „Wenn du das Versprechen
30 gabst, dann muss ich dort hingehen." Am nächsten Tag brachte der Kaufmann die Schöne zu dem Schloss.

W 3 Was fühlten und sagten die Schöne und der Kaufmann beim Abschied? Wähle eine der Figuren aus und schreibe einen kurzen Text.

5 Das Tier hatte schon ungeduldig gewartet und schnaubte wütend. Wie erschrak da die Schöne beim Anblick des hässlichen Tiers! Als dieses aber die Schönheit des Mädchens erblickte, wurde
35 sein Herz weich und glücklich und es sprach zu ihr: „Hab keine Angst, du sollst es in meinem Schloss gut haben und alles bekommen, was du dir wünschst. Aber ich möchte, dass du jeden Abend auf mich wartest und mit mir sprichst." Die Schöne hatte keine Wünsche, versprach aber, jeden Tag auf das Tier zu warten.

40 **6** So kam es, dass die beiden jeden Abend, wenn das Tier heimkam, zusammensaßen und plauderten[1]. Die Schöne verlor ihre Angst vor dem Tier, und nach einiger Zeit sah sie auch nicht mehr, wie hässlich es war. Sie sah nur, dass es gütige Augen und ein freundliches Wesen hatte.
45 In der Schönen wuchs eine große Freundschaft für das Tier. Und das Tier verliebte sich so in sie, dass es sie heiraten wollte. Dreimal fragte das Tier die Schöne, ob sie seine Frau werden wollte. Doch die Schöne entgegnete jedes Mal sanft: „Ich mag dich sehr, aber
50 ich liebe dich nicht so, dass ich dich heiraten könnte."
Da wurde das Tier traurig, aber es verstand die Schöne und sagte nur leise: „Bleib bitte trotzdem bei mir und verlass mich nicht!"

4 Warum wollte das Tier, dass die Schöne bei ihm blieb? Schreibe auf, was das Tier fühlte.

[[1] **sie plauderten:** sie redeten miteinander

📖 **7** Die Schöne versprach, bei dem Tier zu bleiben.
Es vergingen drei Monate. Da bekam die Schöne
55 Sehnsucht und bat darum, den Vater und
die Schwestern wiedersehen zu dürfen. Das Tier erlaubte
ihr die Reise, gab ihr einen Ring und sagte: „Dies ist
ein Zauberring. Wenn du zurückkommen möchtest,
drehe diesen Ring und du wirst gleich bei mir sein."
60 Sofort wurde die Schöne wie durch eine Zauberhand
in die Lüfte gehoben und gelangte mitten in das Haus ihres Vaters.
Wie groß war die Freude dort! Alle waren glücklich
miteinander – einen ganzen Tag lang. Aber schon am Abend
füllte sich das Herz der Schönen mit Sehnsucht nach dem Tier
65 und seinen gütigen Augen. Und am nächsten Tag drehte sie
den Ring und wünschte sich wieder in das Schloss zurück.

5 Warum sehnte sich die Schöne nach dem Tier?
Schreibe auf, was sie ihrem Vater erklärt haben könnte.

📖 **8** Als die Schöne das Tier begrüßte, sagte sie: „Ich weiß nicht,
ob ich dich so lieben kann, wie du das möchtest, aber ich weiß
jetzt, dass ich ohne dich nicht mehr leben will." Da traten
70 Tränen in die Augen des Tiers. Und dann war
ein schreckliches Zischen und Krachen zu hören,
sodass die Schöne vor Schreck die Augen schloss.

9 Als sie die Augen wieder öffnete, war das Tier
verschwunden und vor ihr stand ein schöner junger Prinz.
75 Der Prinz nahm sie dankbar in die Arme und erzählte
sein Geheimnis: „Ich lebte glücklich in meinem Schloss.
Doch eine böse Fee verzauberte mich in ein Tier.
Erlösen konnte mich nur die Liebe einer schönen Frau."
Bald schon gab es eine prächtige Hochzeit

80 im Schloss. Und die Schöne und ihr Prinz wurden
sehr glücklich miteinander. Und wenn sie nicht
gestorben sind, dann leben sie noch heute.

Z **6** Märchen haben besondere Merkmale.
Findest du im Märchen „Die Schöne und das Tier" solche Merkmale?
a. Lege eine Folie über den Text
und markiere passende Stellen.
b. Schreibe die gefundenen Merkmale auf.

Training:
Das Präteritum verwenden

Märchen werden im Präteritum erzählt.
Das kannst du hier noch einmal üben.

1 Lies den Anfang von dem Märchen „Der süße Brei".

Der süße Brei   Brüder Grimm

1 Es war einmal ein armes Mädchen, das lebte
mit seiner Mutter allein und sie hatten nichts zu essen.
Das Mädchen ging in den Wald und begegnete
einer alten Frau. Diese kannte den Kummer des Mädchens
5 schon und schenkte ihm ein Töpfchen. Wenn das Mädchen
Hunger hatte, sollte es sagen: „Töpfchen, koche", und
dann kochte es süßen Hirsebrei. Wenn das Mädchen sagte:
„Töpfchen, steh", dann kochte es nicht mehr weiter.

2 In dem Text sind Verben im Präteritum hervorgehoben.
    a. Schreibe die Verben in eine Tabelle.
    b. Ergänze jeweils die Grundform (den Infinitiv) und das Präsens.
    c. Wie unterscheiden sich das Präteritum, die Grundform und das Präsens?
       Markiere die Endungen.

Präteritum	Grundform (Infinitiv)	Präsens
lebte	leben	er/sie/es lebt
begegnete	...	er/sie/es ...

3 In diese Sätze gehören Präteritumformen aus deiner Tabelle.
   Setze die passenden Formen ein.

Das Mädchen   mit seiner Mutter.
Im Wald   das Mädchen einer alten Frau.
Die alte Frau   dem Mädchen einen Topf.
Das Töpfchen   auf Befehl süßen Hirsebrei.
Dann   das Mädchen: „Töpfchen, steh."

So geht das Märchen weiter.

2 Das Mädchen ▨▨▨ sich bei der alten Frau
10 und ▨▨▨ nach Hause zu seiner Mutter.
Immer wenn die beiden nun Hunger hatten,
▨▨▨ das Mädchen den Topf auf den Tisch
und ▨▨▨ süßen Brei, bis sie satt waren.

> bedanken
> eilen
> stellen
> kochen

4 Schreibe den Absatz 2 mit den richtigen Präteritumformen auf.

Diese Sätze stehen im Präsens:

Sie haben Hunger.   Sie sind satt.

5 **a.** Schreibe die Sätze ab und unterstreiche die Verben.
b. Finde im Text die passenden Verbformen im Präteritum.
c. Schreibe die Sätze im Präteritum auf.

Das Ende des Märchens ist im Präsens erzählt.

3 Eines Tages nun geht das Mädchen wieder in den Wald.
15 Die Mutter hat Hunger und sagt zu dem Töpfchen: „Töpfchen, koche."
Das Töpfchen kocht süßen Brei und die Mutter isst sich satt.
Die Mutter weiß die Worte nicht und das Töpfchen kocht immer weiter.
Schließlich kocht es über den Rand hinaus, kocht immerzu.
Erst ist die Küche voll Brei, dann das Haus und auch
20 die ganze Straße. Die Mutter weiß sich nicht mehr zu helfen.
Endlich kommt die Tochter nach Hause und spricht: „Töpfchen, steh."
Da kocht es nicht mehr. Aber wer in die Stadt will,
der muss sich durch den Brei essen.

6 Korrigiert den Absatz 3 gemeinsam.
a. Wie lauten die Präteritumformen?
Tipp: Schlagt in der Verbtabelle auf Seite 284 nach.
b. Schreibt den Absatz 3 mit den richtigen Präteritumformen auf.

4 es bedankte   es stellte
es kochte   es wanderte

Training:
Ein Märchen überarbeiten

Tim hat ein Märchen geschrieben. Du kannst es überarbeiten.

Die verwandelten Trolle

Es war einmal eine Hexe, die hieß Hixa. Sie wohnte in einem alten, zerfallenen Haus und war böse und gemein.

Und dann fand Hixa ein altes Zauberbuch in einem Regal. Und dann entdeckte sie einen Zauber, der alle Menschen in Trolle verwandelte. Und dann stellte sich Hixa auf einen Hügel und holte ihren Zauberstab hervor. Sie rief: „Abrakadabra! Jch verwandle euch in Trolle und ihr hört von jetzt an nur noch auf mich!"

Sofort wurden die Menschen in Trolle verwandelt. Sie befolgten alle Befehle der Hexe. Hixa war glücklich.

Eines Tages sollte der Troll Gernot Holz holen. Dabei stolperte er und stieß sich den Kopf. Jn diesem Moment war der Zauber vorbei. Gernot hatte seinen eigenen Wilen wieder. Er wusste, dass er die anderen Trolle befreien musste.

Also ging Gernot zu dem Haus der Hexe. Er fand sie in ihrem Wohnzimmer und ging zu ihr. Doch die Hexe ging weg, weil sie die Gefahr spürte. Sofort rief sie einige Trolle. Die Trolle gingen zu Gernot und hielten ihn fest. Gernot brauchte seine ganze Kraft, um sich zu befreien.

Die Hexe ist überrascht, dass Gernot mehrere Trolle besiegt. Erstaunt lässt sie den Zauberstab fallen. Schnell greift Gernot nach dem Zauberstab und ruft: „Abrakadabra, verschwunden sollst du sein, Hixa!" Jm selben Moment trifft ein Blitz die Hexe und sie verschwindet mit einem lauten Knall.

Als die Hexe weg war, verwandelten sich alle Trolle zurück in Menschen. Sie feierten ein großes Fest. Und wenn sie nicht gestorben sind, dann leben sie noch heute.

Tims Märchen kannst du anschaulicher erzählen.
So können die Leserinnen und Leser sich alles besser vorstellen.
Die folgenden Tipps helfen dir bei der Überarbeitung.

Tipp 1: Gestalte die Satzanfänge abwechslungsreich.

> *Und dann fand Hixa ein altes Zauberbuch in einem Regal.*
> *Und dann entdeckte sie einen Zauber, der alle Menschen*
> *in Trolle verwandelte. Und dann stellte sich Hixa*
> *auf einen Hügel und holte ihren Zauberstab hervor.*

1 Probiere aus, wie du die Satzanfänge verbessern kannst.

> **Starthilfe**
> Eines Tages fand Hixa …
> …

Tipp 2: Erzähle das Märchen anschaulich und lebendig.
Verwende dazu Adjektive, treffende Verben und wörtliche Rede.

Mit Adjektiven kannst du etwas genauer beschreiben.

> *Es war einmal eine Hexe, die hieß Hixa.*

> *Sofort wurden die Menschen in Trolle verwandelt.*

2 Wie war die Hexe? Wie waren die Trolle?
Beschreibe sie mit Adjektiven genauer.

> *Also ging Gernot zu dem Haus der Hexe.*

3 Wie sah das Haus der Hexe aus?
Beschreibe es genauer.

---

 1 Eines Tages …, Später …, Plötzlich …, Im nächsten Moment …

 2 alt, böse, bucklig, faltig, hässlich, klein, riesig, runzlig

 3 alt, düster, gruselig, verwittert

Mit treffenden Verben kannst du anschaulicher erzählen.

> *Also ging Gernot zu dem Haus der Hexe. Er fand sie*
> *in ihrem Wohnzimmer und ging zu ihr. Doch die Hexe*
> *ging weg, weil sie die Gefahr spürte. Sofort rief sie*
> *einige Trolle. Die Trolle gingen zu Gernot und hielten ihn fest.*
> *Gernot brauchte seine ganze Kraft, um sich zu befreien.*

> eilen
> entkommen
> rennen
> stürmen
> stürzen

4 Schreibe die Sätze um.
Verwende statt **gehen** verschiedene treffende Verben.

5 Was taten Gernot, die Hexe und die Trolle?
Ergänze eigene Sätze, die das Märchen anschaulicher machen.

Durch wörtliche Rede wird das Märchen lebendiger.

6 Gernot betrat das Haus der Hexe.
• Was könnte Gernot sagen?
• Was könnte die Hexe sagen?
Schreibe wörtliche Rede auf.

Starthilfe

> Gernot brüllte: „Wo bist du, Hixa?
> Ich habe …"
> Die Hexe kreischte: „Was? Warum?
> Du! Was hast du hier zu suchen? …"
> …

🖊 **5**	er griff	sie sprang weg	🖊 **6**	sie krächzte
	er schlug um sich	sie rannten		sie kreischte
	er schüttelte	sie gehorchten		sie schrie
	er stürzte	sie zerschlugen		sie brüllten

Tipp 3: Erzähle das Märchen im Präteritum.

> *Die Hexe ist überrascht, dass Gernot mehrere Trolle besiegt.*
> *Erstaunt lässt sie den Zauberstab fallen. Schnell greift Gernot*
> *nach dem Zauberstab und ruft: „Abrakadabra, verschwunden*
> *sollst du sein, Hixa!" Im selben Moment trifft ein Blitz*
> *die Hexe und sie verschwindet mit einem lauten Knall.*

7 Welche Verbformen stehen nicht im Präteritum?
    a. Schreibe sie untereinander auf.
    b. Schreibe die Präteritumformen daneben.

> **Starthilfe**
>
> sie ist – sie war
> er besiegt – …
> …

Tipp 4: Denke beim Schreiben an die Leserinnen und Leser.
Rechtschreibfehler stören beim Lesen.

> *In diesem moment war der zauber vorbei.*

Achtung: Fehler!

8 Korrigiere die zwei Fehler in der Großschreibung.

> *Und wenn sie nich gestorben sind, dann lebn sie noch heute.*

Achtung: Fehler!

9 In diesem Satz gibt es zwei Flüchtigkeitsfehler.
    Schreibe den Satz richtig auf.

> *Gernot hate seinen eigenen Wilen wieder.*

Achtung: Fehler!

10 Zwei Wörter in diesem Satz schreibt man
    mit Doppelkonsonant. Schreibe den Satz richtig auf.

Tipp 5: Schreibe den Text ganz am Ende in Reinschrift auf.

11 Schreibe Tims Märchen mit deinen Überarbeitungen auf.

→ Schreibkonferenz: Seite 271

Von Weisen und Spaßvögeln

Till Eulenspiegel und Nasrettin Hoca

In diesem Kapitel lest ihr lustige Geschichten von Till Eulenspiegel und Nasrettin Hoca. Ihr könnt sie mit verteilten Rollen lesen oder nachspielen.

Till Eulenspiegel
Till Eulenspiegel lebte vor ungefähr 700 Jahren. Er war ein Narr[1] und ein Schelm[2]. Er brachte die Menschen oft zum Lachen.
Auf Bildern trägt Till Eulenspiegel ein buntes Narrengewand. In den Händen hält er oft eine Eule und einen Spiegel.

Nasrettin Hoca[3]
Wann genau Nasrettin gelebt hat oder ob überhaupt, wissen wir nicht. Nasrettin wird oft der „türkische Eulenspiegel" genannt. Der Name „Hoca" bedeutet „Gelehrter". Nasrettin zeigt den Menschen mit einem Lachen, wie dumm sie sind.
Auf Bildern trägt Nasrettin immer einen großen Turban. Oft ist Nasrettin auch mit einem Esel abgebildet.

1 Klassengespräch!
- Wie sieht Till Eulenspiegel aus? Wie sieht Nasrettin Hoca aus?
- Was erzählen die Texte über Till Eulenspiegel und Nasrettin Hoca?

---

[1] ein **Narr**: jemand, der andere unterhält und sie an der Nase herumführt
[2] ein **Schelm**: ein Spaßvogel
[3] **Hoca** [sprich: hodscha]

Wie Eulenspiegel fliegen wollte

📖 **Wie Eulenspiegel in Magdeburg verkündete, dass er vom Rathauserker fliegen wollte**

A Eulenspiegel kam in die Stadt Magdeburg und spielte den Bürgern
viele Streiche. Deshalb war sein Name bald bekannt.
Die Bürger der Stadt baten ihn: „Mache doch einmal etwas
ganz Abenteuerliches." Da sagte Eulenspiegel: „Das will ich tun.
5 Ich werde auf das Rathaus steigen und vom Erker[1] herabfliegen."

2 Wie geht die Geschichte weiter?
Die Bilder verraten es dir.
a. Ordne die Absätze **B**, **C**, **D** den Bildern zu.
b. Lies die Geschichte in der richtigen Reihenfolge vor.

→ Tipps zum Vorlesen: Seite 269

1

2

3

B Da fing Eulenspiegel an zu lachen und rief:
„Ich dachte, ich sei der einzige Narr auf der Welt.
Aber nun sehe ich, dass die Stadt voller Narren ist.
Wenn ihr mir sagt, ihr wollt fliegen, dann glaube
10 ich es nicht. Aber ihr glaubt mir, einem Dummkopf!
Ich bin doch keine Gans und auch kein Vogel.
Ich habe auch keine Flügel. Und ohne Flügel oder
Federn kann keiner fliegen. Nun seht ihr wohl,
dass meine Geschichte gelogen ist."

15 **C** Er drehte sich um, lief weg und ließ die Menschen
stehen. Die einen fluchten, die anderen lachten und
sagten: „Er ist ein Dummkopf, ein Narr. Aber er hat
doch die Wahrheit gesagt."

D Da gab es ein großes Geschrei in der Stadt.
20 Alle versammelten sich vor dem Rathaus und
wollten sehen, wie Eulenspiegel flog.
Eulenspiegel stand auf dem Erker des Rathauses
und bewegte seine Arme, als ob er fliegen wollte.
Die Leute standen da, rissen Augen und Mund auf
25 und meinten wirklich, Eulenspiegel wolle fliegen.

[[1] **der Erker:** ein Vorbau, manchmal mit Geländer

Geschichten von Nasrettin Hoca

Nasrettin Hoca erzählte oft unglaubliche Geschichten.

Bienen so groß wie Schafe

1 Nasrettin erzählte, dass er in Stambul[1] im Garten des Sultans[2] gewesen sei und dort Bienen gesehen habe, so groß wie Schafe.

2 Da fragte ihn einer der Zuhörer: „Wie groß waren
5 denn die Bienenstöcke?" Nasrettin antwortete:
„Die Bienenstöcke waren so groß wie bei uns."
„Wie kamen denn da die Bienen hinein oder heraus?"
„Ich bin gerade dazugekommen, als sie
in den Bienenstock wollten. Aber als die Bienen
10 mich bemerkt haben, sind sie erschrocken weggeflogen.
Deshalb kann ich euch nicht sagen, wie sie es schafften,
in die Bienenstöcke hineinzukommen."

1 Klassengespräch!
Was ist an Nasrettins Geschichte unglaublich?

2 Was erzählte Nasrettin in Absatz **1**?
Schreibe es in wörtlicher Rede auf.

> **Starthilfe**
>
> Nasrettin erzählte: „Ich war in … Dort habe ich …"

3 Lest die Geschichte mit verteilten Rollen.
Ihr braucht einen Erzähler, Nasrettin und einen Zuhörer.

Z Du kannst eine eigene unglaubliche Geschichte erzählen.

4 a. Ersetze **Bienen**, **Schafe** und **Bienenstöcke** durch andere Tiere
und ihre Behausungen.
b. Schreibe deine Geschichte auf.
c. Lies deine Geschichte in der Klasse vor.

[1 **Stambul:** Istanbul, die größte Stadt der Türkei
[2 **der Sultan:** der Herrscher in einem islamischen Land

4 der Ameisenhaufen, das Entennest, der Fuchsbau

Nasrettin Hoca war ein weiser Mann. Er hatte auch Schüler.
Auch die Schüler erzählten Geschichten.
Diese Geschichte könnt ihr zusammen vorlesen.

Der große Kohlkopf

1 Auf einem Spaziergang erzählten zwei Schüler
von Nasrettin Hoca einander
unglaubliche Geschichten und versuchten, sich
gegenseitig mit Lügen zu übertrumpfen[1].

5 **2** Unter anderem sagte der eine:
„Als ich einmal in Stambul war, habe ich einen Kohlkopf
gesehen, unter dem sich dreihundert Leute
verstecken konnten."

3 Darauf entgegnete ihm der andere:
10 „Aber Bruder, das ist noch gar nichts gegen das,
was ich in Athen gesehen habe. Dort habe ich nämlich
einen großen Kessel gesehen, an dem schmiedeten[2]
dreihundert Leute, und die standen so weit voneinander,
dass einer den anderen nicht hören konnte."

15 **4** Nun fragte der erste:
„Wozu soll denn so ein großer Kessel dienen?"
„Aber Bruder. Wie kannst du nur so dumm fragen?
Um den großen Kohlkopf zu kochen,
den du gesehen hast."

5 Klassengespräch!
Was ist an dieser Geschichte unglaublich?

Die Geschichte könnt ihr mit verteilten Rollen lesen.

6 Gruppenarbeit!
   a. Verteilt die Rollen:
      Ihr braucht einen Erzähler und die beiden Schüler.
   b. Lest nun die Geschichte mit verteilten Rollen.
      Tipp: Betont besonders die hervorgehobenen Wörter.

→ Tipps zum Vorlesen: Seite 269

[1] **sich gegenseitig übertrumpfen:** der Bessere sein wollen
[2] **sie schmiedeten:** sie stellten aus heißem Metall her

Noch ein Streich von Till Eulenspiegel

Die Geschichte von Till Eulenspiegel könnt ihr spielen.
Das gelingt nur gut, wenn ihr die Geschichte verstanden habt.

Eulen und Meerkatzen

1 Als Eulenspiegel nach Braunschweig kam, wohnte er in einer Herberge. In der Nähe hatte ein Bäcker seine Bäckerei. Der Bäcker sprach Eulenspiegel an und fragte ihn, was für einen Beruf er habe.
5 Till antwortete: „Ich bin Bäckergeselle[1]."
„Oh", sagte der Bäckermeister, „mir fehlt gerade ein Bäckergeselle. Willst du bei mir arbeiten?"
Eulenspiegel war einverstanden und sagte: „Ja."

1 Ihr wisst es besser: Till Eulenspiegel war kein Bäckergeselle.
Was war Till Eulenspiegel? Sprecht darüber.

2 Als Till nun zwei Tage in der Bäckerei war,
10 beauftragte ihn der Bäcker, für den nächsten Morgen allein zu backen, denn er könne ihm in dieser Nacht nicht helfen. Eulenspiegel fragte: „Ja, aber was soll ich denn backen?"
Der Bäcker ärgerte sich über die Frage,
15 denn was sollte man in einer Bäckerei auch anderes backen als Brot und Brötchen?
Er wurde zornig und fragte: „Weißt du nicht, was du backen sollst? Bist du ein Bäckergeselle oder nicht? Was backt man in einer Bäckerei?"
20 Als Till nicht antwortete, sprach der Bäckermeister spöttisch[2] weiter: „Dann back doch Eulen und Meerkatzen!" Und damit legte er sich schlafen.

3 Till aber ging in die Backstube, heizte den Backofen, knetete den Teig und backte
25 lauter Eulen und Meerkatzen, so wie der Bäcker wörtlich gesagt hatte – die ganze Backstube voll.

2 Klassengespräch!
• Was sollte Till eigentlich backen?
• Was backte Till?

---

[1] der **Bäckergeselle:** ein Bäcker mit abgeschlossener Ausbildung
[2] **spöttisch:** sich lustig machend

Wie geht die Geschichte weiter?

3 **a.** Beschreibt das Bild.
- Was ist in der Backstube zu sehen?
- Wie sieht der Bäckermeister aus? Was fühlt und sagt er wohl?
- Wie sieht Till Eulenspiegel aus? Was denkt er wohl?

b. Wie könnte die Geschichte weitergehen? Sprecht darüber.

c. Lest, wie die Geschichte weitergeht.

4 Der Meister stand morgens auf und ging
in die Backstube. Doch da fand er kein Brot
und keine Brötchen, sondern lauter Eulen
30 und Meerkatzen! Er wurde zornig und
schimpfte: „Was ist dir denn eingefallen?
Was hast du da gebacken?"
Eulenspiegel antwortete: „Eulen und
Meerkatzen. Genau das hast du mir gesagt."
35 Der Meister schimpfte weiter: „Was soll ich denn
bloß mit diesem Zeug machen? Das kann ich nicht
verkaufen." Er packte Eulenspiegel am Kragen
und forderte: „Du bezahlst mir meinen Teig und
verschwindest dann." So geschah es. Eulenspiegel
40 zahlte, nahm die Eulen und Meerkatzen und ging.

5 Eulenspiegel ging auf den Markt. Dort baute er
seine Eulen und Meerkatzen auf und rief laut:
„Eulen und Meerkatzen zu verkaufen! Eulen
und Meerkatzen zu verkaufen! Sonderpreis!"
45 Am selben Tag verkaufte er alle Eulen und
Meerkatzen und nahm mehr Geld ein, als er
dem Bäcker für den Teig bezahlt hatte.

✏ **3** freut sich, fröhlich, stolz, wütend, zornig

W Zwei Situationen aus der Geschichte lassen sich gut spielen.
Ihr könnt eine Situation auswählen und spielen:
- Situation 1: Arbeitet zu zweit. Am Morgen in der Backstube → Aufgaben 1-3
- Situation 2: Arbeite alleine. Till auf dem Markt → Aufgaben 4-6

Situation 1: Am Morgen in der Backstube

1 Lest noch einmal die Zeilen 27–40.

2 a. **Was** sagen Till Eulenspiegel und der Bäcker?
Schreibt das Gespräch auf.
b. **Wie** sprechen Till und der Bäcker?
Schreibt es jeweils in Klammern dahinter.

> **Starthilfe**
> Till: „Guten Morgen, Meister!" (freundlich)
> Bäcker: „Was ist dir denn eingefallen? …" (…)

3 Bereitet die Situation zum Spielen vor.
a. Lest das Gespräch mit verteilten Rollen.
b. Wie fühlen sich Till und der Bäcker?
Überlegt, wie ihr das mit dem Körper darstellen könnt:
Wie schauen sie? Wie sind ihre Hände?

Situation 2: Till auf dem Markt

4 Lies noch einmal die Zeilen 41–47.

5 Eulenspiegel ruft auf dem Markt seine Eulen und
Meerkatzen aus.
Wie hört sich das wohl am besten an?
- Probiere aus, verschiedene Wörter zu betonen.
- Probiere unterschiedliche Lautstärken aus.
- Probiere unterschiedliche Tonhöhen aus: hoch, tief, …

6 a. Was könnte Till Eulenspiegel noch sagen?
Schreibe es auf.
b. Überlege, wie Eulenspiegel sich bewegt und wie sein Gesicht aussieht.

7 Spielt anschließend eure ausgewählte Situation vor.

2 belustigt, erstaunt, schelmisch, schmunzelnd, verärgert, wütend

5 flüsternd, normal laut, richtig laut, schreiend

Z Nasrettins Weg zum Dorf

Was Nasrettin auf dem Weg zum Dorf erlebt, lest ihr hier.

W 8 Wählt aus:
- Lest die Geschichte vor.
- Lest die Geschichte mit verteilten Rollen.
- Spielt die Geschichte als Szene.

Der Mund ist kein Sack, den man zubinden kann

1 Nasrettin ist unterwegs zum Dorf. Er hat seinen Sohn
auf den Esel gesetzt und geht selbst nebenher. Da kommen
ein paar Leute vorbei und sagen: „Schau dir das an!
Der alte Mann muss zu Fuß gehen und der Junge sitzt
5 auf dem Esel. Der Junge sollte sich schämen!"

2 Das hört Nasrettin. Er lässt seinen Sohn absteigen und setzt
sich selbst auf den Esel. Doch schon nach einer Weile hört er,
wie sich zwei, die am Wegrand sitzen, unterhalten: „Der große
Kerl sitzt auf dem Esel und lässt den armen Jungen gehen.
10 Gibt es denn kein Mitleid mehr auf der Welt?"

3 Nasrettin holt seinen Sohn mit auf den Esel und so reiten sie
weiter. Da kommt ein Bauer des Weges und meint:
„Muss das schwache Tier denn euch beide tragen? Das ist ja
unglaublich. Der arme Esel wird sich das Rückgrat[1] brechen."

15 4 Nasrettin steigt ab und nimmt auch seinen Sohn vom Esel
herunter. So gehen sie weiter, der Esel voraus und die beiden
hinterher. Als sie nicht mehr weit vom Dorf entfernt sind,
hören sie, wie ein Mann zum anderen sagt: „Schau dir bloß
die zwei Hohlköpfe[2] an! Der Esel spaziert voraus und die zwei
20 marschieren hinterher. Wie kann man nur so dumm sein?"

5 Da sagt Nasrettin zu seinem Sohn: „Du hast es gehört,
das Beste ist immer, man tut, was man selbst für richtig hält.
Den anderen kann man nie etwas recht machen. Und
der Mund ist auch kein Sack, den man zubinden kann."

9 Nasrettin sagt zum Schluss zu seinem Sohn:
„Den anderen kann man nie etwas recht machen."
Was meint Nasrettin damit? Sprecht darüber.

[1] das Rückgrat: der Rücken
[2] die Hohlköpfe: die Dummen

Training: Eine Geschichte von Nasrettin spielen

In einem Comic wird eine Geschichte mit Bildern
und sehr wenig Text – meist in Sprechblasen – erzählt.
Den folgenden Comic über Nasrettin könnt ihr als Szene spielen.

Wie Nasrettin einen Wirt mit dem Klang des Geldes bezahlte

1 Klassengespräch!

Welche Geschichte erzählt der Comic in Bildern?
Erzählt die Geschichte gemeinsam mit euren Worten.

In den Sprechblasen steht, was die Figuren sagen.

2 Gruppenarbeit!
Lest das Gespräch vor.
   a. Verteilt die Rollen: Ihr braucht Nasrettin, den Wirt,
      den Bettler und einen Erzähler.
   b. **Wie** sprechen Nasrettin, der Wirt und der Bettler?
      Probiert es aus.
   c. Lest den Comic mit verteilten Rollen.

**Nasrettin, der Wirt und der Bettler zeigen auch ohne Worte,
wie sie sich fühlen.**

3 a. Seht euch die einzelnen Bilder an.
   b. Schreibt zu jedem Bild auf, wie sich die Figuren fühlen.
      Tipp: Nicht auf jedem Bild kommen alle Figuren vor.

	Nasrettin	der Wirt	der Bettler
Starthilfe			
Bild 1	vergnügt	–	–
Bild 2	...	...	...
...	...		

4 Stellt eine Figur ohne Worte dar.
   a. Wählt eine Figur von einem Bild aus.
   b. Wie fühlt sich die Figur?
      Probiert die Körperhaltung und
      den Gesichtsausdruck aus.

Nun könnt ihr ein Bild spielen.

5 a. Wählt ein Bild aus.
      Verteilt die Rollen.
   b. Lest die Sprechblasen mit verteilten Rollen.
   c. **Wie** sprechen die Figuren?
      Probiert verschiedene Möglichkeiten aus.
   d. Überlegt, welche Körperhaltung und welcher Gesichtsausdruck
      zu den Figuren passen.
   e. Spielt das Bild.

 2 beruhigt, eingeschüchtert, gelassen, neugierig, rechthaberisch,
verdutzt, wütend, zornig

Spielt nun die ganze Geschichte.
Ein Szenenplan hilft euch bei der Vorbereitung.

6 Was passiert alles nacheinander?
Schreibt einen Szenenplan.
- Seht euch den Comic noch einmal genau an.
- Lest noch einmal die Sprechblasen.
- Schreibt einen Szenenplan für jedes einzelne Bild des Comics.

Starthilfe

	Welche Figur?	Was sagt die Figur?	Wie spricht die Figur?	Wie ist die Körperhaltung? Wie ist der Gesichtsausdruck?
Bild 1	Nasrettin	–	–	geht vergnügt über den Basar und schaut sich alles an
Bild 2	…	…	…	…
…	…	…	…	…

7 Legt gemeinsam fest, wer welche Rolle spielt.

8 Einzelarbeit:
Jeder bereitet nun seine Rolle vor.
a. Unterstreiche deine Rolle in deinem Szenenplan.
b. Lerne den Text für deine Rolle auswendig.

9 Übt das Spiel gemeinsam.
a. Spielt die Geschichte einmal bis zum Ende, ohne zu unterbrechen.
   Tipp: Haltet euren Text zunächst in der Hand.
      So könnt ihr nachlesen, wenn ihr etwas vergessen habt.
b. Besprecht, was ihr vielleicht noch ändern wollt.

10 Spielt die ganze Geschichte vor.

Z 11 Bereitet eine Aufführung vor.
a. Überlegt, welche Kostüme
   die Spieler tragen könnten.
b. Wie könnte die Bühne aussehen?
   Probiert, mit Tischen und Stühlen
   eine Bühne zu bauen.
c. Führt euer Spiel auf: vor Eltern,
   vor anderen Klassen …

Gereimtes und Ungereimtes

Abzählreime

Überall auf der Welt könnt ihr Abzählreime hören.

Yağ satarım,
bal satarım,
ustam öldü
ben satarım.

(aus der Türkei)

Aussprache:

jah ßátáram,
bal ßátáram,
úßtam öldü
ben ßátáram.

Eenie, meenie, miney, mo,
catch a tiger by the toe.
If he hollers, let him go,
eenie, meenie, miney, mo.

(aus England)

Aussprache:

ini, mini, meini, mo,
kätsch e teiger bei se to.
if hi hollers, let him go,
ini, mini, meini, mo.

Ene mene miste,
es rappelt in der Kiste.
Ene mene meck
und du bist weg.

(aus Deutschland)

Patito, patito
color de café,
si tú no me quieres
yo ya sé por qué.

(aus Mexiko)

Aussprache:

patíto, patíto
kolór de kafé,
ßi tú no me kiéres
jó ja ßé por ké.

1 Lest die Abzählreime vor.

2 **a.** Lernt einen Abzählreim auswendig.
b. Sagt den Abzählreim auswendig auf.

3 Woran liegt es, dass ihr euch die Abzählreime leicht merken könnt? Erklärt es.

W 4 Kennst du noch mehr Abzählreime? Wähle selbst:
• Schreibe einen Abzählreim auf.
• Oder erfinde einen eigenen Abzählreim.

Reime in Gedichten

Reime bringen ein Gedicht zum Klingen.
Das kannst du beim Vorlesen hörbar machen.

Die Made   Heinz Erhardt

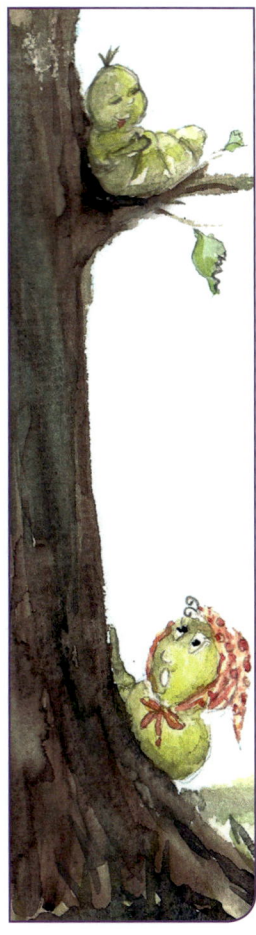

Hinter eines Baumes ▭
wohnt die Made mit dem ▭.

Kinde / Rinde

Sie ist Witwe[1], denn der ▭,
den sie hatte, fiel vom ▭.
5 Diente so auf diese ▭
einer Ameise als ▭.

Gatte / Blatte

Weise / Speise

Eines Morgens sprach die ▭:
„Liebes Kind, ich sehe ▭,
drüben gibt es frischen ▭,
10 den ich hol. So leb denn ▭.
Halt, noch eins! Denk, was ▭,
geh nicht aus, denk an ▭!"

Made / grade

Kohl / wohl

geschah / Papa

Also sprach sie und ▭. –
Made junior aber ▭
15 hinterdrein; und das war ▭!
Denn schon kam ein bunter ▭
und verschlang die kleine ▭
Made ohne Gnade. ▭!

entwich / schlich

Specht / schlecht

fade / Schade

Hinter eines Baumes ▭
20 ruft die Made nach dem ▭ …

Kinde / Rinde

5 Welches Reimwort passt jeweils?
  a. Lies Zeile für Zeile.
    Probiere aus, welches Reimwort jeweils am besten passt.
  b. Schreibe das Gedicht vollständig auf.
  c. Erkläre, warum die Made eine Witwe ist.

6 Lies das Gedicht vor.
  Probiere dabei verschiedene Möglichkeiten aus:
  laut oder leise, schnell oder langsam, fröhlich, traurig oder ernst.

[[1] die **Witwe**: eine Frau, deren Ehemann nicht mehr lebt

Was grunzt und quakt denn da?

Manche Gedichte spielen mit Lauten und Klängen.
Beim Sprechen könnt ihr diese Klänge hörbar machen.

auf dem land   Ernst Jandl

rininininininininDER
brüllüllüllüllüllüllüllEN

schweineineineineineineinE
grunununununununununZEN

5 hununununununununDE
bellellellellellellellellEN

katatatatatatatZEN
miauiauiauiauiauiauiauiauEN

katatatatatatatER
10 schnurrurrurrurrurrurrurrurrEN

gänänänänänänänSE
schnattattattattattattattattERN

ziegiegiegiegiegiegiegEN
meckeckeckeckeckeckeckeckERN

15 bienienienienienienienEN
summummummummummummummEN

grillillillillillillillillEN
ziririririririrPEN

fröschöschöschöschöschöschöschöschE
20 quakakakakakakakakakEN

hummummummummummummummELN
brummummummummummummummEN

vögögögögögögögögEL
zwitschitschitschitschitschitschitschERN

---

1 Welche Tiere kommen vor und wie klingen ihre Laute?
Schreibe es auf.

Starthilfe

Rinder brüllen, Schweine …

178

2 Sprich das Gedicht so, dass man die Tiere gut hören kann.
Probiere verschiedene Möglichkeiten aus.

3 In der Klasse!
Sprecht das Gedicht im Chor.
- Eine oder einer spricht die Zeilen vor.
- Die anderen sprechen nach.

Z Tierlaute klingen überall ähnlich, aber die Laute werden
in jeder Sprache anders geschrieben.

Tier	Deutsch	Türkisch	Englisch	Französisch
der Esel	i-a, i-a	a-ii, a-ii	hee-haw [hi-ha]	hi-han [i-an]
der Hahn	kikeriki	ü ürü üü	cock-a-doodle-doo [kok-a-dudel-du]	cocorico [kokoriko]
das Huhn	gack, gack put, put	gıt gıt gıdak [gat gat gadak]	cluck-cluck [klak-klak]	cot cot codec [kot kot kodek]
das Rind	muh	möö [mö]	moo [mu]	meuh [mu]
die Ente	quak-quak [kwak-kwak]	vak, vak [uak, uak]	quack-quack [kwak-kwak]	coin, coin [koan, koan]
die Katze	miau	miyav [miau]	meow [miau]	miaou [miau]

 4 a. Wählt ein Tier aus.
b. Sprecht die Tierlaute in den verschiedenen Sprachen.
Hört genau hin.
- Welche Laute klingen ähnlich?
- Welche Laute klingen unterschiedlich?

Z 5 a. Schreibe mit den Tierlauten aus der Tabelle ein Gedicht.
b. Lies dein Gedicht vor.

Z Wie klingt es auf den Avenidas?

Eugen Gomringer schrieb seine Gedichte nicht nur auf Deutsch.
Dieses Gedicht hat er auf Spanisch geschrieben.

avenidas Eugen Gomringer

Aussprache:
awenídas

avenidas	awenídas
avenidas y flores	awenídas i flóres
flores	flóres
flores y mujeres	flóres i muchéres
avenidas	awenídas
avenidas y mujeres	awenídas i muchéres
avenidas y flores y mujeres y un admirador	awenídas i flóres i muchéres i un admiradór

1 Lies das Gedicht halblaut vor.
    Tipps: • Betone die Silben mit dem kleinen Strich: **fló**res.
            • Rolle das „r" ein wenig mit der Zunge.

2 **a.** Schreibe das spanische Gedicht ab.
    b. Übersetze das Gedicht ins Deutsche.
       Schreibe die deutsche Übersetzung auf.
       Tipp: Hilfen findest du unten auf der Seite.

Wie klingt es auf den Avenidas?
Ihr könnt das Gedicht besonders wirkungsvoll vortragen.

3 Welche Geräusche kann man auf den **Avenidas** hören?
   Probiert aus, wie ihr diese Geräusche hörbar machen könnt.

4 Bereitet euren Vortrag mit den passenden Geräuschen vor.
   a. Lernt das Gedicht auswendig.   → Tipps zum Auswendiglernen: Seite 268
   b. Übt das ganze Gedicht mit den passenden Geräuschen.
       Einer trägt das Gedicht vor, der andere macht die Geräusche.

2 avenidas = die Alleen   mujeres = die Frauen
     y = und   un admirador = ein Bewunderer
     flores = die Blumen

Z Hören, was man sonst nicht hört

Gedichte können auch ganz leise klingen.
Dieses Gedicht kannst du so vorlesen,
dass man hört, wie leise es ist.

Das leise Gedicht   Alfred Könner

Wer mäuschenstill am Bache sitzt,
kann hören, wie ein Fischlein flitzt.

Wer mäuschenstill im Grase liegt,
kann hören, wie ein Falter fliegt.

5 Wer mäuschenstill im Bette lauscht,
kann hören, wie der Regen rauscht.

Wer mäuschenstill im Walde steht,
kann hören, wie ein Rehlein geht.

Wer mäuschenstill ist und nicht stört,
10 kann hören, was man sonst nicht hört.

1 Was kann man in jeder Strophe hören?
 • Eine oder einer liest das Gedicht leise vor.
 • Die oder der andere sagt, was sie oder er in jeder Strophe hören kann.

2 Bereite das Gedicht zum Vorlesen vor.
 • Welche Wörter sind besonders wichtig?
 • Wie kannst du die Wörter so lesen, dass man „das Leise" hört?
 Probiere verschiedene Möglichkeiten aus.
 Tipp: Markiere die wichtigen Wörter auf Folie.

3 Lies das Gedicht ausdrucksvoll vor.   → ausdrucksvoll vorlesen: Seite 269

4 Was hörst du, wenn du mäuschenstill bist?
 Schreibe ein eigenes Gedicht.

> **Starthilfe**
>
> Wer mäuschenstill in der Klasse ist,
> kann hören, wie ein Mäuslein frisst.
> Wer mäuschenstill …

 5 ein Fischlein – das Fischlein
 ein Falter – der Falter
 ein Rehlein – das Rehlein

Die Jahreszeiten in Gedichten

Es war eine Mutter, die hatte vier Kinder

1. Es war ei - ne Mut - ter, die hat - te vier Kin - der. Den
2. Der Früh - ling bringt Blu - men, der Som - mer bringt Klee,___ der

Früh - ling, den Som - mer, den Herbst und den Win - ter.
Herbst, der bringt Trau - ben, der Win - ter den Schnee.___

1 Wie heißen die vier Kinder?
    a. Zeichnet die vier Kinder auf ein Blatt.
    b. Schreibt die Namen dazu.
    c. Schreibt den Namen der Mutter darüber.

2 In dem Lied findet ihr zweimal zwei Reimwörter.
    a. Lest das Lied laut vor, dann könnt ihr
        die Reimwörter hören.
    b. Schreibt das Lied als Gedicht auf das Blatt.
        Tipps: • Das Gedicht hat zwei Strophen.
                  • Jede Strophe hat vier Zeilen.
    c. Markiert die Reimwörter.

Z 3 Die Jahreszeiten werden mit Kindern verglichen.
    • Was tun die Kinder?
    • Was geschieht mit den Kindern
      im Laufe des Jahres?
    Schreibt eure Gedanken zum Vergleich
    mit auf das Blatt.

Merkmal:
Vergleiche machen
Gedichte anschaulich
und lebendig.

Z 4 Singt das Lied gemeinsam.

1   der Frühling   der Sommer
          der Herbst   der Winter
          das Jahr

In diesem Gedicht werden die vier Jahreszeiten mit vier Brüdern verglichen.

📖 Die vier Brüder   Karoline Stahl

Vier Brüder geh'n jahraus, jahrein
im ganzen Jahr spazieren;
Doch jeder kommt für sich allein,
uns Gaben[1] zuzuführen.

5 Der Erste kommt mit leichtem Sinn,
in reines Blau[2] gehüllet,
streut Knospen, Blätter, Blüten hin,
die er mit Düften füllet.

Der Zweite tritt schon ernster auf
10 mit Sonnenschein und Regen,
streut Blumen aus in seinem Lauf,
der Ernte reichen Segen.

Der Dritte naht mit Überfluss
und füllet Küch' und Scheune[3],
15 bringt uns zum süßesten Genuss
viel Äpfel, Nüss' und Weine.

Verdrießlich[4] braust der Vierte her,
in Nacht und Graus gehüllet[5],
zieht Feld und Wald und Wiesen leer[6],
20 die er mit Schnee erfüllet.

Wer sagt mir, wer die Brüder sind,
die so einander jagen?
Leicht rät sie wohl ein jedes Kind,
drum brauch ich's nicht zu sagen.

5 Wer sind die vier Brüder in diesem Gedicht?
Schreibe ihre Namen auf.

6 Schreibe zu jeder Jahreszeit in Stichworten auf,
• wie sie kommt oder auftritt oder naht oder heranbraust,
• was sie tut.

Z 7 Klassengespräch!
Wie wirken die Vergleiche im Lied und im Gedicht auf euch?

Auch in dem Gedicht „Die vier Brüder" gibt es Reimwörter.

8 a. Sprich das Gedicht und höre genau hin,
welche Wörter sich reimen.
b. Schreibe die Reimwörter aus allen Strophen
untereinander auf.
c. Kennzeichne die Wörter, die sich reimen,
mit denselben Buchstaben.

Starthilfe	
jahrein	a
spazieren	b
allein	a
zuzuführen	b

[1] die **Gaben**: die Geschenke
[2] das **Blau**: der blaue Himmel
[3] **füllet Küch' und Scheune**: schafft Vorräte für den Winter
[4] **verdrießlich**: ärgerlich
[5] **in Nacht und Graus gehüllet**: bei Dunkelheit und schlechtem Wetter
[6] **zieht Feld und Wald und Wiesen leer**: es wächst nichts mehr

Frühling, Sommer ...

In diesem Gedicht geht es um den April. Er ist ein besonderer Monat.

 April Heinrich Seidel

1 April! April!
Der weiß nicht, was er will.
Bald lacht der Himmel klar und rein,
Bald schaun die Wolken düster drein,
5 Bald Regen und bald Sonnenschein!
Was sind mir das für Sachen,
Mit Weinen und mit Lachen
Ein solch' Gesaus zu machen!
April! April!
10 Der weiß nicht, was er will.

2 O weh! O weh!
Nun kommt er gar mit Schnee
Und schneit mir in den Blütenbaum,
In all den Frühlingswiegentraum!
15 Ganz gräulich ist's, man glaubt es kaum:
Heut Frost und gestern Hitze,
Heut Reif und morgen Blitze;
Das sind so seine Witze.
O weh! O weh!
20 Nun kommt er gar mit Schnee!

3 Hurra! Hurra!
Der Frühling ist doch da!
Und kriegt[1] der raue Wintersmann
Auch seinen Freund, den Nordwind, an
25 Und wehrt er sich, so gut er kann,
Es soll ihm nicht gelingen;
Denn alle Knospen springen,
Und alle Vöglein singen.
Hurra! Hurra!
30 Der Frühling ist doch da!

Der April kann ganz schön launisch sein.

Merkmal:
Sprachbilder, z. B.
Gegensätze, machen
Gedichte lebendig.

1 Wie zeigt sich der April in den Strophen **1** und **2**?
    a. Schreibe Gegensätze in Stichworten auf.
    b. Lies das Gedicht so, dass man die Gegensätze
       gut hören kann.

> **Starthilfe**
> Himmel klar – Wolken düster, …

2 In dem Gedicht findest du Wörter, die sich reimen.
    a. Schreibe das Gedicht ab.
    b. Lies die letzten Wörter in jeder Zeile.
    c. Kennzeichne die Reimwörter mit Buchstaben.

[[1] **kriegt an:** treibt an

Im Sommer verändert sich auch der Apfelbaum.
Wie? Das kannst du in diesem Gedicht lesen.

Vom Apfelbaum Elsbeth Friemert

In unserem kleinen Garten,
da steht ein Apfelbaum.

so viel, man glaubt es kaum.

5 Die fleiß'gen Bienen summen
und fliegen hin und her,

Das freut uns alle sehr.

Und sehe ich dann später
10 einmal den Baum mir an,

ganz kleinen Äpfel dran.

Sie wachsen immer schneller
und schaukeln froh im Wind.

15

Wie rot die Bäckchen sind.

bestäuben all die Blüten.

da hängen schon die grünen,

Die Sonne macht sie süß und reif.

Er trägt viel weiße Blüten,

---

3 In jeder Strophe fehlt eine Zeile.
   a. Sieh dir die Bilder an.
   b. Lies das Gedicht.
      Setze dabei die Zeilen vom Rand ein.

4 **a.** Schreibe das Gedicht „Vom Apfelbaum" vollständig auf.
   b. Zeichne dazu, wie sich die Apfelblüten verändern.

5 **a.** Schreibe ein eigenes Gedicht über einen Birnbaum
      oder einen Kirschbaum.
   b. Schreibe dein Gedicht in Schönschrift auf ein Blatt.
      Gestalte dein Blatt mit Zeichnungen oder Fotos.

... Herbst und Winter

Im Herbst muss man viele schöne Dinge tun.

Im Herbst   Ilse Kleberger

Im Herbst muss man Kastanien ▨▨▨,
die braun aus stachliger Schale streben;
man sammelt und sammelt um die Wette
und fädelt sie zu einer endlosen ▨▨▨.

5 Im Herbst muss man Haselnüsse ▨▨▨,
das darf man auf keinen Fall vergessen!
Man muss sich beeilen, denn das Eichhorn mag sie auch
und plündert mit Windeseile den ▨▨▨.

Im Herbst muss der bunte Drachen steigen.
10 Man muss ihm den Weg in den Himmel ▨▨▨.
Dann schwebt er hoch über Nachbars Dach
und man reckt den Hals und ▨▨▨.

> Kette
> schaut ihm nach
> Strauch
> aufheben
> essen
> zeigen

---

1 Lies das Gedicht.
Ergänze dabei, was man im Herbst tun muss.
Tipp: Die Gedichtzeilen reimen sich.

2 Was muss man im Herbst alles machen?
Schreibe drei Sätze auf.

3 a. Schreibe das Gedicht ab.
b. Markiere die Reimwörter mit unterschiedlichen Farben.
c. Lerne die Reime auswendig.

4 Lerne das Gedicht auswendig.
Beachte dabei die Arbeitstechnik.

Arbeitstechnik

Ein Gedicht auswendig lernen

- Lerne die erste Strophe **Zeile für Zeile** auswendig.
- Du kannst dir mit einem Blatt Papier helfen: Lege das Blatt so,
  dass du **jeweils nur den Anfang jeder Zeile** lesen kannst.
- Sprich dann die **Strophe als Ganzes**.
- Lerne die anderen Strophen genauso.

Schlittschuhlaufen im Winter ist wie tanzen.

Der Eislauf   August Heinrich Hoffmann von Fallersleben

Der See ist zugefroren
Und hält schon seinen Mann.
Die Bahn ist wie ein Spiegel
Und glänzt uns freundlich an.

5 Das Wetter ist so heiter,
Die Sonne scheint so hell.
Wer will mit mir ins Freie?
Wer ist mein Mitgesell?

Da ist nicht viel zu fragen:
10 Wer mit will, macht sich auf.
Wir gehn hinaus ins Freie,
Hinaus zum Schlittschuhlauf.

Was kümmert uns die Kälte?
Was kümmert uns der Schnee?
15 Wir wollen Schlittschuh laufen
Wohl auf dem blanken See.

Da sind wir ausgezogen
Zur Eisbahn also bald,
Und haben uns am Ufer
20 Die Schlittschuh' angeschnallt.

Das war ein lustig Leben
Im hellen Sonnenglanz!
Wir drehten uns und schwebten,
Als wär's ein Reigentanz.

**Das Gedicht kannst du so vorlesen, dass man
die Schlittschuhläufer tanzen hört.**

5 Bereite das Gedicht zum Vorlesen vor.
   a. Lege eine Folie über das Gedicht.
   b. Markiere wichtige Wörter und Pausen.
   c. Lies das Gedicht und probiere verschiedene Möglichkeiten aus:
     • Lies manchmal laut, manchmal leiser, mal schnell, mal langsamer.
     • Lasse manche Textstellen fröhlich und aufgeregt klingen.

ᶻ Merkmale von Gedichten

Hier findest du Gedichte zu allen vier Jahreszeiten.

1 Im Sommer erfreut sich das weite Land
vom Berge bis hin zu den Schären[1].
Wir rudern, wir segeln, wir reiten am Strand,
der Sommerwind weht durch die Ähren.

(Volkslied aus Schweden, Übertragung Karl Seidelmann)

3 Seht das schöne Schlackerwetter!
Und die armen welken Blätter,
wie sie tanzen in dem Wind
und so ganz verloren sind!
Wie der Sturm sie jagt und zwirbelt
und sie durcheinanderwirbelt
und sie hetzt ohn' Unterlass:
Ja, das ist Novemberspaß!

(Heinrich Seidel)

2 Ei, du liebe, liebe Zeit,
ei, wie hat's geschneit, geschneit!
Ringsherum, wie ich mich dreh,
nichts als Schnee und lauter Schnee.
Wald und Wiesen, Hof und Hecken,
alles steckt in weißen Decken.

(Friedrich Wilhelm Güll)

4 Der Frühling ist die schönste Zeit!
Was kann wohl schöner sein?
Da grünt und blüht es weit und breit
im goldnen Sonnenschein.

(Annette von Droste-Hülshoff)

[1] die **Schären**: kleine Felseninseln

1 Welche Jahreszeiten findest du in den Gedichten **1** bis **4**?
Ordne die Gedichte und die Bilder den Jahreszeiten zu.

2 An welchen Wörtern hast du
die jeweilige Jahreszeit erkannt?
Schreibe die Wörter zu den Jahreszeiten dazu.

> **Merkmal:**
> besondere Sprache

3 Reime lassen die Gedichte klingen.
  a. Lies die vier Gedichte laut und höre die Reimwörter.
  b. Schreibe die Reimwörter der einzelnen Gedichte
     untereinander auf.
  c. Kennzeichne die Reimwörter mit a, b, c und d.

> **Merkmal:**
> Reime

4 Paarreim oder Kreuzreim?
Welche Reimformen haben die Gedichte?
  a. Vergleiche die Reime in den vier Gedichten.
  b. Schreibe jeweils die Reimform
     zu den Reimwörtern.

> **Reimformen:**
>
> | der Paarreim | der Kreuzreim |
> |---|---|
> | a⌉ | a⌉ |
> | a⌟ | b⌉ |
> | b⌉ | a⌟ |
> | b⌟ | b⌟ |

W 5 In Gedicht **3** fliegen die Blätter im Wind.
  • Womit wird das Fliegen verglichen?
  • Wie wirkt der Vergleich auf dich?
Schreibe es auf.

> **Merkmal:**
> Vergleiche

6 Welche Wörter machen die Gedichte
besonders anschaulich?
Finde in jedem Gedicht drei besondere Wörter.
Schreibe sie auf.

> **Merkmal:**
> Sprachbilder

Du kannst zu einem der Gedichte ein Gedichtblatt gestalten.

W 7 Gestalte ein Gedichtblatt zu deinem Lieblingsgedicht.
  • Wähle ein Gedicht aus.
  • Schreibe das Gedicht in schöner Schrift auf.
  • Schreibe eine passende Überschrift dazu.
  • Schreibe die Reimform dazu.
  • Markiere besondere Wörter oder Sprachbilder,
    die dir gefallen.
  • Zeichne ein Bild dazu.

→ Merkmale von Gedichten auf einen Blick: Seite 268

---

7 Der Frühling ist die schönste Zeit!   November
Im Sommer erfreut sich das weite Land   Der erste Schnee

Der Aufgabenknacker – Schritt für Schritt

Mit dem Aufgabenknacker kannst du jede Aufgabe knacken.

1. Schritt: Du liest die Aufgabe genau.

1 Lies die Beispielaufgabe **A** mehrmals genau und langsam.

> **A** Fasst auf einer Erzählkarte zwei Absätze des Märchens zusammen.

Das Verb ist das wichtigste Wort in einer Aufgabe.

2 a. Schreibe das Verb aus Aufgabe **A** auf.
  Tipp: Es besteht aus zwei Teilen.
  b. Schreibe den Infinitiv (die Grundform) dazu.

Z 3 Die folgenden Verben kommen oft in Aufgaben vor.
  a. Schreibe die Verben untereinander auf.
  b. Schreibe jeweils den Infinitiv dazu.

> Findet …   Nenne …
> Lies …   Erzähle … nach.
> Markiere …   Tragt … vor.
> Vergleiche …   Sieh … an.
> Beschreibe …   Lege … an.

4 Die Aufgabe **A** sagt dir noch mehr.
  Beantworte die folgenden Fragen schriftlich.
  • Welche wichtigen Wörter sagen dir genauer, was du tun sollst?
  • Sollst du die Aufgabe mündlich oder schriftlich lösen?
  • Arbeitest du allein oder mit jemandem zusammen?

Z 5 Wende den 1. Schritt auf die folgende Aufgabe **B** an.
  Gehe so vor wie in den Aufgaben 1, 2 und 4.

> **B** Lies deiner Partnerin oder deinem Partner den zweiten Absatz des Märchens vor.

3 anlegen, ansehen, lesen, nacherzählen, vortragen

2. Schritt: Du überlegst: Was gehört alles zur Lösung der Aufgabe?

Das Verb in der Aufgabe sagt dir, was du tun sollst.

6 a. Ordne den Verben vom Rand
die passenden Erklärungen zu.
b. Schreibe die Verben mit den Erklärungen auf.

> Beschreibe …
> Fasse zusammen …
> Nenne …
> Vergleiche …

Erklärungen:
- Ich soll Gemeinsamkeiten und Unterschiede finden.
- Ich soll etwas aufzählen.
- Ich soll die wichtigsten Informationen wiedergeben.
- Ich soll wiedergeben, wie etwas aussieht, abläuft oder funktioniert.

Manche Aufgaben sind sehr lang.

C
Das Märchen könnt ihr mit Hilfe von Erzählkärtchen nacherzählen.	Zeile 1
a. Schreibt zu jedem Absatz eine Überschrift auf die Erzählkärtchen.	Zeile 2
b. Schreibt zu jeder Überschrift Stichworte auf.	Zeile 3
c. Erzählt das Märchen gemeinsam nach.	Zeile 4

7 a. Lies die Aufgabe **C** genau, Zeile für Zeile.
b. Finde die Verben in den Zeilen 2, 3 und 4.
Schreibe die Verben mit den Infinitiven auf.

8 Schreibe die Schlüsselwörter
für jede Zeile aus Aufgabe **C** auf.
Die Fragen am Rand helfen dir.

> **Starthilfe**
> Zeile 1: nacherzählen
> Zeile 2: …

> Was tun?
> Was?
> Womit?
> Wie?

3. Schritt: Du gibst die Aufgabe mit eigenen Worten wieder.

9 Welche Erklärungen zu Aufgabe **C** sind richtig?
a. Schreibe die richtigen Erklärungen ab.
b. Korrigiere die falschen Erklärungen.

- Wir sollen ein Märchen abschreiben.
- Wir verwenden zum Nacherzählen Erzählkärtchen.
- Als Erstes schreiben wir zu jedem Absatz Stichworte auf.
- Zum Schluss schreiben wir unser eigenes Märchen.

→ der Aufgabenknacker auf einen Blick: Seite 270

Texte lesen und verstehen: Der Textknacker

Einen Text verstehen ist so
wie eine Nuss knacken.

Eine harte Nuss musst du knacken,
damit du an ihren weichen Kern herankommst.
Dazu brauchst du einen Nussknacker.

Einen Text kannst du auch „knacken",
genauso wie eine harte Nuss.
Dann kannst du ihn verstehen.
Hier hilft dir der Textknacker.

1 Lies die Schritte des Textknackers
auf Seite 193.

2 Bastle dir einen Textknacker aus Pappe.
Dann kannst du ihn für jeden Text verwenden.
Schreibe nur die Schritte und die hervorgehobenen Wörter auf.

Z 3 Lege eine abwaschbare Folie in dein Buch.
So kannst du in jedem Text das Wichtigste auf Folie markieren.

Der Textknacker – Schritt für Schritt

Texte liest du, um dich zu informieren oder zum Vergnügen oder …
Mach dir klar, warum du den Text liest. Dann funktioniert der Textknacker.

1. Schritt: Vor dem Lesen
Du siehst dir den Text als Ganzes an.

- Worauf fällt dein Blick als Erstes?
- Was erzählen dir die Bilder?
- Wie heißt die Überschrift?
- Worum könnte es gehen?

2. Schritt: Das erste Lesen
Du überfliegst den Text.
Oder du liest den Text einmal durch.

- Welche Wörter, Wortgruppen oder Absätze fallen dir auf?
- Was ist interessant für dich? Was macht dich neugierig?

3. Schritt: Den Text genau lesen
Du liest den Text genau und in Ruhe – Absatz für Absatz.
So findest du die wichtigen Informationen.

- Absätze gliedern den Text.
  Was in einem Absatz zusammensteht, gehört inhaltlich zusammen.
- Manchmal stehen auch Zwischenüberschriften über den Absätzen.
- Manche Wörter sind zum Verstehen besonders wichtig,
  sie sind Schlüsselwörter.
- Manchmal gibt es weitere Bilder am Rand des Textes oder im Text.
  Sie helfen dir, den Text zu verstehen.
- Manche Wörter werden erklärt: Sieh am Rand oder unter dem Text nach.
- Schlage Wörter, die du nicht verstanden hast, im Lexikon nach.
- Welche Fragen hast du an den Text?

4. Schritt: Nach dem Lesen
Du arbeitest mit dem Inhalt des Textes.

- Welche Informationen sind für dich und deine Aufgabe wichtig?

Den Textknacker ausprobieren

W Du kannst einen der Texte 1, 2 oder 3 auswählen und den Textknacker ausprobieren.

1. Vor dem Lesen
2. Das erste Lesen
3. Den Text genau lesen
4. Nach dem Lesen

W 1 Lies den Text 1 mit dem Textknacker.
Beantworte zum Schluss die Frage:
? Sind Insekten wichtig für die Natur?

1 Nützlinge oder Schädlinge?

1 Insekten sind auf der ganzen Welt verbreitet und kommen sehr häufig vor. Drei von vier Tiere, die bei uns leben, gehören zu den Insekten. Auf der Erde gibt es
5 insgesamt mehr als eine Million verschiedene Arten von Insekten.

2 Viele Insekten sind sehr nützlich, denn sie bestäuben[1] die Blüten von Pflanzen. Dadurch entwickeln sich aus den Blüten
10 Früchte. Aber Insekten können noch viel mehr. Zum Beispiel sind Bienen wichtig, weil sie Nektar von den Blüten sammeln und daraus Honig machen. Waldameisen sorgen dafür, dass unsere Wälder gesund
15 bleiben und Schädlinge sich nicht so stark ausbreiten können.

3 Es gibt auch Insekten, die Krankheiten übertragen oder den Pflanzen Schaden zufügen. Diese Insekten ernähren sich
20 zum Beispiel von Blättern oder anderen Pflanzenteilen.

4 Trotzdem braucht die Natur auch diese Insekten, denn sie dienen zum Beispiel Singvögeln oder Fröschen
25 als Nahrung. Jedes Tier ist wichtig, damit die Natur erhalten bleibt. Deswegen stehen auch viele Insekten unter Naturschutz.

[1] **sie bestäuben:** Sie bringen den Blütenstaub von einer Blüte zu einer anderen Blüte. So vermehren sich Pflanzen.

Lies das Gedicht 2 mit dem Textknacker und beantworte die Frage:
? Warum ist die Eberesche ein ganz besonderer Herbstbaum?

2 Herbstbaum
Axel Schulze

Im September hängt
die Eberesche[1]
in ihre Zweige
die rote Wäsche.

5 Mit Blütenschaum
hat sie gewaschen.
Jetzt kommen Vögel
und naschen.

Der Baum lächelt,
10 die Blätter schweben.
Für alle reicht es,
die leben.

W 3 Lies das Gedicht 3 mit dem Textknacker und beantworte die Frage:
? Woran merkst du, dass der Clown seinen Beruf schön findet?

3 Clown
Gabriele Berthel

Kinder, für euch mach ich Sachen
die in keinem Buche stehn
(also Sachen, die gar nicht gehn)
Kinder, ihr müsst viel lauter lachen

5 Ich schlag Kobolz und stolpre
über Steine
(außer über kleine)
Manchmal fall ich auf meinen großen
losen
10 Mund

Na und?
Denkt ihr, ich bleib liegen –
Mensch, Kinder, wer flennt denn da:
Ich lern doch bloß fliegen

[1 die Eberesche: ein Laubbaum,
der auch als Vogelbeerbaum bekannt ist

Einen Text überfliegen

Bevor du einen Text genau liest, solltest du ihn überfliegen.
So kannst du vor dem genauen Lesen entscheiden:
Hilft dir der Text überhaupt, deine Frage zu beantworten?

? Deine Frage heißt hier: Warum braucht man Kohlenhydrate?

1 Überfliege den Text „Die Kohlenhydrate".
- Fliege mit den Augen die geschwungene Linie entlang.
- Folge der Linie von links oben nach rechts unten ohne Unterbrechung.

Die Kohlenhydrate

Kohlenhydrate sind, neben Fett und Eiweiß, wichtige
Bestandteile der Ernährung. Warum?
Ein Teil aller Kohlenhydrate ist Zucker. Dieser ist wichtig
für die Arbeit der Muskeln und für das Denken,
5 denn Zucker liefert Energie. Deshalb brauchst auch
du im Laufe des Schulvormittags einen Imbiss,
der dir Energie schenkt.
Es gibt „gute" und „weniger gute" Kohlenhydrate.
„Gute" Kohlenhydrate sind zum Beispiel in Kartoffeln,
10 Erbsen, Linsen, Getreide, Obst und Vollkornbrot
enthalten. Die Energie, die diese Lebensmittel liefern,
hält lange an.
Auch Weißbrot, Kuchen, Bonbons, Schokolade oder
süße Getränke haben Kohlenhydrate, allerdings
15 die „weniger guten". Sie liefern zwar schnell Energie,
diese hält aber nicht lange an.

2 Welche Wörter oder Wortgruppen hast du dir gemerkt?
- a. Decke den Text ab.
- b. Schreibe wichtige Wörter auswendig auf.
- c. Passen diese Wörter zu deiner Frage **?** ?

3 Worum geht es in dem Text?
Schreibe es auf.

Manchmal musst du entscheiden, welcher von zwei Texten
wichtig ist für deine Frage. Dann hilft es, die beiden Texte
zu überfliegen.

Dinkel

Roggen

Weizen

? Deine Frage heißt hier: Was ist in Getreide enthalten?

4 Schreibe die Frage **?** auf.

5 Überfliege die beiden Texte.

Getreide, das: Zu den
Getreidesorten gehören:
Weizen, Roggen, Reis,
Hafer, Hirse und Mais.
5 Sie werden in Lebensmitteln
verarbeitet. Die Samen von
Getreide sind eine wichtige
Grundlage der Ernährung.
Getreidekörner enthalten
10 Kohlenhydrate, Eiweiß,
Vitamine und anderes.
Aus Weizen und Roggen
werden z. B. Brot, Kuchen oder
Nudeln hergestellt, aus Gerste
15 und Hirse Grütze. Aus Mais
wird Fladen hergestellt.

Getreide, das: ist ein Nomen
mit dem Artikel das. Das Wort
Getreide bedeutet eigentlich
„das, was getragen wird".
5 Vor 1000 Jahren bedeutete
Getreide „Kleidung", „Gepäck",
aber auch „Nahrung".
Vor 600 Jahren änderte sich
die Bedeutung von **Getreide**,
10 man gebrauchte das Wort
nun nur für Körnerfrüchte.
Zusammensetzungen:
der Getreideanbau,
das Getreidefeld,
15 die Getreideernte,
die Getreidesorten.

6 Welche Wörter oder Wortgruppen sind dir
in den beiden Texten aufgefallen?
  a. Decke die beiden Texte ab.
  b. Schreibe wichtige Wörter
     und Wortgruppen in eine Tabelle.

Starthilfe

Text 1	Text 2
...	...

7 Welche Wörter und Wortgruppen sind wichtig
für die Antwort auf die Frage **?**?
Markiere sie in deinem Heft.

8 Klassengespräch!
Welcher Text hilft, die Frage zu beantworten?
Begründet eure Antworten.

 8 Der erste/zweite Text hilft (nicht), die Frage zu beantworten.
Im Text findet man die folgenden Wörter: ... / Im Text findet man keine Wörter dazu.

Ideensammlung: Der Cluster

In einem Cluster kannst du Ideen zu einem Thema sammeln.

Dieser Cluster ist ein Beispiel der Klasse 5b für das Thema
„Was Sport für uns bedeutet".

1 Klassengespräch!
Seht euch den Cluster an.
• Was bedeutet Sport für die Klasse 5b?
• Was würdet ihr noch ergänzen?

2 Ein Cluster hat einen bestimmten Aufbau.
Seht euch den Cluster genauer an.
• Welche Kreise gehören zusammen?
• Warum gehören sie zusammen?

Was bedeutet Sport für euch?

3 a. Übertragt den angefangenen Cluster an die Tafel.
b. Welche weiteren Ideen habt ihr zum Thema?
Schreibt sie an die Tafel.
c. Welche eurer Wörter und Wortgruppen gehören zusammen?
Verbindet sie durch Striche.

Z 4 Und was bedeutet Sport für dich?
Schreibe einen eigenen Cluster.

 3 der Spaß   die Erholung   die gute Laune
die Ausdauer   der Erfolg   die Beweglichkeit
die Muskeln   laufen   draußen sein

W Du kannst nun einen eigenen Cluster
für das Thema Nahrungsmittel schreiben.
• Du kannst allein arbeiten.
• Du kannst mit einer Partnerin oder
einem Partner arbeiten.

1. Schritt: Das Thema aufschreiben

5 a. Nimm ein leeres Blatt Papier.
   b. Schreibe in die Mitte das Thema.
   c. Kreise das Thema ein.

2. Schritt: Ideen sammeln und in den Cluster eintragen

6 Schreibe auf dein Blatt die Wörter und Wortgruppen,
die dir genau jetzt zu dem Thema einfallen.

7 Schreibe weitere Wörter und Wortgruppen auf.
• Die folgenden Fragen helfen dir, weitere Ideen zu finden.
• Du kannst auch andere Fragen stellen und sie beantworten.

> • Wozu braucht der Körper Nahrungsmittel?
> • Welche Nährstoffe braucht der Körper?
> • Welche verschiedenen Nahrungsmittelgruppen gibt es?
> • Welche Nahrungsmittel sind gesund?
>   Welche Nahrungsmittel sind nicht so gesund?
> • Was isst du gern? Was isst du nicht so gern?

8 Schreibe zu jeder Frage Wörter und Wortgruppen in deinen Cluster.

3. Schritt: Den Cluster ordnen

9 Welche Wörter in deinem Cluster gehören zusammen?
• Hast du schon Wörter miteinander verbunden?
• Findest du weitere Wörter in deinem Cluster, die zusammengehören?
  Dann verbinde sie miteinander.

→ der Cluster auf einen Blick: Seite 271

7 die Eiweiße, die Fette, die Kohlenhydrate, die Vitamine

der Fisch	das Brot	die Margarine	die Eier
der Käse	das Gemüse	die Milch	die Kartoffeln
der Zucker	das Obst	die Wurst	die Meerestiere

Texte überarbeiten

Die Schreibkonferenz

In einer Schreibkonferenz überarbeitet ihr Texte gemeinsam in der Gruppe.
Für die Durchführung der Schreibkonferenz werden Regeln vereinbart.

Regel 1: Die Autorin oder der Autor liest zunächst den Text vor.
Die anderen hören aufmerksam zu.

Regel 2: Sagt zuerst, was euch gefällt.

Regel 3: Fragt nach, wenn ihr etwas nicht verstanden habt.

Regel 4: Überarbeitet gemeinsam den Text, bis er euch gefällt.
Die Tipps aus der Arbeitstechnik helfen euch dabei.

Arbeitstechnik

Einen Text überarbeiten

Einen Text überarbeitet ihr am besten in mehreren Durchgängen.
Ihr könnt selbst auswählen, was ihr zuerst tut:
Tipp 1: Gestaltet die **Satzanfänge** abwechslungsreich.
Tipp 2: Verwendet **treffende Verben**.
Dann wird der Text anschaulicher.
Tipp 3: Ergänzt **Adjektive** an passenden Stellen.
Dann können sich die Leser alles genauer vorstellen.
Tipp 4: Verwendet beim schriftlichen Erzählen das **Präteritum**.
Tipp 5: Überprüft die **Rechtschreibung**.

Regel 5: Schreibt den Text ganz am Ende noch einmal sauber und
in gut lesbarer Schrift auf.

Einen Text überarbeiten

Selina hat eine Geschichte über Till Eulenspiegel nacherzählt.

W Wähle aus:
- Du kannst Selinas Geschichte allein überarbeiten.
- Oder du kannst die Geschichte in der Schreibkonferenz überarbeiten.

1 Lies Selinas Geschichte.

Wie Eulenspiegel in Erfurt einen Braten bekam

*Schon einmal bekam Eulenspiegel von einem Metzger
in Erfurt einen Braten, ohne ihn zu bezahlen.*

*Dann kam Eulenspiegel eine Woche später wieder
auf den großen Markt zu dem Metzger. Dann wollte
der Metzger Eulenspiegel überlisten und rief:
„Komm wieder her und hol dir einen Braten." Dann sagte
Eulenspiegel ja und wollte den leckeren Braten haben.
Dann war der gierige Metzger aber schneller und
griff nach dem Braten.*

*Eulenspiegel sagte: „Lass den Braten liegen, ich bezahle ihn auch."
Als der erstaunte Metzger den Braten hingelegt hatte,
sagte Eulenspiegel: „Wenn ich dir etwas sage, was dir gefällt,
bekomme ich dann den Braten?" Darauf sagte der Metzger:
„Aber wehe, du betrügst mich." Aber der listige Eulenspiegel
sagte: „Ich lasse den Braten liegen, wenn dir meine Worte
nicht gefallen." Der Metzger hörte ihm genau zu.*

*Danach will Eulenspiegel wissen: „Wie gefallen dir diese Worte:
Öffne dich, mein lieber Geldbeutel, und bezahl die Leute."
„Diese Worte gefallen mir gut", sagt der erstaunte Metzger.
„Ihr habt es gehört", ruft Eulenspiegel, „der Braten gehört also mir."
Er nimmt den Braten und läuft weg.*

*Eulenspiegel rief dem Metzger zu: „Nun habe ich schon
zum zweiten Mal einen Braten von dir umsonst bekommen.
Das ist deine Schuld, denn du hast ihn mir angeboten."
Der Metzger war sprachlos und wusste nicht, was er sagen sollte.
Er wurde außerdem von seinen Nachbarn auch noch ausgelacht.*

Beim Überarbeiten kannst du
• die Geschichte anschaulicher und abwechslungsreicher gestalten,
• Stellen, die dir noch nicht gefallen, neu schreiben,
• die Rechtschreibung überprüfen und korrigieren.

Tipp 1: Gestalte die Satzanfänge abwechslungsreich.

> *Dann kam Eulenspiegel eine Woche später wieder*
> *auf den großen Markt zu dem Metzger. Dann wollte*
> *der Metzger Eulenspiegel überlisten und rief:*
> *„Komm wieder her und hol dir einen Braten." Dann sagte*
> *Eulenspiegel ja und wollte den leckeren Braten haben.*
> *Dann war der gierige Metzger aber schneller und*
> *griff nach dem Braten.*

2 Probiere aus, wie du die Satzanfänge verbessern kannst.
• Wähle unterschiedliche Satzanfänge.
• Oder stelle die Sätze um.

Tipp 2: Verwende treffende Verben.

> *Eulenspiegel sagte: „Lass den Braten liegen, ich bezahle ihn auch."*
> *Als der erstaunte Metzger den Braten hingelegt hatte,*
> *sagte Eulenspiegel: „Wenn ich dir etwas sage, was dir gefällt,*
> *bekomme ich dann den Braten?" Darauf sagte der Metzger:*
> *„Aber wehe, du betrügst mich." Aber der listige Eulenspiegel*
> *sagte: „Ich lasse den Braten liegen, wenn dir meine Worte*
> *nicht gefallen."*

3 a. Welches Verb wird hier wiederholt?
b. Welche treffenden Verben kannst du in die Sätze einsetzen?
Probiere es aus.

2 Da …, Eine Woche später …, Daraufhin …, Sofort …, Schließlich …,
Nachdem er kurz überlegt hatte, …

3 antworten, behaupten, erklären, erzählen, fragen, sprechen – er sprach,
versprechen – er versprach

Tipp 3: Ergänze Adjektive an passenden Stellen.

> Eulenspiegel rief dem Metzger zu: „Nun habe ich schon
> zum zweiten Mal einen Braten von dir umsonst bekommen.
> Das ist deine Schuld, denn du hast ihn mir angeboten."

4 Den Metzger und den Braten kannst du genauer beschreiben.
Verwende passende Adjektive.

Tipp 4: Verwende beim schriftlichen Erzählen das Präteritum.

> Danach will Eulenspiegel wissen: „Wie gefallen dir diese Worte:
> Öffne dich, mein lieber Geldbeutel, und bezahl die Leute."
> „Diese Worte gefallen mir gut", sagt der erstaunte Metzger.
> „Ihr habt es gehört", ruft Eulenspiegel, „der Braten gehört also
> mir." Er nimmt den Braten und läuft weg.

5 Welche der erzählenden Sätze stehen nicht im Präteritum?
Ersetze die Verbformen durch die Präteritumformen.
Tipp: Die Sätze der wörtlichen Rede bleiben im Präsens stehen.

Tipp 5: Überprüfe die Rechtschreibung.

> Der Metzger war sprachlos und wusste nich, was er sagen solte.
> Er wurde außedem von seinen Nachbarn auch noch ausgelacht.

Achtung:
Fehler!

6 Im letzten Absatz gibt es drei Flüchtigkeitsfehler.
Schreibe die Sätze richtig auf.
Tipp: Du kannst ein Wörterbuch verwenden.

7 Schreibe Selinas Geschichte mit deinen Überarbeitungen auf.
Schreibe gut lesbar und in sauberer Reinschrift.

→ „Texte überarbeiten" auf einen Blick: Seite 271

 4

dem	überraschten zornigen	Metzger	etwas zurufen
einen	leckeren schmackhaften	Braten	bekommen

 5 nehmen – er nahm, rufen – er rief, weglaufen – er lief weg

Selbstständig planen und arbeiten

Arbeitspläne und Checklisten erleichtern euch die Arbeit.

Robin möchte einen Kurzvortrag über den Beruf Gärtnerin halten.
Dafür möchte er ein Interview mit der Gärtnerin Frau Blume führen.
Für die Vorbereitung hat er einen Arbeitsplan angelegt.

Arbeitsplan: Einen Kurzvortrag über den Beruf Gärtnerin halten

Vorbereitungszeit: 2 Wochen

Tag	Aufgabe und Ziel	erledigt am	eigene Bemerkungen
Montag	Fragen auf Karteikarten schreiben	Montag und Dienstag	Fragen in Ordnung? noch einmal die Klasse fragen
Mittwoch	Termin mit Frau Blume verabreden	Mittwoch	Termin am Freitagnachmittag wie geplant
Donnerstag	Fragen prüfen, Interview üben	Donnerstag	daran denken: Interviewpartner ansehen!
Freitag	15:00 Uhr Interview mit Frau Blume	Freitag	Frau Blume hat alle Fragen beantwortet und mir auch die Gärtnerei gezeigt

 1 Seht euch Robins Arbeitsplan an.
Für welche Aufgabe hat Robin einen Arbeitsplan geschrieben?

 2 a. Lest den Arbeitsplan genau.
- Welche Überschriften haben die Spalten?
- Welche Aufgaben und Ziele hat Robin aufgeschrieben?
- Wofür nutzt Robin die Spalte „eigene Bemerkungen"?
b. Warum erleichtert der Arbeitsplan Robin die Arbeit? Begründet.

Robin soll seinen Kurzvortrag am Donnerstag halten.

 3 Schreibt einen Arbeitsplan für Robin.
a. Zeichnet einen Arbeitsplan.
b. Überlegt: Was muss Robin noch für den Kurzvortrag erledigen?
c. Verteilt die Aufgaben auf die Wochentage.
Schreibt Stichworte in die zweite Spalte.

→ einen Kurzvortrag vorbereiten: Seite 273

Mit einer Checkliste kann Robin überprüfen,
ob er für seinen Vortrag an alles gedacht hat.

Checkliste: Einen Kurzvortrag vorbereiten	ja	nein
Habe ich die Informationen ausgewählt, die die anderen interessieren?	✗	
Passen die Materialien dazu?	✗	
Wo will ich Bilder zeigen? Habe ich die passende Stelle auf den Karteikarten markiert?		✗
Habe ich eine interessante Einleitung geschrieben?	✗	
Sind meine Informationen sinnvoll gegliedert?	✗	
Habe ich die Karteikarten in der richtigen Reihenfolge nummeriert?		✗
Ist mein Schluss überzeugend?	✗	

 4 Lest Robins Checkliste.
Was hat Robin erledigt? Was muss er noch tun?

Mit einer Checkliste können die Zuhörer Robins Vortrag auswerten.

 5 Erarbeitet aus der Arbeitstechnik „Frei vortragen" eine Checkliste.
Die Checkliste könnt ihr bei jedem Vortrag verwenden.
   a. Lest die Arbeitstechnik.
   b. Schreibt die Sätze in Fragen um.

Arbeitstechnik

Frei vortragen

- Stelle dich so hin, dass alle dich sehen können.
- Versuche, **frei** zu **sprechen** und wenig abzulesen.
- Sprich **langsam** und **deutlich**.
- **Sieh** beim Sprechen die Zuhörer **an**.
- Zeige an passenden Stellen **Bilder** und **Materialien**.

Du kannst nun selbst Arbeitspläne anlegen und Checklisten schreiben.

- Arbeitspläne kannst du dir zu allen Vorhaben anlegen,
  zum Beispiel für das Berufe-Interview von Seite 72.
- Mit Checklisten kannst du überprüfen, ob du alle Vorhaben
  richtig und vollständig ausgeführt hast.
  Das können zum Beispiel langfristige Aufträge oder
  größere Aufgaben in einem anderen Fach sein.

Im Lexikon nachschlagen

Ein Lexikon kennen lernen

Wenn du dich über etwas informieren willst,
kannst du in einem Lexikon nachschlagen.
Damit du dich im Lexikon zurechtfindest, gibt es viele Hilfen.

das Kopfwort

der Registerbuchstabe

die Karte

das Bild

1 Sieh dir die Seite aus dem Lexikon genau an.
Welche Hilfen enthält die Seite?

2 Bilder geben dir zusätzliche Informationen.
Zu welchen Einträgen gibt es auf dieser Seite Bilder?

2 das Foto – ein Foto, die Karte – eine Karte

Einem Lexikoneintrag Informationen entnehmen

Du möchtest dich über die Entstehung von Gebirgen informieren.

3 Du suchst den Eintrag **Gebirge** in einem Lexikon.
Zwischen welchen Kopfwörtern findest du den Lexikoneintrag?
Tipp: Achte auf den dritten Buchstaben.

> Gedächtnis – Gehör   Gehörlosigkeit – Gen   Gebäck – Geburt

Der Textknacker hilft dir, den Lexikoneintrag zu verstehen.

1. Vor dem Lesen
2. Das erste Lesen
3. Den Text genau lesen
4. Nach dem Lesen

4 **a.** Lies den Lexikoneintrag.
Tipp: Zusätzliche Informationen erhältst du durch die Grafik.
b. Beantworte diese Fragen schriftlich:
• Welche Arten von Gebirgen gibt es?
• Wie sind die Gebirge entstanden?

Gebirge

Alle Gebiete der Erde, die durch Berge, Täler und Schluchten gegliedert sind, nennt man Gebirge. Bis zu einer Höhe von 2000 Metern
5 spricht man vom Mittelgebirge, ein Beispiel ist hier das Erzgebirge. Ab 2000 Metern spricht man vom Hochgebirge, dazu rechnet man beispielsweise die Alpen.

10 Außerdem unterscheidet man Gebirge, die einst aus mehreren Vulkanen entstanden sind, wie das Siebengebirge, von solchen, die aus Bewegungen der Erdkruste
15 hervorgingen, wie der Harz, die Alpen und der Himalaja.

Die Erdkruste bewegt sich in unterschiedliche Richtungen. Dadurch entstehen Faltengebirge und Bruchschollengebirge.

Tiersteckbriefe schreiben

Mit einem Tiersteckbrief könnt ihr Tiere beschreiben.

1 Seht euch das Beispiel genau an.

Steckbrief: Der Teichmolch	
Hauptstichwörter	**Beschreibung**
Name:	– der Teichmolch
Größe:	– etwa 11 cm lang
Aussehen:	– Oberseite schwarzgrau
	mit dunklen Punkten
	– am Bauch orange
	– vier Beine mit je vier Zehen
Heimat:	– Deutschland und andere
	europäische Länder
Lebensraum:	– Wälder, Gärten, an Gewässern
	– zur Laichzeit (März): kleine Tümpel
Nahrung:	– Insekten, z. B. Wasserflöhe, Larven
Besonderheiten:	– leben als Larven in Gewässern,
	als fertig entwickelte Molche an Land
	(außer zur Laichzeit)

2 Klassengespräch!
- Welches Tier wird beschrieben?
- Welche Hauptstichwörter kommen in dem Steckbrief vor?
- Welche besondere Form hat der Tiersteckbrief?

Nun könnt ihr einen eigenen Tiersteckbrief über die Kreuzotter schreiben.

1. Schritt: Die Schreibaufgabe planen

3 Überlegt gemeinsam:
- Für wen wollt ihr die Kreuzotter beschreiben?
- Was soll mit dem Steckbrief geschehen?

 3 ein Tierrätsel anlegen, ein Lernplakat gestalten, ein Ratespiel mit Tieren spielen

2. Schritt: Informationen sammeln

In Sachtexten und Büchern findet ihr Informationen.
Der Textknacker hilft euch beim Lesen.

 4 Vor dem Lesen: Seht euch den Text als Ganzes an.
  - Worauf fällt euer Blick als Erstes?
  - Was erzählen euch die Bilder und die Überschrift?

 5 Das erste Lesen: Überfliegt den Text.
  Welche Wörter und Wortgruppen fallen euch auf?

6 Genau lesen: Lest den Text genau, Absatz für Absatz.

Die Kreuzotter

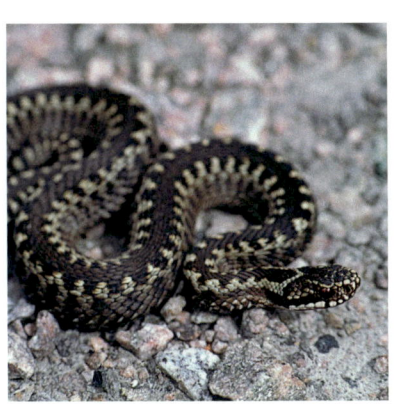

1 In Deutschland kommen in der Natur nur
zwei Arten von gefährlichen Giftschlangen vor.
Eine davon ist die Kreuzotter,
die unter Naturschutz steht. Sie ist
5 in vielen Gegenden Deutschlands anzutreffen,
z. B. im Bergischen Land, im Sauerland,
in der Pfalz und auch in Norddeutschland.
Man trifft sie an Waldrändern und
an Waldlichtungen. Auch in moorigen Gebieten
10 findet man sie.

2 Die Kreuzotter ist vor allem an warmen Tagen
aktiv. Sie schlängelt sich in Wellenbewegungen
über den Boden, um Mäuse, Frösche oder
Eidechsen zu erbeuten. Mit ihren Giftzähnen
15 tötet sie die Beute und verschlingt das getötete
Tier mit dem Kopf voran. Auch Menschen
können von Kreuzottern gebissen werden.

3 Die Kreuzotter ist etwa 50 bis 70 cm lang.
Man erkennt sie an ihrem Schuppenkleid.
20 Auf dem Rücken sieht es aus wie
ein dunkles Zickzackband. Auf dem Kopf hat sie
eine v- oder y-förmige dunkle Zeichnung.
Die Spitze zeigt dabei jeweils zum Kopf.

3. Schritt: Dem Text Informationen entnehmen

7 a. Lest den Text noch einmal genau, Absatz für Absatz.

Tipps: • Ihr könnt eine Folie über den Text legen und Wichtiges markieren.
• In Absatz **1** sind die Schlüsselwörter bereits hervorgehoben.

b. Notiert wichtige Informationen für den Steckbrief.

4. Schritt: Die Informationen ordnen und den Steckbrief schreiben

8 Nach dem Lesen: Welche Stichworte gehören zu welchen Hauptstichwörtern?
Ordnet eure Stichworte den Hauptstichwörtern zu.

Steckbrief:

Hauptstichwörter	Beschreibung
Name:	– die Kreuzotter
Größe:	
Aussehen:	
Heimat:	
Lebensraum:	
Nahrung:	
Besonderheiten:	– Giftschlange

9 Schreibt den Steckbrief über die Kreuzotter.
Tipp: Beschränkt euch auf knappe sachliche Stichworte. Erfindet nichts hinzu.

5. Schritt: Den Steckbrief überarbeiten

10 a. Überprüft euren Steckbrief mit Hilfe der Checkliste.
b. Überarbeitet euren Steckbrief.

Checkliste: Einen Steckbrief schreiben	ja	nein
Enthält der Steckbrief alle wichtigen Informationen?		
Sind die Informationen richtig zugeordnet?		
Passen die Stichworte zu den Hauptstichwörtern?		
Sind die Stichworte rein sachlich?		
Sind alle Wörter richtig geschrieben?		

Einen weiteren Steckbrief schreiben

Du kannst nun selbstständig einen Steckbrief schreiben.

W 11 Welches Tier möchtest du in einem Steckbrief beschreiben?
Wähle aus:
Du kannst die Ringelnatter oder ein anderes Tier beschreiben.
Tipp: Informationen findest du im Lexikon, in einem Sachbuch
oder im Internet.

> **Einen Steckbrief schreiben**
>
> 1. Schritt: Die Schreibaufgabe planen
> 2. Schritt: Informationen sammeln
> 3. Schritt: Dem Text Informationen entnehmen
> 4. Schritt: Die Informationen ordnen und den Steckbrief schreiben
> 5. Schritt: Den Steckbrief überarbeiten

Die Ringelnatter

1 Die Ringelnatter gehört zu den Giftschlangen.
Sie ist aber für Menschen nicht gefährlich,
denn sie sondert nur ganz geringe Mengen Gift
ab, wenn sie beißt. Das Gift reicht nur,
5 um Beutetiere zu betäuben. Wenn ein Beutetier
in der Nähe ist, findet die Ringelnatter es
durch ständiges Züngeln[1].
Meist umschlingt die Ringelnatter ihre Beute.
Dann würgt sie ihre Beute im Ganzen herunter.

10 **2** Ringelnattern halten sich gern in der Nähe
von Gewässern auf. Sie können gut schwimmen.
Ringelnattern fressen Eidechsen, Mäuse
oder kleine Fische.

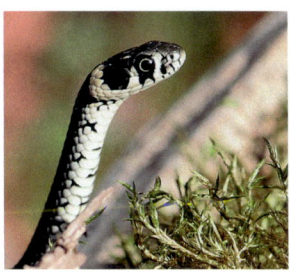

3 Ringelnattern sind meist etwa einen Meter lang,
15 können aber auch bis zu zwei Meter lang werden.
Der Kopf ist breiter als der übrige Körper.
Auffällig sind zwei gelbliche oder weiße
Halbmondflecken auf beiden Seiten des Kopfes.
Auf dem Rücken und an den Seiten befinden sich
20 dunkle Flecken auf der schuppigen Haut.

→ „Steckbriefe schreiben" auf einen Blick: Seite 271

[[1] das **Züngeln**: die Zunge hin und her bewegen

Spannend erzählen

Yannick hat eine spannende Geschichte geschrieben.

📖 Allein zu Hause

1 An einem verregneten Nachmittag im vergangenen Herbst war Janina allein zu Hause. Kein Laut war zu hören. Das war ihr sehr recht, denn sie wollte ungestört ihr Gespensterbuch lesen. Noch konnte sie nicht ahnen, dass es bald mit der Ruhe
5 vorbei sein sollte. Janina vertiefte sich in ihr Buch.
Die Geschichte spielte in einer dunklen Höhle.
Janina las und las und vergaß alles um sich herum.

Einleitung

2 Plötzlich schreckte Janina auf – klopfte es da nicht ganz eigenartig? „Was ist denn das?", fragte sich Janina. „Es ist doch
10 niemand in der Wohnung. Oder doch?" Aufmerksam hörte sie noch einmal hin: „Blop – blop – blop – blopblop – blop." Immer wieder. Janina wurde ganz komisch zu Mute. Ihr Herz klopfte immer schneller. Und immer wieder: „Blop – blop – blop – blopblop – blop." Was war das bloß? Immer unheimlicher wurde es!
15 Schließlich hielt sich Janina die Ohren zu und las weiter in ihrem spannenden Buch. Sie las eine Seite nach der anderen. Janina merkte gar nicht, dass es draußen schon dunkel wurde. Plötzlich – eine Tür knallte! Janina erschrak mächtig!

Hauptteil

3 Die Wohnzimmertür öffnete sich langsam – und auf einmal
20 stand Janinas Mutter dort. Janina hatte sie gar nicht kommen hören. Die Mutter begrüßte Janina und sah sie an: „Sag mal, was tropft denn hier so? – Ach so, der Wasserhahn. Hast du das gar nicht gehört?" – „Der Wasserhahn?" Janina lachte erleichtert.

Schluss

Am Anfang neugierig machen

1 Was erfährst du in der **Einleitung** der Geschichte?
   a. Lies noch einmal Absatz **1**.
   b. Schreibe die Fragen ab und beantworte sie schriftlich.
   Tipp: Lege eine Folie über den Text und markiere die Antworten.

> • **Wer** ist die Hauptperson?
> • **Wo** und **wann** spielt die Geschichte?
> • **Was wollte** die Hauptperson?

2 Welcher Satz in der Einleitung macht dich besonders neugierig?
Schreibe ihn auf.

Im Hauptteil spannend erzählen

3 a. Lies noch einmal den Hauptteil **2**.
   b. Schreibe die Frage ab und beantworte sie schriftlich.

> **Was passierte** auf einmal?

4 Die **Gefühle** der Hauptperson machen
die Geschichte spannend.
Finde passende Wörter und Wortgruppen im Text.

> **Was fühlte** die Hauptperson?

5 Durch **Gedanken** und **wörtliche Rede** wird
die Geschichte lebendig.
Schreibe die wörtliche Rede aus dem Text ab.

> Was **dachte** oder **sagte** die Hauptperson?

6 Unterschiedliche **Satzanfänge** machen den Hauptteil
abwechslungsreich.
Schreibe drei besonders gelungene Satzanfänge auf.

7 Besondere **Adjektive** machen die Geschichte „stark".
   a. Finde die Adjektive vom Rand im Hauptteil.
   b. Schreibe die Adjektive mit den Zeilenangaben auf.

Z 8 Zunächst bleibt die Zeit fast stehen.
Auf dem **Höhepunkt** der Geschichte geht alles ganz schnell.
Finde die beiden Textstellen.

> aufmerksam
> dunkel
> eigenartig
> komisch
> mächtig
> schnell
> spannend
> unheimlich

Zum Schluss sehr schnell die Spannung lösen

9 a. Lies noch einmal den Absatz **3**.
   b. Warum musste Janina zum **Schluss** lachen?
      Schreibe es auf.

213

Eine spannende Geschichte schreiben

Mit den Leitfragen und den Tipps zum spannenden Erzählen
kannst du eine eigene Geschichte schreiben.

W Wähle aus:
- Du kannst die Geschichte über Erik und seine Freunde schreiben.
- Du kannst dir aber auch eine ganz andere Geschichte ausdenken.

Beginne mit der Einleitung.

Einleitung:
Wer?
Wo?
Wann?

1 Überlege dir einen passenden Anfang.
Gib Antworten auf diese Leitfragen:
- Wer ist die Hauptperson?
- Wo spielt die Geschichte?
- Wann spielt die Geschichte?
Verwende das Präteritum.

> *Endlich war mal wieder etwas los in der Stadt.*
> *Der Rummel war da! Erik traf sich am Nachmittag*
> *mit seinen Freunden auf dem Jahrmarkt.*

2 Was möchte die Hauptperson? Schreibe es auf.
Tipp: Finde einen Satz, der besonders neugierig macht.

Was möchte die Hauptperson?

> *Erik hatte lange gespart, um Karussell zu fahren und sich etwas*
> *Süßes zu kaufen. Nun hatten Erik und seine Freunde viel Spaß.*
> *Inzwischen war es schon spät geworden. Und bevor es*
> *dunkel wurde, wollte Erik mit dem Bus nach Hause fahren.*
> *Er wohnte im 5 km entfernten Dorf.*

Erzähle den Hauptteil mit Hilfe der Tipps spannend.

Hauptteil:
Was passiert?

3 **Tipp 1:** ein plötzliches Ereignis – Was passiert auf einmal?
Schreibe zunächst Stichworte auf.

> *Bus verpasst: großer Schreck,*
> *nächster Bus erst in zwei Stunden,*
> *zu Fuß nach Hause*

> *die Geldbörse ist weg: großer Schreck,*
> *zum Glück war nicht viel Geld darin*

4 Tipp 2: Gedanken und Gefühle – Erzähle über deine Hauptperson.
- Was denkt und fühlt die Hauptperson?
- Was tut sie?

Schreibe Stichworte auf.

Mache dir auch Notizen zur wörtlichen Rede.

zu Fuß nach Hause, unterwegs immer dunkler,
der Weg war endlos und langweilig, ganz allein
auf der Straße, Füße schmerzen, …

Regenwolken zogen heran, Sturm, immer dunkler,
plötzlicher Regen, nichts zum Unterstellen,
Kleidung nass, Erik fror, lief immer schneller, …

5 Tipp 3: der Höhepunkt – Gestalte den Hauptteil aus.
- Lass die Spannung langsam ansteigen.
- Überlege dir einen besonderen Höhepunkt.

6 Tipp 4: die Spannung steigern –
Erzähle nun mit Hilfe deiner Stichworte
lebendig und abwechslungsreich.
- **a.** Verwende unterschiedliche Satzanfänge.
- **b.** Füge treffende, „starke" Adjektive ein.
- **c.** Verwende wörtliche Rede.

Erzähle, wie sich die Spannung auflöst.

Schluss:
Auflösung?

7 Tipp 5: ein überraschender Schluss –
Wie löst sich die Spannung zum Schluss auf?
- **a.** Schreibe den Schluss deiner Geschichte.
- **b.** Schreibe eine Überschrift auf, die neugierig macht.

endlich zu Hause, völlig durchnässt, die Eltern waren froh,
Erik zog sich um, griff in die Hosentasche, fand Geldbörse

8 Überprüfe und überarbeite deine Geschichte.
Prüfe auch die Rechtschreibung.

➜ „spannend erzählen" auf einen Blick: Seite 272

---

6 Plötzlich … / Auf einmal … / Dann … / Doch … / Endlich …
schrecklich, dunkel, allein, ängstlich, mutig, müde
„Was soll ich nur tun?", dachte … / „Hast du ein Handy?", fragte er …

Schrift und Schreiben

Schriften und Schriftzeichen ausprobieren

Buchstaben und Schriftzeichen können in verschiedenen Sprachen ganz unterschiedlich aussehen.
Hier siehst du das Wort Buch in verschiedenen Sprachen.

das Buch

το βιβλίο (griechisch)

книга (russisch)

ספר (hebräisch)

1 Probiere die verschiedenen Schriften aus:
Schreibe die Wörter besonders schön ab.
Tipp: Die hebräische Schrift schreibt man von rechts nach links.

In manchen Sprachen gibt es keine Buchstaben,
sondern Schriftzeichen. Die Wörter sehen aus wie Bilder.
Dies ist das chinesische Schriftzeichen für das Wort Buch:

W 2 Schreibe das chinesische Schriftzeichen ab.
• Wähle ein geeignetes Schreibgerät aus.
• Du kannst auch verschiedene Schreibgeräte ausprobieren,
zum Beispiel einen Bleistift, einen Füller, einen Filzstift …

Z Bei Märchen sind manchmal die Anfangsbuchstaben besonders schön
gestaltet. Diese Anfangsbuchstaben heißen Initialen.

3 Auch du hast Initialen: Es sind die Anfangsbuchstaben
deines Vornamens und deines Nachnamens.
Gestalte deine Initialen so wie in Märchen.
Tipp: Du kannst auch die Initialen von einer Freundin
oder einem Freund gestalten und
das Blatt dann verschenken.

Jakob Hanson

 1 auf Russisch: [sprich: kníega]
auf Griechisch: [sprich: wiwlío]
auf Hebräisch: [sprich: séffer]

Schön schreiben – lesbar schreiben

Mit den folgenden Übungen kannst du trainieren, flüssig zu schreiben.
Deine Schrift kannst du mit einfachen Formen trainieren.

4 Schreibe die Formen in deinem Heft nach.
Schreibe, ohne den Stift abzusetzen.

Nun kannst du das genaue Schreiben von Buchstaben üben.

Aa Bb Cc Dd Ee Ff Gg Hh Ji
Jj Kk Ll Mm Nn Oo Pp Qq Rr
Ss Tt Uu Vv Ww Xx Yy Zz

5 Schreibe die Buchstaben auf.
Tipp: Achte darauf, dass die Buchstaben nach oben und
nach unten immer gleich lang sind.

Schreibe sorgfältig und deutlich.
Dann kann man alles gut lesen und auch verstehen.

6 **a.** Schreibe die folgenden Wörter sorgfältig untereinander auf.
b. Lies die Wörter aus deinem Heft vor.
das Buch, das Lineal, die Pause, der Radiergummi, das Regal

7 Ordne den Nomen aus Aufgabe 6 die passenden Strichbilder zu.
Zeichne neben jedes Wort das passende Strichbild.

|ıl| |ɋʋl |ıɪɪɪ |ʋııɪl |lılıɪʋʋıʋ

Sprechen – hören – schreiben

Deutliches Sprechen und genaues Hinhören helfen dir
beim richtigen Schreiben.

1 Übe das deutliche Sprechen und das genaue Hinhören.
- a. Sprich das Wort langsam und deutlich Silbe für Silbe.
- b. Mache zwischen den Silben eine Pause.
- c. Klatsche bei jeder Silbe in die Hände.

**Bei vielen Wörtern kannst du hören,
aus wie vielen Silben die Wörter bestehen.**

das Glas – der Baum – die Frau

der Wagen – das Paket – die Wolke

die Tomate – das Lesebuch – der Polizist

davonlaufen – übersehen – untergehen – weitermachen

2 Aus wie vielen Silben bestehen die Wörter jeweils?
Sprich die Wörter langsam und deutlich.
Klatsche bei jeder Silbe in die Hände.

3 Schreibe die Wörter Silbe für Silbe auf.
- a. Sprich und schreibe gleichzeitig.
  Schreibe nur in jede zweite Zeile.
  Tipp: Sprich so langsam, wie du schreibst.
  Sprich die zweite Silbe also erst,
  wenn du die erste aufgeschrieben hast.
- b. Zeichne unter jede Silbe einen Bogen.

Auch bei diesen Wörtern kannst du hören,
wie sie geschrieben werden.

der Motor   das Wörterbuch   die Banane

fragen   bewegen   abschreiben

4 **a.** Sprich die Wörter Silbe für Silbe.
Klatsche bei jeder Silbe in die Hände.
b. Schreibe die Wörter mit den Silbenbögen auf.

W Wähle aus: Bearbeite Aufgabe 5 oder 6.

5 Ordne die folgenden Wörter nach dem Alphabet.
Schreibe die Wörter in alphabetischer Reihenfolge auf.

lesen	hören	behalten
arbeiten	tanzen	verkaufen
holen	leben	raten

6 Welche Fächer stehen auf deinem Stundenplan?
a. Ordne die Fächer nach der Zahl ihrer Silben.
b. Schreibe alle Fächer in Schönschrift auf.

Starthilfe

eine Silbe: Deutsch, …

zwei Silben: Englisch, …

Das deutliche Sprechen und genaue Hören könnt ihr auch
als Partnerdiktat üben.

der Blumentopf	das Krankenhaus
die Regenwolke	der Paketbote
das Schulmusikfest	der Gurkensalat
der Gemüsewagen	die Bildergeschichte

 7 Schreibt die Wörterlisten als Partnerdiktat.
a. Zuerst diktiert der erste Partner die erste Wörterliste.
Der zweite Partner hört genau hin und schreibt die Wörter auf.
b. Dann diktiert der zweite Partner die zweite Wörterliste.
c. Kontrolliert gemeinsam, ob alles richtig geschrieben ist.

Richtig abschreiben

Richtiges Schreiben kannst du durch Abschreiben lernen.
Du musst dich dabei konzentrieren und gut lesbar schreiben.
So prägst du dir die richtige Schreibweise ein.

1 Lies die sechs Schritte zum richtigen Abschreiben.

Die sechs Schritte zum richtigen Abschreiben

1. Schritt: Lies den Text.
Wenn du niemanden störst,
lies den Text laut.

1. Schritt:
lesen

2. Schritt: Präge dir die Wörter
bis zum Strich genau ein.
Lies dazu nochmals Wort für Wort,
Silbe für Silbe.
Sprich die Wörter am besten leise mit.

2. Schritt:
einprägen, mitsprechen

3. Schritt: Decke nun die Textstelle ab.
Schreibe die Wörter auswendig auf.
Schreibe langsam und ordentlich.
Sprich beim Schreiben leise mit.
Schreibe nur in jede zweite Zeile.

3. Schritt:
schreiben, mitsprechen

4. Schritt: Überprüfe, was du
geschrieben hast.
Vergleiche Wort für Wort
mit der Vorlage.

4. Schritt:
überprüfen

5. Schritt: Hast du einen Fehler gefunden?
Streiche das Wort mit einem Lineal durch.
Schreibe das Wort richtig
über das Fehlerwort.

5. Schritt:
berichtigen

6. Schritt: Schreibe die Fehlerwörter
in deine Rechtschreibkartei.

→ Rechtschreibkartei: Seite 275

6. Schritt:
die Rechtschreibkartei

Z **2** Schreibe die Schritte zum richtigen Abschreiben auf ein extra Blatt.
So kannst du sie für jede Abschreibübung verwenden.
Tipps: • Du kannst die ganzen Schritte oder nur die Stichworte
aufschreiben.
• Du kannst zu jedem Schritt ein passendes Bild zeichnen.

Z **3** Ein Lesestreifen hilft dir beim Lesen,
Abschreiben und Überprüfen.
• Schneide einen Papierstreifen aus:
20 cm lang, 4 cm breit.
• Schneide oben ein Stück heraus:
8 cm lang, 2 cm breit.
Tipp: Du kannst den Lesestreifen auch
laminieren lassen.

Mit dem folgenden Trainingstext kannst du das richtige Abschreiben üben.

Wuff, | der Kaufhausdetektiv |

Heute ist | viel los | im Kaufhaus. |
Ich sitze | an der Eingangstür | und kann |
vor lauter Beinen | gar nichts sehen. |
Aber was ist | denn das? | Da läuft ja | ein Mann |
5 ganz schnell | zum Ausgang |
und zwei Verkäuferinnen | rennen hinterher! |
Was rufen sie? | „Haltet den Dieb, | haltet den Dieb!" |
Also, | den Mann beiß ich | jetzt ins Bein. |
Geschafft, | er fällt um. | Was rollt | ihm da |
10 aus der Tasche? | Soso, | teure Parfümflaschen. |
Das Zeug | stinkt aber. | Nichts für | meine Nase. |
Jetzt loben | mich alle | und streicheln mich. |
Schön, | aber eine Wurst | wäre mir | eigentlich lieber. |

(95 Wörter)

4 Worum geht es in dem Trainingstext?
Schreibe einen Satz auf.

5 Schreibe den Trainigstext „Wuff, der Kaufhausdetektiv" ab.
Gehe dabei nach den Schritten 1 bis 6 vor.

1. Trainingseinheit

Bei den Pinguinen | im Zoo |

Um 11:00 Uhr | ist Fütterung | bei den Pinguinen. | Die Pinguine |
laufen im Gehege | aufgeregt umher, | denn sie haben |
schon Hunger. | Endlich kommt | die Tierpflegerin. | Sie bringt |
einen Eimer mit Fischen. | Fische sind | die Lieblingsspeise |
5 der Pinguine. | Kaum hält | die Tierpflegerin | einen Fisch |
in der Hand, | schnappt auch schon | ein hungriger Pinguin zu. |
Aber auch | andere Pinguine | holen sich | ihr Futter ab. |
Als der Eimer | fast leer ist, | wirft die Tierpflegerin |
die letzten Fische | ins Wasser. | Plötzlich | springen die Pinguine |
10 vom Rand des Beckens | ins Wasser. | Dabei spritzt es sehr. |
Jeder will nämlich | noch etwas abbekommen. |

(100 Wörter)

1 Was ist die Lieblingsspeise der Pinguine?
Schreibe die Antwort ab.

2 Schreibe die Wörter der Wörterliste dreimal.

der Pinguin, im Zoo, sie laufen, aufgeregt, endlich, sie kommt, der Eimer, der Fisch,
die Lieblingsspeise, hungrig, fast leer, sie wirft, plötzlich, nämlich

**Viele Wörter schreibt man so, wie man sie spricht.
Höre genau hin: Laut für Laut, Silbe für Silbe.**

3 Im Trainingstext sind einige Wörter und Wortgruppen hervorgehoben.
Mit diesen Wörtern kannst du das genaue Hinhören üben.
a. Schreibe die Wörter und Wortgruppen ab.
b. Lies die Wörter langsam und deutlich Silbe für Silbe.
c. Setze unter jede Silbe einen Silbenbogen.

4 a. Lies auch die folgenden Wörter langsam und deutlich.
b. Schreibe die Wörter ab.
c. Setze unter jede Silbe einen Silbenbogen.

Starthilfe

der Elefant, …

der Elefant, die Ente, die Eule, der Hase, der Löwe,
die Möwe, das Nashorn, der Rabe

Nomen großschreiben

**Nomen schreibt man groß. Oft steht ein Artikel vor dem Nomen.
Nomen bezeichnen Lebewesen (Menschen, Tiere, Pflanzen) und Gegenstände.**

5 Ordne die Nomen aus den Aufgaben 3 und 4 in eine Tabelle.
  a. Schreibe die Nomen mit den bestimmten Artikeln (der, das, die) auf.
  b. Setze unter jede Silbe einen Silbenbogen.

Starthilfe	
Lebewesen	Gegenstände
der Fisch	das Gehege
…	…

6 Ordne auch diese Nomen in die Tabelle ein.

die Ampel, das Gift, das Glas, die Laterne, das Lineal, die Lupe, der Nagel,
der Onkel, das Paket, die Tante, die Tasche, das Telefon, der Wal, die Wespe

Die Wortfamilie laufen

laufen → der Lauf, ablaufen, verlaufen, weglaufen, die Läuferin, der Wettlauf

7 **a.** Schreibe die Wörter der Wortfamilie **laufen** ab.
  b. Schreibe mit jedem Wort einen Satz auf.

8 Trainiere die Wörter aus dieser Trainingseinheit,
  die du besonders üben möchtest.
  • Das können deine Fehlerwörter sein.
  • Das können aber auch die Merkwörter sein.
    Du findest die Merkwörter ganz unten auf dieser Seite.
  a. Schreibe die Wörter dreimal.
  b. Trage die Wörter in deine Rechtschreibkartei ein.

→ Tipps für die Rechtschreibkartei: Seite 244

9 Schreibe den Trainingstext „Bei den Pinguinen im Zoo" ab.

→ Tipps zum Abschreiben: Seite 220

7 ich laufe, du läufst, er/sie/es läuft, wir laufen, ihr lauft, sie laufen
  das Wasser läuft aus der Wanne ab, ich verlaufe mich, sie läuft weg

8 Merkwörter: endlich, leer, nämlich, plötzlich, der Zoo

2. Trainingseinheit

In der Geisterstunde |

Jans Mutter | liegt im Bett | und liest. | Der Vater |
schläft schon. | Die alte Turmuhr | schlägt zwölfmal: |
Geisterstunde! | Plötzlich ist draußen | viel Lärm. |
Der Vater | schreckt auf: | „Was ist das | für ein Krach?" |
5 Die Mutter antwortet: | „Draußen ist es | ziemlich
stürmisch." | Aber vor der Tür | ruft eine dunkle Stimme: |
„Fürchtet mich! | Ich bin ein Gespenst |
und fliege | durch die Nacht." | Jans Vater | flüstert: |
„Ich schließe wohl lieber | die Tür ab." | Da hören |
10 die Eltern | wieder Lärm | auf dem Flur. | Schließlich |
schlägt die Turmuhr einmal. | Alles ist plötzlich |
wieder still. | Kichernd schleicht Jan | in sein Zimmer. |

(97 Wörter)

1 a. Wie erklärt die Mutter den Krach? Schreibe den Satz ab.
    b. Was sagt das „Gespenst"? Schreibe die Sätze ab.

2 Schreibe die Wörter und Wortgruppen der Wörterliste dreimal.

liegen – sie liegt, lesen – sie liest, die Turmuhr, plötzlich, draußen, viel,
der Lärm, aufschrecken – er schreckt auf, ziemlich, fliegen – ich fliege,
schließen – ich schließe, wohl, lieber, die Eltern, schließlich, das Zimmer

Wörter mit ie

Wenn du ein langes i hörst, schreibst du fast immer ie.

3 Im Trainingstext sind Wörter mit ie hervorgehoben.
    a. Lies die Wörter mit **ie** vor:
       Sprich sie übertrieben lang, zum Beispiel „liiiiiiegt".
    b. Schreibe die Wörter mit **ie** aus dem Trainingstext auf.
       Füge bei Verbformen das Personalpronomen hinzu.

Z **4** a. Wähle fünf Wörter mit **ie** aus Aufgabe 3 aus.
       Schreibe mit diesen Wörtern jeweils einen Satz auf. **Starthilfe**
    b. Markiere die Wörter mit **ie**.

> **Starthilfe**
> Mein Bruder liegt schon im Bett.

3 Jans Mutter ➜ sie
   fliege ➜ ich …

Wortfamilien mit ie

liegen ➔ die Liege, liegen lassen, die Liegewiese

5 **a.** Schreibe die Wörter der Wortfamilie **liegen** ab. Markiere das **ie**.
   b. Schreibe mit jedem Wort einen kurzen Satz auf.

6 Schreibe zu jedem der folgenden Wörter drei verwandte Wörter auf.

   lieben, spielen, das Tier

7 Setze in die Lücken die richtige Form von **liegen** ein.
   Schreibe die Sätze auf.

Jans Mutter _____ im Bett und liest.
Ich _____ im Sommer gern auf einer Decke.
Du _____ bestimmt gerne auf einer Wiese.
Wir _____ schon morgens in der Hängematte.
Wo sind meine Socken? Sie _____ neben der Tasche.
Ihr _____ auf meinem Mantel!

> ich liege
> du liegst
> er/sie/es liegt
> wir liegen
> ihr liegt
> sie liegen

Die Satzschlusszeichen

Merkwissen

Nach einem **Aussagesatz** steht ein **Punkt**.
Jans Mutter liegt im Bett und liest.

Nach einem **Ausrufesatz** steht ein **Ausrufezeichen**.
Fürchtet mich!

Nach einem **Fragesatz** steht ein **Fragezeichen**.
Was ist das für ein Krach?

8 Schreibe die Beispielsätze ab.
   Achte auf die richtigen Satzschlusszeichen.

9 Trainiere die schwierigen Wörter aus dieser Trainingseinheit.
   a. Schreibe die Wörter dreimal.
   b. Sammle die Wörter in deiner Rechtschreibkartei. ➔ Rechtschreibkartei: Seite 244

10 Schreibe den Trainingstext „In der Geisterstunde" ab.

➔ Tipps zum Abschreiben: Seite 220

 9 Merkwörter: kichernd, plötzlich, schließlich, wohl

3. Trainingseinheit

Der einsame König |

Ein junger König | lebte in einem alten Schloss. | Er war traurig, | denn zu seinem Glück | fehlte ihm | eine Königin. | Da schickte er | seine Diener | ins Land. | Alle sollten wissen, | dass er | eine Frau suchte. | Endlich | fanden die
5 Diener | eine hübsche junge Frau. | Der König sagte: | „Schöne Frau, | du gefällst mir. | Wenn du | meine Schuhe putzt | und mein Schloss | sauber machst, | will ich | dich küssen | und meinen Reichtum | mit dir teilen. | Am Sonntag | ist die Hochzeit." |
10 „Ich kenne dich | doch gar nicht. | Und außerdem | putze ich | nicht gern", | antwortete da | die junge Frau | und eilte schnell | aus dem Schloss. |

(101 Wörter)

1 Warum schickte der König seine Diener ins Land? Schreibe die Antwort mit allen Satzzeichen ab.

2 Schreibe die Wörter und Wortgruppen der Wörterliste dreimal.

einsam, ein junger König, ein altes Schloss, traurig, das Glück, fehlen, schicken – er schickte, das Land, sollen – sie sollten, wissen, endlich, gefallen – du gefällst mir, wenn, putzen – du putzt, außerdem

Wörter mit **ll**, **nn**, **ss**

3 Im Trainingstext sind Wörter und Wortgruppen mit ll, nn und ss hervorgehoben. Schreibe die Wörter in eine Tabelle.

		Starthilfe
ll	nn	ss
alle	denn	das Schloss
…	…	…

Nach einem kurzen Vokal (Selbstlaut) folgen meist zwei Konsonanten (Mitlaute): alle, denn, das Schloss

4 a. Lies jedes Wort in deiner Tabelle langsam und deutlich vor.
b. Setze unter den kurzen Vokal einen Punkt.

Verben mit **ll**, **nn**, **ss**

5 Die folgenden Verbformen enthalten **ll**, **nn** und **ss**.
Schreibe die Verbformen zusammen mit der Grundform (Infinitiv) auf.
Tipp: Schlage in der Verbtabelle nach. ➜ Verbtabelle: Seite 284

sie sollten, du gefällst, ich will, ich kenne, er kann,

sie konnte, sie wussten, sie rennt, er fällt

Starthilfe

sie sollten – sollen

...

Die Wortfamilie **fallen**

fallen ➜ der Fall, ausfallen, fällen, gefallen, hinfallen, die Falle, der Fallschirm, zufällig

6 **a.** Schreibe die Wörter der Wortfamilie **fallen** ab.
b. Schreibe weitere Familienmitglieder auf.
Tipp: Verwende ein Wörterbuch.
c. Schreibe mit fünf Wörtern einen Satz auf.

Am Satzanfang großschreiben

Nach einem Punkt schreibt man groß.

7 Schreibe die folgenden Sätze ab. Setze dabei die fehlenden Punkte.
Denke daran: Nach dem Punkt schreibt man groß.

Und so geht das Märchen „Der einsame König" weiter:

Auf dem Weg durch den Wald geriet die Frau plötzlich in eine
Falle drei Räuber wollten sie fangen und verkaufen der König
war der jungen Frau nachgelaufen er kämpfte mit den Räubern
und rettete der Frau das Leben die junge Frau war dankbar und
heiratete den König aber seine Schuhe musste er selbst putzen

8 Trainiere die Wörter aus dieser Trainingseinheit,
die du besonders üben möchtest.
a. Schreibe die Wörter dreimal.
b. Sammle die Wörter in deiner Rechtschreibkartei. ➜ Rechtschreibkartei: Seite 244

9 Schreibe den Trainingstext „Der einsame König" ab.

8 Merkwörter: außerdem, endlich, fehlen

4. Trainingseinheit

Eine neue AG |

Während der Pause | kam Frau Münster |
in den Klassenraum. | „Ich habe | eine tolle Nachricht |
für euch", | sagte sie freundlich. | Alle hörten neugierig zu. |
„Ab der nächsten Woche | gibt es | eine neue AG Reiten |
5 an unserer Schule." | – „Das ist bestimmt | nur etwas |
für Kinder, | die sehr mutig sind", | vermutete Kerem. |
Anna fragte: | „Ist das denn gefährlich?" | Frau Münster |
beruhigte | die Klasse: | „Die Pferde sind | für den Sport |
in der Schule | besonders ausgebildet. | Ihr müsst natürlich |
10 vorsichtig | mit ihnen umgehen. | Aber seid nicht |
ängstlich. | Ihr werdet euch schnell | an sie gewöhnen." |
Nach dieser guten Nachricht | meldeten sich |
mehrere Schülerinnen und Schüler | für die AG an. | (106 Wörter)

1 Was fragte Anna die Lehrerin?
Schreibe den Satz ab.

2 Schreibe die Wörter und Wortgruppen der Wörterliste dreimal.

während, die Nachricht, freundlich, neugierig, mutig, gefährlich, doch,
das Pferd – die Pferde, vorsichtig, ängstlich, schnell, gewöhnen, mehrere

Adjektive mit -ig und -lich

**Aus Nomen können Adjektive werden.
Die Endungen -ig und -lich machen's:**

die Neugier + -ig = neugierig   der Freund + -lich = freundlich

3 Bilde zu Nomen Adjektive mit **-ig**.
Schreibe die Nomen und die Adjektive
nebeneinander auf.

> **Starthilfe**
>
> die Geduld – geduldig
> ...

die Geduld, das Gift, der Mut, die Neugier, der Saft,
der Schmutz, die Schuld, die Vorsicht, der Wind, der Witz

4 Bilde zu den folgenden Nomen Adjektive mit **-lich**.
Schreibe die Nomen und die Adjektive nebeneinander auf.

das Abenteuer, die Angst, der Ärger, der Freund, die Freundschaft,
die Gefahr, das Glück, die Schrift, der Sport

5 Bilde eigene Sätze.
  a. Wähle vier Adjektive mit **-ig** und vier Adjektive mit **-lich** aus.
  b. Schreibe mit jedem Adjektiv einen Satz auf.
  c. Markiere die Endungen **-ig** und **-lich**.

Die Wortfamilien fahren und gehen

Diese Wörter gehören zu den Wortfamilien fahren und gehen:

der Fahrstuhl, der Gehweg, vorgehen, wegfahren, die Umgehung, die Abfahrt, ausgehen,
befahren, das Fahrrad, untergehen, der Fahrplan, weggehen, aufgehen, hinfahren

6 **a.** Ordne jedes Wort der richtigen Wortfamilie zu.
  Schreibe die Wörter in eine Tabelle.
  b. Was ist bei den Wörtern der jeweiligen
  Wortfamilien gleich? Markiere.

Starthilfe	
fahren	gehen
der Fahrstuhl	...
...	

Satzzeichen bei der wörtlichen Rede

Satzbilder: _____ : „_____ ?"   _____ : „_____ ."

7 Im Trainingstext findest du zu jedem Satzbild ein Beispiel.
  a. Schreibe die Sätze ab. Zeichne die Satzbilder dazu.
  b. Kreise die Anführungszeichen ein.
  c. Markiere die Doppelpunkte mit einem Pfeil.

8 Trainiere die Wörter, die du besonders üben möchtest.
Schreibe die Wörter dreimal.   → Zeichensetzung auf einen Blick: Seite 278

9 Schreibe den Trainingstext „Eine neue AG" ab.   → Tipps zum Abschreiben: Seite 220

---

5 schmutzig – ein schmutziger Boden – der schmutzige Boden
           ein schmutziges Trikot – das schmutzige Trikot
           eine schmutzige Hand – die schmutzige Hand

8 Merkwörter: bestimmt, gewöhnen, mehrere, das Pferd – die Pferde, während

5. Trainingseinheit

Ein Ausflug | mit der Klasse |

Die Klasse 5 a | plant einen Ausflug. | Martin möchte |
nach Schönberg fahren. | Es gibt in Schönberg |
einen Strand | mit weißem Sand. | „Außerdem kann man |
eine alte Burg | besichtigen", | sagt Martin. | Von der Burg |
5 hat er ein Bild | aus dem Urlaub | mitgebracht. | Die Fahrt |
dauert aber lange. | Man sitzt | den halben Tag | im Bus. |
„Ich möchte lieber | ins Schwimmbad fahren", |
meint Sinem. | Auch Emmas Vorschlag | ist interessant: |
„Ich bin für | einen Spielenachmittag. | Und am Abend |
10 grillen wir | im Park. | Einen Korb mit Würsten, Brot |
und Salat | bringen wir selbst mit." | Am Ende |
stimmen die Schüler ab. | Fast alle | entscheiden sich |
für Emmas Vorschlag. |

(107 Wörter)

1 Welche Sätze im Text beantworten die folgenden Fragen?
- Was hat Martin mitgebracht?
- Was tun die Schüler am Ende?

Schreibe die Sätze ab.

2 Schreibe die Wörter und Wortgruppen der Wörterliste dreimal.

der Ausflug, der Strand, der Sand, außerdem, die Burg, das Bild, der Urlaub,
die Fahrt, der Tag, ins Schwimmbad fahren, der Vorschlag, interessant,
der Spielenachmittag, am Abend, der Park, das Brot, der Salat, selbst

Wörter mit b, d, g

b oder p?	d oder t?	g oder k?
der Kor? – die Körbe	das Bil? – die Bilder	der Ta? – die Tage

3 Im Trainingstext sind einige Wörter und Wortgruppen mit b, d, g
hervorgehoben.
- **a.** Schreibe die Wörter mit **b**, **d** und **g** mit Artikeln untereinander auf.
- **b.** Verlängere die Wörter. Bilde dazu den Plural (die Mehrzahl).
Sprich die Wörter und die Endungen besonders deutlich.

3 die Abende, die Ausflüge, die Bilder, die Burgen, die Körbe, die Schwimmbäder,
die Spielenachmittage, die Strände, die Tage, die Vorschläge

b oder p, d oder t, g oder k?
Nomen verlängern: das Kin? – die Kinder
Adjektive verlängern: run? – der runde Ball

der Die?   das Lan?   das Flugzeu?
die Han?   klu?   gesun?
gel?   der Zwei?   lie?

4   a. Verlängere die Wörter.
        Sprich die Wörter langsam und deutlich.
     b. Schreibe die Wörter mit ihrer Verlängerung auf.

Starthilfe
der Dieb – die Diebe
…

5   Wähle fünf Wörter aus den Aufgaben 3 und 4 aus.
     Schreibe mit jedem Wort einen Satz auf.

Merkwissen

Verlängerungsprobe:
Oft hörst du beim Sprechen eines Wortes am Ende ein **p**, **t** oder **k**,
musst aber **b**, **d** oder **g** schreiben.
Du kannst dieses Wort **verlängern**.
Dann **hörst** du den Endbuchstaben.

Satzzeichen bei der wörtlichen Rede

Satzbild: „   ",   .

6   Im Trainingstext findest du zwei Sätze mit diesem Satzbild.
     a. Schreibe die Sätze ab. Zeichne auch die Satzbilder dazu.
     b. Kreise die Anführungszeichen ein.
     c. Markiere die Kommas mit einem Pfeil.

7   Trainiere die Wörter aus dieser Trainingseinheit,
     die du besonders üben möchtest.
     a. Schreibe die Wörter dreimal.
     b. Sammle die Wörter in deiner Rechtschreibkartei.   → Rechtschreibkartei: Seite 244

8   Schreibe den Trainingstext „Ein Ausflug mit der Klasse" ab.

→ Tipps zum Abschreiben: Seite 220

 5   einen Ausflug machen, in den Urlaub fahren, die Burg besichtigen

 7   Merkwörter: außerdem, interessant, selbst

231

6. Trainingseinheit

Spannung bis zur letzten Minute |

Endlich war es | so weit: | Die Schulmeisterschaft |
im Völkerball | sollte am Donnerstag stattfinden. |
Der Schulleiter | begrüßte uns | am Morgen |
draußen auf dem großen Sandplatz. | Er wünschte
5 uns | einen spannenden Wettbewerb | und viel Spaß. |
Alles lief gut. | Doch im Finale | knickte Felix plötzlich |
mit dem rechten Fuß um | und verletzte sich. | Weil er |
Schmerzen hatte, | verließ er | sofort das Spielfeld. |
„Gebt jetzt nicht auf!", | rief unsere Lehrerin. |
10 In den letzten Minuten | strengte sich | jeder von uns |
noch mehr an. | Weil wir uns nicht | aus der Ruhe |
bringen ließen, | gewannen wir schließlich. |
Wir waren überglücklich. | „Macht weiter so!", |
lobte uns | der Schulleiter. |

(105 Wörter)

1 Beantworte die Fragen schriftlich:
- Wo begrüßte der Schulleiter die Schülerinnen und Schüler am Morgen?
- Was rief die Lehrerin?

2 Schreibe die Wörter und Wortgruppen der Wörterliste dreimal.

endlich, am Donnerstag, am Morgen, draußen, spannend, der Wettbewerb, plötzlich,
verletzen – er verletzte sich, die Schmerzen, das Spielfeld, schließlich, überglücklich

Wörter mit ß

Der Vokal vor dem β wird lang gesprochen:
der Schulleiter begrüßte uns, auf dem großen Sandplatz

3 Im Trainingstext sind Wörter und Wortgruppen mit β hervorgehoben.
   a. Schreibe die Wörter und Wortgruppen ab.
   b. Lies die Wörter und Wortgruppen langsam und deutlich vor.
   c. Unterstreiche den langen Vokal. Markiere **β**.

> **Starthilfe**
> Der Schulleiter begrüßte uns ...

Vor dem ß kann nicht nur ein Vokal stehen,
sondern auch ein Zwielaut (au, ei):

Langer Vokal: der Fuß, groß, grüßen, schließlich, die Soße, der Spaß, stoßen, die Straße, süß
Zwielaut: außer, beißen, der Blumenstrauß, draußen, dreißig, heißen, weiß

4 **a.** Lies die Wörter langsam und deutlich.
   b. Schreibe die Wörter ab.
   c. Unterstreiche die langen Vokale und die Zwielaute.

Die Wortfamilie geben

> **geben →** abgeben, aufgeben, ausgeben, die Aufgabe, die Hausaufgabe,
> die Umgebung, die Zugabe

5 **a.** Ordne die Wörter der Wortfamilie **geben** nach dem Alphabet.
   Schreibe sie geordnet auf.
   b. Schreibe mit vier Wörtern der Wortfamilie Sätze auf.

Komma bei weil

Satzbild: **Weil**   ✓ ,   .

6 Im Trainingstext sind zwei Sätze mit **weil** hervorgehoben.
   a. Schreibe die Sätze ab. Zeichne das Satzbild dazu.
   b. Kreise **weil** in den Sätzen und im Satzbild ein.
   c. Kennzeichne das Komma mit einem Pfeil.

Z **7** Schreibe zwei eigene Sätze mit **weil** auf. Denke an das Komma.

8 Trainiere die schwierigen Wörter aus dieser Trainingseinheit.
   a. Schreibe die Wörter dreimal.
   b. Sammle die Wörter in deiner Rechtschreibkartei. → Rechtschreibkartei: Seite 244

9 Schreibe den Trainingstext „Spannung bis zur letzten Minute" ab.

→ Tipps zum Abschreiben: Seite 220

---

5 sie gibt Geld für eine neue Jeans aus, er gibt im Wettbewerb nicht auf,
ich gebe ein Paket bei der Post ab

8 Merkwörter: endlich, plötzlich, schließlich

7. Trainingseinheit

Sichere Fahrt |

Vor der Radtour | hatte unsere Lehrerin entdeckt, |
dass nicht alle Fahrräder | in Ordnung waren. |
„Wenn nicht | alle Räder | verkehrstüchtig sind, |
müssen wir hierbleiben. | Sonst wird es gefährlich", |
5 sagte Frau Müller. | Da hatte Ahmet | eine Idee: |
„Wir nehmen uns | am Samstag Zeit | und reparieren |
die Fahrräder." | Marc ergänzte: | „Nächste Woche |
kann Herr Finke | unsere Räder überprüfen. |
Er ist Verkehrspolizist. | Dafür müssen wir |
10 bestimmt nichts bezahlen." | – „Sie können |
auf uns zählen, | Frau Müller", | sagte Marvin. |
Als Herr Finke | in der folgenden Woche |
in die Schule kam, | beobachteten ihn alle |
sehr gespannt. | „Alle Räder | sind in Ordnung. |
15 Ihr könnt fahren!", | entschied er schließlich. |
Als wir das hörten, | jubelten wir | vor Freude. |

(110 Wörter)

1 Welche beiden Aussagen sind richtig? Schreibe sie ab.
- Herr Finke stellte bei einigen Rädern ein paar Mängel fest.
- Die Schüler reparierten die Fahrräder am Samstag.
- Herr Finke ist Verkehrspolizist.

2 Schreibe die Wörter und Wortgruppen der Wörterliste dreimal.

die Radtour, entdecken – sie hatte entdeckt, das Fahrrad – die Fahrräder,
gefährlich, am Samstag, ergänzen – er ergänzte, nächste Woche, bestimmt,
sie beobachteten, entscheiden – er entschied, schließlich, vor Freude

Wörter mit h nach langem Vokal

3 Im Trainingstext sind Wörter und Wortgruppen mit h hervorgehoben.
- a. Schreibe die Wörter und Wortgruppen ab.
- b. Markiere jeweils den langen Vokal und das **h**.

> **Starthilfe**
> unsere Lehrerin …

Nach einem langen Vokal (a, e, i, o, u) oder
einem langen Umlaut (ä, ö, ü) steht manchmal ein h.
Die Wörter mit h musst du dir merken: Es sind Merkwörter.

fahren, die Zahl, erzählen, während, fehlen, der Stuhl, wählen, ihm, ihn, ihr, die Uhr,
mehr, sehr, die Fähre, fröhlich, die Wohnung, ohne, das Jahr

4 a. Lies die Wörter langsam und deutlich.
   b. Ordne die Wörter nach dem Alphabet. Schreibe sie auf.
   c. Unterstreiche jeweils den langen Vokal oder den Umlaut.
   d. Markiere das **h**.

Die Wortfamilie nehmen

nehmen → annehmen, festnehmen, mitnehmen, übernehmen, der Teilnehmer

5 a. Schreibe die Wörter der Wortfamilie **nehmen** ab.
   b. Was ist bei allen Wörtern gleich? Markiere.
   c. Wähle vier Wörter aus der Wortfamilie **nehmen** aus.
      Schreibe mit jedem Wort einen Satz auf.

Komma bei als

Satzbild: **Als**   ,   .

6 Im Trainingstext sind zwei Sätze mit **als** hervorgehoben.
   a. Schreibe die Sätze ab. Zeichne das Satzbild dazu.
   b. Kreise **als** in den Sätzen und in dem Satzbild ein.
   c. Kennzeichne das Komma mit einem Pfeil.
   d. Markiere die Verbformen in den Sätzen. Was ist gleich?

7 Trainiere die Wörter aus dieser Trainingseinheit,
   die du besonders üben möchtest.
   Schreibe die Wörter dreimal.

8 Schreibe den Trainingstext „Sichere Fahrt" ab.   → Tipps zum Abschreiben: Seite 220

---

5 er nimmt ein Paket an, sie nimmt meine Tasche mit, ich übernehme die Aufgabe gerne,
   die Polizei nimmt ihn fest, der Teilnehmer bei einem Wettbewerb

7 Merkwörter: bestimmt, ergänzen, nächste, schließlich

8. Trainingseinheit

Eine Nacht | im Baumhaus |

Tim, Tara und Lukas | wollen heute | im Baumhaus |
übernachten. | Das Baumhaus | ist ihr Lieblingsplatz. |
Sie legen Luftmatratzen, | Schlafsäcke, Limonade, |
Kekse und Taschenlampen bereit. |
5 „Wir könnten auch | ein Buch vorlesen", | schlägt Tara vor. |
Sie entscheiden sich | für das Buch | „Die Entdeckung |
im Geisterhaus". | Sie verabreden sich | für acht Uhr. |
Am Abend | liegen die drei gemütlich | im Baumhaus. |
Plötzlich hören sie | ein seltsames Geräusch. |
10 „Was ist das?", | fragt Lukas. | Sie steigen vorsichtig |
die Leiter hinab | und leuchten | mit den Taschenlampen |
in das Gebüsch. | Da entdecken sie | einen Igel. |
Er hat sich | im Laub versteckt. | „Du hast wohl auch |
einen tollen Lieblingsplatz", | sagt Tim erleichtert |
15 zum Igel. | (108 Wörter)

1 Was legen die Kinder für ihre Übernachtung bereit?
Schreibe den Satz ab.

2 Schreibe die Wörter und Wortgruppen der Wörterliste dreimal.

übernachten, der Lieblingsplatz, die Luftmatratze, die Schlafsäcke, die Kekse,
die Taschenlampe, sie entscheiden sich, die Entdeckung, am Abend, gemütlich,
ein seltsames Geräusch, das Gebüsch, der Igel, das Laub, er hat sich versteckt

Wörter mit ver-, vor- und ent-

Die Vorsilben ver-, vor- und ent- werden immer gleich geschrieben.

3 Im Trainingstext sind Wörter und Wortgruppen
mit ver-, vor- und ent- hervorgehoben.
Schreibe die Wörter in eine Tabelle.

Starthilfe		
ver-	vor-	ent-
...	vorlesen	...

4 Schreibe auch diese Wörter in die Tabelle:

die Entfernung, der Vorschlag, das Vertrauen, sich entschuldigen, versuchen, verteilen,
die Enttäuschung, die Vorfahrt, verkaufen, die Entschuldigung, vorbereiten

3 er hat sich versteckt – verstecken

Mit den Vorsilben ver- und ent- kann man neue Verben bilden:

ver- + laufen = verlaufen   ent- + laufen = entlaufen

5 a. Bilde neue Verben und schreibe sie auf.
    b. Schreibe mit drei Verben einen Satz auf.

Das Komma bei Aufzählungen

6 a. Im Trainingstext ist ein Satz mit einer Aufzählung hervorgehoben.
    Schreibe den Satz ab.
    Markiere das Komma mit einem Pfeil.
    b. Finde im Trainingstext einen weiteren Satz mit einer Aufzählung.
    Schreibe ihn ab.
    Markiere die Kommas mit einem Pfeil .

> **Merkwissen**
>
> Wenn du Wörter **aufzählst**, trennst du sie durch **Kommas** voneinander.
> **Ausnahme**: Vor *und* steht **kein Komma**.

7 Die folgenden Sätze enthalten Aufzählungen.
    a. Schreibe die Sätze ab und setze die Kommas.
    b. Markiere alle Kommas.

In dem großen Garten leben Vögel Mäuse Igel und Hasen.
Lukas kauft Brötchen Käse und Saft.

Kommas fehlen!

8 Trainiere die Wörter, die du besonders üben möchtest.
    a. Schreibe die Wörter dreimal.
    b. Sammle die Wörter in deiner Rechtschreibkartei. → Rechtschreibkartei: Seite 244

9 Schreibe den Trainingstext „Eine Nacht im Baumhaus" ab.

→ Tipps zum Abschreiben: Seite 220

8 Merkwörter: am Abend, das Geräusch, der Igel

Rechtschreiben: Die Arbeitstechniken

Im Wörterbuch nachschlagen

Wie gut kennst du das Alphabet?

1 Schreibe die Buchstabenreihen ab.
Ergänze jeweils die drei Vorgängerbuchstaben und die drei nachfolgenden Buchstaben.

… J, K, L, …   … R, S, T, …   … D, E, F, G, …   … M, N, O, P, …

2 Ordne diese Wörter nach dem Alphabet:
schlafen, schroff, schwach, schon, schmal, schimpfen

Damit du dich im Wörterbuch zurechtfindest, gibt es viele Hilfen.

der Verweis

3 Welche Informationen gibt dir die Griffleiste?

Die Kopfwörter helfen dir, ein Wort schneller zu finden.

4 a. Wie heißt das Kopfwort auf dem Seitenausschnitt?
b. Du suchst die Wörter **Gans**, **Fuß** und **Garn** im Wörterbuch.
Überprüfe, ob du die Wörter auf dem Seitenausschnitt findest.

7 **5** Steht das Wort **Garten** wohl auch auf der Wörterbuchseite?
Begründe deine Vermutung.
Tipp: Das Kopfwort hilft dir bei deiner Vermutung.

Ein Wörterbucheintrag enthält viele Informationen.

1	2	3	4	5

Gar\|de\|ro\|be → die *franz.*, die Garderoben:

6 → eine vornehme Garderobe (Kleidung), er brachte
seinen Mantel zur Garderobe (Kleiderablage)

der Artikel
der Plural (Mehrzahl)
das Hauptstichwort
die Herkunft
die Silbentrennung
die Worterklärung

6 a. Lies den Eintrag zum Wort **Garderobe**.
b. Ordne den Zahlen 1–6 die Erklärungen vom Rand zu.

7 Beantworte die Fragen zum Wort **Garderobe** schriftlich in Sätzen.
• Wie viele Silben hat das Wort?
• Aus welcher Sprache kommt das Wort?
• Welche zwei Bedeutungen hat das Wort?

8 Beantworte die folgenden Fragen zum Seitenausschnitt schriftlich: → Seite 238
• Wie viele Silben hat das Wort **Gardinenpredigt**?
• Aus welcher Sprache kommt das Wort **Gangster**?
• Was bedeutet das Wort **Gänsefüßchen**?
• Was bedeutet es, wenn jemand **eine Gänsehaut bekommt**?

Arbeitstechnik

Wörter nachschlagen

• **Links und rechts oben** auf der Seite des Wörterbuchs steht
der **Buchstabe** des Alphabets, unter dem du suchen musst.
• Wenn die Wörter mit demselben Buchstaben beginnen,
vergleiche jeweils die **zweiten** Buchstaben.
• Manchmal musst du sogar den **dritten**, **vierten** oder
fünften Buchstaben ansehen.

Training mit Wörterlisten

Ein Training mit Wörterlisten ist besonders geeignet für Wörter,
die du dir merken musst.
Aus deinen Fehlerwörtern und aus Merkwörtern
kannst du dir selbst Wörterlisten zusammenstellen.

Beispiele für Wörterlisten

1 Schwierige Wörter	2 Wörter mit ie	3 Merkwörter mit ä
das Fahrrad	die Liege	ärgern
das Glück	kriegen	spät
spazieren	das Papier	der Lärm
sehen	wieder	der März
morgens	die Liebe	sägen
vielleicht	viel	während

W Mit den folgenden Übungen kannst du die Wörterlisten trainieren.
Wähle aus.

Eine Merkübung

1. Schreibe die Wörter der Wörterliste auswendig auf.
   - Lies die Wörter mehrmals halblaut oder laut.
   - Präge dir die Wörter ein.
   - Decke die Wörterliste ab.
     Schreibe die Wörter aus dem Gedächtnis auf.
   - Kontrolliere, ob du alles richtig geschrieben hast.
   - Schreibe deine Fehlerwörter noch einmal richtig auf.

Wörter in Sätzen verwenden

2. • Präge dir die Wörter aus der Wörterliste ein.
   - Schreibe die Wörter auswendig auf.
   - Kontrolliere die Rechtschreibung genau.
   - Schreibe zu jedem Wort einen Satz auf.
     Tipp: Du kannst auch eine kleine Geschichte schreiben.
     Verwende möglichst viele Wörter aus der Wörterliste.

Das Faltdiktat

3 **So bereitest du das Faltdiktat vor:**
- Falte ein Blatt Papier zweimal.
- Schreibe die Wörter der Wörterliste in die erste Spalte.
- Lasse in der zweiten Spalte bei jedem Wort zwei Buchstaben weg.
  Zeichne in die Lücke einen Strich.
- Die dritte Spalte bleibt leer.

So übst du mit dem Faltdiktat:
- Lies die erste Spalte dreimal. Präge dir die Wörter ein.
  Dann falte die Spalte nach hinten.
- Fülle die Lücken in der zweiten Spalte aus.
  Falte auch diese Spalte nach hinten.
- Schreibe alle Wörter auswendig in die dritte Spalte.
- Kontrolliere zum Schluss, ob du alles richtig geschrieben hast.

Spielidee: Vier in einer Reihe

4 In der Klasse!
- Jeder zeichnet ein Feld mit vier mal
  vier Kästchen auf ein Blatt Papier.
- Schreibt 20 Merkwörter an die Tafel.
- Jeder wählt 16 Wörter aus und
  schreibt sie in seine Kästchen.
- Der Spielleiter liest langsam alle 20 Wörter
  in beliebiger Reihenfolge laut vor und
  streicht sie an der Tafel durch.
- Wenn ihr ein vorgelesenes Wort
  in euren Kästchen habt, markiert es.
- Wer zuerst alle vier Wörter in einer Reihe
  markiert hat, ruft laut „Stopp".
- Der Spielleiter kontrolliert die Rechtschreibung.
- Wenn alles richtig geschrieben ist, gibt es einen Punkt.

kriegen	...	...	...
...	...	...	der Abend
...	viel	...	...
der Affe	...	das Glück	...

Das Partnerdiktat

Bei einem Partnerdiktat schreibt ihr einen Text oder eine Wörterliste mit Hilfe der Partnerin oder des Partners fehlerfrei auf.
Mit diesem Trainingstext könnt ihr das Partnerdiktat ausprobieren.

Im Zirkus |

Uwe hat | eine Freikarte | für den Zirkus. | Er sitzt | ganz vorn. |
Auf einmal | wird es dunkel. | Die Vorstellung beginnt. |
Zuerst kommen | drei Elefanten. | Sie drehen sich | im Kreis. |
Dann heben sie | den Direktor | mit ihren Rüsseln hoch. |
Danach springen | Löwen und Tiger | durch brennende Reifen. |
Am besten aber | gefällt den Zuschauern | der Zauberer. |
Er setzt sich | neben Uwe | und zaubert. | Aus Uwes Ohr |
zaubert er | viele bunte Tücher | und eine große | gelbe Blume. |
Uwe freut sich, | denn die Blume | darf er | behalten. | (84 Wörter)

1 Bereitet das Partnerdiktat vor.
- Lest den Text still.
- Sprecht über schwierige Wörter.
- Einigt euch, wer zuerst schreibt und wer diktiert.

> Tiger wird mit langem **i** gesprochen, aber mit einfachem **i** geschrieben.

2 a. Lest die Arbeitstechnik
b. Schreibt das Partnerdiktat.
Wechselt nach der ersten Hälfte des Diktats.

Arbeitstechnik

Das Partnerdiktat

Beim Diktieren:
- **Lies** den ganzen Satz **vor**.
- Sprich **langsam** und **deutlich**.
- Diktiere dann nacheinander **die Sinnabschnitte**.

- **Pass** genau **auf** und **gib Hilfen**, ohne zu viel zu verraten.

Beim Schreiben:
- Höre **genau** zu.

- **Schreibe** den Sinnabschnitt **auf**. **Sprich** dabei leise **mit**. Schreibe nur in jede zweite Zeile.
- **Kontrolliere**, was du geschrieben hast.
- Entdeckst du einen Fehler, **streiche** das **Fehlerwort durch** und schreibe das Wort **richtig** darüber.

---

3 Vergleicht den Text gemeinsam mit der Vorlage.

Das Laufdiktat

Bei einem Laufdiktat gehst du in der Klasse zwischen
dem Trainingstext und deinem Rechtschreibheft hin und her.
Du prägst dir den Text Sinnabschnitt für Sinnabschnitt ein und
schreibst ihn so nach und nach auf.
Mit diesem Trainingstext kannst du das Laufdiktat ausprobieren.

Auf dem Jahrmarkt |

Anna geht gern | auf den Jahrmarkt. |
Sie mag den Duft | von gebrannten Mandeln |
und Popcorn. | Da läuft ihr | das Wasser |
im Mund zusammen. | Auch die bunten Buden |
und die Karussells | gefallen ihr sehr. |
Am liebsten steht Anna | mit ihren Freundinnen |
am Auto-Scooter, | weil dort immer | etwas los ist. |

(51 Wörter)

4 Bereite das Laufdiktat vor.
- Lies den Text sorgfältig und in Ruhe.
  Sprich dabei leise mit.
- Lege den Text weiter entfernt auf einen Tisch.

5 Schreibe das Laufdiktat so:
- Gehe leise zum Tisch.
- Präge dir die Wörter des ersten Sinnabschnittes ein.
- Gehe mit den Wörtern im Kopf zurück zu deinem Platz.
- Schreibe die Wörter auf.
  Schreibe nur in jede zweite Zeile.
- Gehe so oft hin und her, bis der ganze Text in deinem Heft steht.

6 Kontrolliere deinen Text.
- Vergleiche Wort für Wort mit der Vorlage.
- Entdeckst du einen Fehler, streiche das Wort durch.
  Schreibe es richtig in die Zeile darüber.

Tipp: Mit dem Laufdiktat kannst du auch zu Hause üben.

➜ das Laufdiktat auf einen Blick: Seite 274

Die Rechtschreibkartei

In deiner Rechtschreibkartei sammelst du
schwierige Wörter und deine Fehlerwörter
auf Lernkärtchen.

So legst du deine Rechtschreibkartei an:
- Schreibe jedes Fehlerwort oder schwierige Wort
  – richtig geschrieben – auf ein Lernkärtchen.
- Auf dem Lernkärtchen muss alles richtig geschrieben sein,
  damit du dir nichts Falsches einprägst.
- Schreibe mit deiner schönsten Schrift.

So sehen die Lernkärtchen aus.
Du kannst Lernkärtchen selbst herstellen
oder Karteikarten verwenden.

10 cm

5 cm

1. Schritt: Das Lernkärtchen beschriften

1 Schreibe das schwierige Wort oder
das Fehlerwort in die erste Zeile.
- Schreibe Nomen mit den bestimmten Artikeln auf.
- Ergänze bei Verbformen die Personalpronomen.
- Unterstreiche die Fehlerstellen.

der Strumpf

2 • Schreibe bei Verben und Adjektiven
die Grundform dazu.
- Schreibe bei Nomen den Plural oder
den Singular dazu.

er sieht
sehen

Z **3** • Du kannst auch noch ganze Wortgruppen
mit dem Fehlerwort aufschreiben.
- Und du kannst noch die Wortart ergänzen.

größer als ein Haus
groß
Adjektiv

2. Schritt: Passende Rechtschreibtipps ergänzen

Diese Rechtschreibtipps passen häufig zu Fehlerwörtern:

Verlängerungstipp:
b oder **p**? **d** oder **t**? **g** oder **k**?
Verlängere das Wort.
Dann hörst du den Endbuchstaben.

> sie fand
> finden
> Verb
> verlängern: finden

Ableitungstipp:
Leite das Wort von einem verwandten Wort ab.
Dann weißt du, ob du **ä** oder **e**,
äu oder **eu** schreiben musst.

> kräftig
> Adjektiv
> ableiten: die Kraft

Vorsilbentipp:
Die Vorsilben **ent-**, **ver-** und **vor-**
schreibst du immer gleich.

> ihr verratet
> verraten
> Verb
> Vorsilbe ver-

4 Schreibe einen passenden Rechtschreibtipp
auf jedes Lernkärtchen.

3. Schritt: Die Lernkärtchen einsortieren

5 Ordne deine Lernkärtchen nach dem Alphabet.
Bewahre deine Lernkärtchen in einem Karteikasten auf.

Wiederholung macht den Meister!
So kannst du immer wieder mit
den Lernkärtchen üben:

- Wähle sechs Lernkärtchen aus.
- Sieh dir das erste Lernkärtchen genau an.
  Sprich das Wort laut.
- Drehe das Lernkärtchen um und
  schreibe das Wort auf.
- Hast du alle Wörter geschrieben, kontrolliere sie genau.
- Sollte ein Wort fehlerhaft sein, sortiere das Lernkärtchen aus.
- Auf den aussortierten Lernkärtchen stehen
  deine ganz persönlichen Fehlerwörter. Trainiere sie besonders.

Wörter ableiten

Wenn du nicht weißt, ob ein Wort mit ä oder e, äu oder eu
geschrieben wird, kannst du es ableiten.
Finde verwandte Wörter mit a oder au.

die Wälder – der Wald   träumen – der Traum
    ↓   ↓   ↓   ↓
    ?   a → ä!   ?   au → äu!

In diesem Trainingstext sind Wörter mit ä und äu hervorgehoben.

Ein kräftiger Schauer |

Während der Klassenwanderung | begann es plötzlich |
zu regnen. | „Da vorn sind Häuser. | Dort können
wir | uns unterstellen", | schlug Herr Hagen vor. |
Die Schüler blickten ängstlich | in den Himmel. |
„Ob es noch | längere Zeit | regnen wird?", | fragte Justus. |
„Nun ja", | meinte Herr Hagen, | „gefährlich ist das |
ja nicht. | Nach einem kräftigen Schauer | ist die Luft |
häufig wieder | schön sauber." | Bald hatte | der Schauer
nachgelassen. | Und alle | freuten sich mächtig. |

(71 Wörter)

1 Welche Frage stellte Justus?
Schreibe sie ab.

2 Die hervorgehobenen Wörter im Trainingstext kannst du ableiten.
    a. Schreibe die Wörter untereinander auf.
    b. Finde zu jedem Wort ein verwandtes Wort.
    c. Markiere jeweils **a** und **au**, **ä** und **äu**.

> **Starthilfe**
>
> die Häuser – das Haus
> ängstlich – die …

3 Von welchen Wörtern kannst du die folgenden Wörter ableiten?
    a. Ordne die Wörter alphabetisch.
       Schreibe sie untereinander auf.
    b. Schreibe zu jedem Wort ein verwandtes Wort auf.
    glänzen, der Verkäufer, die Bäuche, die Späße, läuten, beschädigen

4 Schreibe den Trainingstext „Ein kräftiger Schauer" ab.

→ Tipps zum Abschreiben: Seite 274

Wörter verlängern

Oft hörst du am Ende eines Wortes ein p, t oder k,
musst aber b, d oder g schreiben.
Du kannst das Wort verlängern.
Dann hörst du den Endbuchstaben.

lieb – ein lieber Gruß   der Strand – die Strände   ich lag – wir lagen
  ↓   ↓   ↓   ↓   ↓   ↓
 b/p?   b!   d/t?   d!   g/k?   g!

5 Lies die Wörter langsam und höre genau zu.

Mit diesem Trainingstext kannst du das Verlängern üben.

Ein Gewitter |

Ein Gewitter am Abend | kann aufregend sein. | Aber nur |
in einem Haus | mit Blitzableiter | ist man dann sicher. |
Ein Hund | mag den Lärm | überhaupt nicht. | Er legt sich
dann | in seinen Korb | und schläft. | Wenn alles vorbei ist, |
sieht man | wieder den Mond. | Er scheint dann | manchmal
ganz gelb. | Es ist windstill | und kein Zweig | bewegt sich |
an den Bäumen. |

(62 Wörter)

6 Was tut ein Hund bei einem Gewitter?
Finde die Antwort im Text.
Schreibe sie auf.

7 Im Trainingstext sind Wörter mit **b**, **d** und **g** hervorgehoben.
  a. Schreibe die Wörter untereinander auf.
  b. Verlängere die Wörter.
     Tipp: Sprich die Wörter und die Endungen
            besonders deutlich.

> **Starthilfe**
>
> der Abend – die Abende
> aufregend – ein … Gewitter

8 a. Verlängere die folgenden Wörter wie in Aufgabe 7.
  b. Schreibe mit fünf Wörtern Sätze auf.
  er gab, der Tag, das Bild, der Freitag, das Flugzeug, gesund, halb, das Kind, klug,
  die Schuld, spannend, der Staub, tausend, der Weg

9 Schreibe den Trainingstext „Ein Gewitter" ab.   → Tipps zum Abschreiben: Seite 274

Nomen verwenden

Wie heißt mein Beruf?

Frau Bernado erzählt von ihrem Beruf – aber in einem Rätsel.

Um 9:00 Uhr fange ich an zu arbeiten. Zuerst muss ich
alles vorbereiten. Ich muss den Spiegel putzen, dann lege ich
die 🖌 und den 🪮 daneben.
Um 10:00 Uhr kommt eine 👩 herein. Ich kenne sie, sie heißt
5 Frau Jami. Sie setzt sich und sagt, was sie möchte. Ich nehme
das 🧴 und wasche damit das 👱‍♀️ von Frau Jami. Das Wasser
darf nicht zu heiß und nicht zu kalt sein. Dann ist die ✂ dran.
Zipp-zipp-zapp – schon fertig! Der 💇 und der 🪮 bringen nun
alles in die richtige Form. Frau Jami freut sich, als sie im 🪞
10 ihre Freundin Frau Schmidt entdeckt – mit der gleichen Frisur.
Beide lachen. Weißt du, wie mein Beruf heißt?

1 Welchen Beruf hat Frau Bernado? Schreibe die Antwort auf.

2 Lies den Rätseltext noch einmal halblaut.
Setze dabei für die Bilder passende Nomen ein.

3 Ordne die Nomen in einer Tabelle.
   a. Schreibe sie mit ihren Artikeln (der, das, die) auf.
   b. Markiere den ersten Buchstaben von jedem Nomen.

> **Starthilfe**
>
> | Lebewesen | Gegenstände | gedachte oder vorgestellte Dinge |
> | --- | --- | --- |
> | die Frau | die Bürste | … |

4 Ordne auch diese Nomen mit ihren Artikeln in die Tabelle ein:

Angst, Blatt, Blume, Elefant, Freude, Frosch, Geschmack, Gras, Hund, Hunger, Idee,
Junge, Kartoffel, Katze, Mädchen, Mann, Musik, Opa, Rose, Salat, Tante, Vogel

> **Merkwissen**
>
> **Nomen** bezeichnen Lebewesen (Menschen, Tiere, Pflanzen)
> und Gegenstände. Nomen bezeichnen auch gedachte oder
> vorgestellte Dinge. Nomen schreibst du immer **groß**.

2 Bürste, Föhn, Frau, Haar, Kamm, Schere, Shampoo, Spiegel

Auf der Baustelle

1 Hast du **ein** Radio mitgebracht?

2 Ja, **das** Radio steht auf dem Fensterbrett.

3 Für die Decke brauche ich **eine** Leiter.

4 Ich bringe dir **die** Leiter.

5 **Ein** Pinsel ist praktisch für die Ecken.

6 Ja, aber wo ist **der** Pinsel?

Leiter

Besen

Radio

Maßband

Tasche

Arbeitsanzug

Pinsel

Folie

Farbe

Klebeband

5 Lest das Gespräch mit verteilten Rollen.

6 Welche Arbeitsmittel brauchen der Maler und sein Auszubildender?
Schreibe die Arbeitsmittel mit ihren bestimmten und
unbestimmten Artikeln auf.

der Pinsel – ⬚ Pinsel, ⬚ Radio – ein Radio, ⬚ Leiter – ⬚ Leiter

> **Merkwissen**
>
> Vor einem Nomen steht oft ein **bestimmter** Artikel (der, das, die)
> oder ein **unbestimmter** Artikel (ein, ein, eine).

7 Welche Gegenstände siehst du noch auf dem Bild?
Schreibe sie mit den bestimmten und den unbestimmten Artikeln auf.

8 Schreibe den folgenden Text auf.
Ergänze jeweils den bestimmten Artikel oder den unbestimmten Artikel.

Womit der Maler arbeitet

Diese Arbeitsmittel sind wichtig für die Arbeit des Malers: ⬚ Leiter,
⬚ Pinsel, ⬚ Klebeband. ⬚ Malermeister trägt ⬚ Leiter.
Der Auszubildende sucht ⬚ Klebeband. ⬚ Klebeband benutzt er
später für die Ränder. ⬚ Malermeister streicht ⬚ Wand.
⬚ Wand ist schnell gestrichen.

Auf dem Wochenmarkt

Hallo, ich heiße Anna. Ich arbeite gern auf dem Wochenmarkt. Morgens lege ich das Obst und das Gemüse auf den Markttisch.

Kiwis · Pflaumen · Äpfel · Birnen · Tomaten · Pfirsiche · Mangos · Trauben · Kartoffeln · Pilze · Bananen

1 Welche Waren liegen auf dem Tisch?
   a. Lies die Namen der Obst- und Gemüsesorten.
   b. Ordne die Waren nach Obst und Gemüse.

Starthilfe	
Obst	Gemüse
Birnen	Kartoffeln
...	...

Merkwissen

Nomen können im **Singular** (in der Einzahl) und im **Plural** (in der Mehrzahl) stehen.

die Birnen – **die** Birne
Und wie heißen die anderen Waren im Singular?

2 **a.** Schreibe die Nomen im Plural mit Artikeln untereinander auf.
   b. Ordne die passenden Nomen im Singular dazu.

Z **3** Was sagst du zu Anna, wenn du etwas kaufen möchtest?
Schreibe fünf Sätze.

Ich hätte gern Ich nehme bitte	einen	Apfel / Pfirsich.
	eine	Banane / Birne / Kiwi / Mango / Tomate.
	ein Kilo ein Pfund	Kartoffeln / Pilze / Pflaumen / Trauben.

---

2 der Apfel   die Banane   die Kartoffel
der Pfirsich die Mango   die Tomate
der Pilz   die Birne   die Kiwi
            die Pflaume die Traube

3 **Nominativ:** → **Akkusativ:**
der Pilz   → den Pilz nehmen
das Obst → das Obst nehmen
die Kiwi   → die Kiwi essen

In der Küche

4 Welches Messer braucht der Koch?
Schreibe es auf.

5 Was kann man mit welchem Messer tun?
Schreibe die Sätze auf.

Mit dem _____ kann der Koch gut Kartoffeln schneiden.
Mit dem _____ kann der Koch gut Fleisch schneiden.
Mit dem _____ kann der Koch gut Brot schneiden.

Das sind weitere Arbeitsmittel des Kochs:

der Koch + {
das Buch
der Löffel
die Mütze
die Schürze
der Topf
}

6 Wie heißen die Arbeitsmittel des Kochs?
a. Setze die Nomen zusammen.
Schreibe sie mit den bestimmten Artikeln auf.
b. Nach welchem Nomen richtet sich der Artikel
des zusammengesetzten Nomens?
Markiere die Artikel.

Starthilfe

der Koch + das Buch = das Kochbuch, …

Merkwissen

Aus zwei Nomen kann man ein **zusammengesetztes Nomen** bilden.
die Kartoffel + das Messer = das Kartoffelmesser

→ die Formen der Nomen auf einen Blick: Seite 281

5 **Nominativ: → Dativ:**
das Messer → mit dem Messer schneiden

Personalpronomen verwenden

Svenja ist Pias beste Freundin und darf bei ihr übernachten.
Pia erzählt von dem gemeinsamen Frühstück.

Svenja ist meine Freundin und sie isst immer Schokowaffeln zum Frühstück. Als sie bei mir übernachten durfte, standen am nächsten Morgen Käse, Tomaten und Körnerbrötchen für meine Familie auf dem Tisch – und
5 natürlich Schokowaffeln für Svenja.
Doch sie meinte: „Der Käse sieht ja lecker aus, er schmeckt sicher gut." Erstaunt sah ich, wie er in ihrem Mund verschwand. Dann nahm Svenja eine Tomate und aß sie auf. „Oh, das Brötchen ist ja knusprig, ich möchte es gern."
10 „Isst du heute keine Schokowaffeln?", fragte ich Svenja.
Sie sah mich an: „Ihr habt andere leckere Sachen, ich möchte sie alle probieren." Mama, Papa, Svenja und ich sahen uns an und wir lachten.

1 Im Text findest du viele Personalpronomen.
  a. Schreibe alle Personalpronomen auf.
  b. Schreibe die hervorgehobenen Sätze ab.
  c. Finde in jedem Satz das Personalpronomen. Markiere es.
  d. Für welche Wörter und Wortgruppen mit Nomen stehen die Personalpronomen? Unterstreiche sie.

> **Starthilfe**
>
> Svenja ist meine Freundin und sie isst immer Schokowaffeln zum Frühstück. …

Später erzählt Svenja ihrer Mutter von dem Frühstück.

Er hatte den Frühstückstisch ganz toll gedeckt. Aber auf sie hatte ich keinen Appetit. Ich glaube auch, Pia wollte sie essen. Sie war so schön rot und ich mochte sie gern. Und es war knusprig und schmeckte mir gut. Er war wirklich superlecker. Er war so sahnig.

2 Wovon erzählt Svenja genau? Schreibe den Text auf.
Ersetze die Personalpronomen durch passende Nomen mit Artikeln.

1 ich, du, er–es–sie, wir, ihr, sie

2 der → er   das → es   die → sie   die → sie
      Käse   Brötchen   Tomate   Schokowaffeln
      Vater

Kevin erzählt von seinem Frühstück.

Morgens habe ich immer Hunger. Aber ich mag es nicht, wenn der Tee zu süß ist. Auch darf _____ nicht so heiß sein. Im Sommer kann es auch Saft sein. Doch sollte _____ frisch gepresst und nicht zu kalt sein. Das Brot ist natürlich frisch besonders lecker. Ich mag _____ am liebsten mit Honig. Aber die Marmelade darf auch nicht fehlen. Am liebsten esse ich _____ auf einem Brötchen. Manchmal esse ich auch ein Ei, _____ schmeckt mir aber nur weich gekocht! Früchte esse ich auch manchmal, aber nur wenn _____ reif und süß sind.

3 Was isst Kevin gern zum Frühstück?
Schreibe den Text auf.
Ergänze dabei die passenden Personalpronomen.

> **Merkwissen**
>
> Die Wörter **ich**, **du**, **er**–**es**–**sie**, **wir**, **ihr**, **sie** sind **Personalpronomen**.
> Sie ersetzen **Nomen** und Wortgruppen, in denen **Nomen** vorkommen.

Z Spielzeit: Wer isst was zum Frühstück?

4 Wer isst Marmelade, Käse, Tomaten, Brötchen, Schokowaffeln oder Müsli zum Frühstück? Für dieses Spiel braucht ihr einen Würfel mit den Personalpronomen.

- Bastelt einen Würfel.
- Beschriftet ihn mit den Personalpronomen.

Nun kann das Spiel beginnen:
- Der Erste nennt ein Nahrungsmittel, z. B. „Marmelade".
- Der Zweite würfelt, z. B. „wir".
- Der Dritte sagt einen Satz mit dem gewürfelten Personalpronomen, z. B.: „Wir essen gern Marmelade."

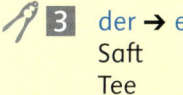

3 | der → er | das → es | die → sie | die → sie
Saft | Brot | Marmelade | Früchte
Tee | Ei | |

253

Verben verwenden

Mündlich erzählen im Perfekt

Benjamin erzählt Meral, was er am Wochenende erlebt hat.

2 Wo habt ihr gespielt?
Auf dem Abenteuerspielplatz?

1 Max, Janina, Felicia und ich haben am Samstag im Wald Verstecken gespielt.

3 Ja. Ich habe mich im Gebüsch versteckt. Und plötzlich habe ich ein Klingeln hinter mir gehört!

4 Hihi! Beim Verstecken hat jemand geklingelt!

5 Ja. Max hat sein Handy nicht ausgestellt. Deshalb hat Felicia ihn auch gleich entdeckt. Wir haben alle so gelacht.

1 Wer hat was getan?
  a. In den Sprechblasen sind Verbformen hervorgehoben.
     Schreibe sie mit den Personalpronomen untereinander auf.
  b. Markiere die Formen von **haben**.
  c. Schreibe die Infinitive (die Grundformen) dazu.

> **Starthilfe**
> wir haben gespielt – spielen
> …

> **Merkwissen**
> Wenn du über Vergangenes **mündlich** erzählst,
> verwendest du meist das **Perfekt**.
> Viele Verben bilden das Perfekt mit **haben**:
> *ich habe gespielt*　　　　*wir haben gespielt*
> *du hast gespielt*　　　　*ihr habt gespielt*
> *er/sie/es hat gespielt*　　*sie haben gespielt*

Dann erzählt Meral, was sie am Wochenende erlebt hat.

„Mein Bruder und ich ░░░░ Fußball ░░░░.
Seine Mannschaft ░░░░ klar ░░░░.
Alle Spieler ░░░░ sich sehr ░░░░."

> spielen
> führen
> freuen

2 Was erzählt Meral? Schreibe es auf.
  Ergänze dabei die passenden Perfektformen.

Sebastian erzählt von seinem Besuch im Erlebnisbad.

„Zuerst bin ich zu den Umkleidekabinen gelaufen.
Am Pool bin ich auf einen Baum geklettert. Von da bin ich
ins Wasser gehüpft. Noch lieber bin ich von der Rutsche in den
Pool gesaust. Ich bin auch getaucht."

3 Was hat Sebastian im Erlebnisbad getan?
  a. Schreibe die Perfektformen mit den Personalpronomen auf.
  b. Markiere die Formen von **sein**.
  c. Schreibe die Infinitive dazu.

Starthilfe

ich bin gelaufen – laufen
…

Merkwissen

Das **Perfekt** von Verben der **Bewegung** wird mit **sein** gebildet.

ich bin gefahren	wir sind gefahren
du bist gefahren	ihr seid gefahren
er/sie/es ist gefahren	sie sind gefahren

Bei einigen Verben wird **i** oder **ie** im Perfekt zu **o** oder **u**.

4 Was erzählt Sebastians Schwester Anna vom Erlebnisbad?
  a. Schreibe es in wörtlicher Rede auf.
  b. Markiere die Perfektformen.

mit Sebastian um die Wette geschwommen
vom Baum ins Wasser gesprungen
zur Wasserrutsche gekrochen

Ich … … …

5 **a.** Schreibe die Perfektformen aus Aufgabe 4 untereinander auf.
  b. Schreibe die Infinitive daneben.
    Tipp: Du kannst in der Verbtabelle auf Seite 284 nachschlagen.
  c. Markiere im Heft die Vokale **i/ie** und **o/u**, die in der Perfektform anders
    sind als im Infinitiv.

6 Welche Verbformen gehören zusammen?
  Schreibe sie paarweise auf.

fliegen	wir sind gelaufen	du bist gesprungen	rollen
schwimmen	ich bin gefallen	er ist geflogen	fallen
laufen	sie sind gerollt	ihr seid geschwommen	springen

Schriftlich erzählen im Präteritum

Am letzten Wochenende kochten Ben, Leon, Mia und Yasmin zusammen.

1 Wer **hatte** welche Aufgabe?
 a. Sieh dir die Bilder an.
 b. Schreibe die Sätze in der richtigen Reihenfolge auf.

Ben probierte den Pudding. Leon rührte in der Schüssel.
Mia holte die Milch aus dem Kühlschrank. Yasmin deckte den Tisch.

> **Merkwissen**
>
> Wenn du über Vergangenes **schriftlich** erzählst oder berichtest,
> verwendest du meist das **Präteritum**.

Yasmin erzählt ihrem Tagebuch vom vergangenen Wochenende.

Am letzten Samstag ____ ich bei Mia.
Ben und Leon ____ uns. Wir ____ gemeinsam
Schokoladenpudding. Als die Milch
im Kochtopf ____, ____ ich schnell den Kochtopf
auf eine andere Platte. Ben ____ den Pudding.
Ich ____ den Tisch. Der Pudding ____ gut.

übernachten
besuchen
kochen
kochen
stellen
probieren
decken
schmecken

2 Schreibe den Text auf.
 Ergänze dabei die Präteritumformen.

 2 besuchten, deckte, kochte, kochten, probierte, schmeckte, stellte, übernachtete

schwache Verben: ich hol**te**, du hol**test**, er/sie/es hol**te**,
wir hol**ten**, ihr hol**tet**, sie hol**ten**

Leon berichtet über seinen Tag.

„Um 6:30 Uhr stand ich auf. Dann duschte ich, frühstückte und putzte meine Zähne. Der Bus zur Schule fuhr um 7:30 Uhr. Ich wollte den Bus nicht verpassen. Deshalb ging ich pünktlich los.

5 Der Unterricht verlief wie jeden Tag, wir schrieben und rechneten. In der Deutschstunde waren wir im Computerraum. In der Musikstunde sangen wir Frühlingslieder.

Um 13:00 Uhr fuhr ich nach Hause und aß Spagetti.

10 Dann machte ich meine Hausaufgaben und ging danach zum Fußballtraining. Nach dem Abendessen sahen wir zusammen fern und um 22:00 Uhr schlief ich ein.“

3 Wie verlief Leons Tag?
Schreibe alle Präteritumformen mit den Personalpronomen auf.
Tipp: Nicht alle Präteritumformen sind hervorgehoben.

4 Die hervorgehobenen Verben ändern sich im Präteritum.
   a. Schreibe sie untereinander auf.
   b. Schreibe die Infinitive (die Grundform) daneben.
      Tipp: Du kannst in der Verbtabelle
          auf Seite 284 nachschlagen.

> **Starthilfe**
>
> ich stand auf – aufstehen
> …

5 **a.** Schreibe die folgenden Präteritumformen
      mit den Personalpronomen auf.
   b. Schreibe den passenden Infinitiv dazu.

Er ging nach Hause.
Ich schrieb einen Tagebucheintrag.
Sie schliefen schnell ein.
Wir fuhren in die Jugendherberge.

Z Und wie verlief dein Tag heute?

6 Berichte in einem Tagebucheintrag über deinen Tag.
Verwende die Präteritumformen aus Aufgabe 3.

→ die Formen der Verben im Überblick: Seite 284–285

starke Verben: ich fuhr, du fuhrst, er/sie/es fuhr,
       wir fuhren, ihr fuhrt, sie fuhren

Adjektive verwenden

Willkommen zur Zoo-Rallye!

In unserem Zoo sind mehr als achttausend Tiere zu Hause:
große, kleine, interessante, wilde …

E   *der* graue Elefant

T   *das* afrikanische Nashorn

F   *die* seltene Zwerggans

U   *der* wachsame Kranich

T   *das* riesige Flusspferd

R   *die* schneeweiße Eismöwe

1   Welche Tiere sind im Zoo zu Hause?
   a. Lest die Tiere vor.
   b. Ordnet die Tiere den Bildern 1 bis 6 zu.
      Schreibt die Tiere in der richtigen Reihenfolge auf.
   c. Markiert die Artikel und die Endungen in den Artikelfarben.
   d. Wie heißt das Lösungswort?

   Starthilfe
   1 F die seltene …
   2 …

2   Wo sind die Tiere im Zoo zu Hause?
   Im Dickhäuterhaus oder auf der Vogelinsel?
   a. Schreibe Sätze auf.
   b. Markiere in den Artikelfarben.

   Starthilfe
   Die seltene … lebt auf …

Merkwissen

Mit **Adjektiven** kannst du Personen, Tiere oder
Gegenstände genauer beschreiben.

Mit den Adjektiven kannst du diese Tiere genauer beschreiben.

braun
breit
bunt
dünn
giftig
glatt
groß
klein
kräftig
kurz
lang
schnell

+

der Himmelsfalter
der Riffhai
der Seehund
das Känguru
das Seepferdchen
das Wildpferd
die Klapperschlange
die Meeresschildkröte
die Netzgiraffe

3 a. Welche Tiere siehst du auf dem Bild?
b. Wähle für jedes Tier aus dem Kasten ein passendes Adjektiv aus.
Schreibe die neun Wortgruppen untereinander auf.

> **Starthilfe**
> der bunte Himmelsfalter
> der …

Adjektive in Wortgruppen verändern ihre Endung:

der graue Elefant   – ein grauer Elefant
das riesige Flusspferd   – ein riesiges Flusspferd
die seltene Zwerggans   – eine seltene Zwerggans

4 a. Schreibe neben deine Tiere aus Aufgabe 3 Wortgruppen mit ein / ein / eine.
b. Was verändert sich jeweils? Markiere.

> **Starthilfe**
> der bunte Himmelsfalter – ein bunter Himmelsfalter
> der …

5 Lies die Wortgruppen mehrfach halblaut.
Achte auf die Endungen der Adjektive.

 6 Sprecht die Wortgruppen abwechselnd:
• Der eine sagt die Wortgruppe mit dem bestimmten Artikel.
• Der andere sagt die Wortgruppe mit dem unbestimmten Artikel.

der graue Elefant   ein grauer Elefant

Plural (Mehrzahl): die grauen Elefanten – graue Elefanten, die riesigen Flusspferde – riesige Flusspferde, die seltenen Zwerggänse – seltene Zwerggänse

Jedes Tier hat seine Besonderheiten. Seht einfach genau hin.

Im Regenwaldhaus

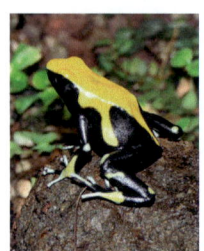

Ein Krokodil hat einen **kräftigen** Kiefer.
Es besitzt deshalb eine **gewaltige** Beißkraft.

Der Färberfrosch hat eine **auffällige** Körperfärbung.
Damit vertreibt er einen **hungrigen** Feind.
5 Der Feind weiß dann nämlich:
Der Frosch besitzt ein **tödliches** Gift.

Jeder Kolibri hat einen **besonderen** Schnabel.
Der Adlerschnabel-Kolibri besitzt einen **gebogenen** Schnabel,
der Kleinschnabel-Kolibri hat einen **winzigen** Schnabel.
10 So passt jeder Schnabel in die Blüte
mit dem jeweiligen Lieblingsnektar.

1 Welche Besonderheiten haben die Tiere aus dem Regenwaldhaus?
 a. Schreibe den Text ab.
 b. Markiere die Artikel wie im Text.
  Markiere selbstständig
  die Endungen der **Adjektive**.

> **Starthilfe**
>
> Ein Krokodil hat einen kräftigen Kiefer. Es …

2 Wen oder was hat das Tier?
 a. Schreibe die Wortgruppen mit den **Adjektiven** noch einmal auf.
 b. Schreibe Wortgruppen mit den / das / die daneben.
 c. Markiere die Artikel und
  die Endungen.
  Was verändert sich?

> **Starthilfe**
>
> Das Tier hat …
> einen kräftigen Kiefer – den kräftigen …
> eine …

Z Spielzeit: Welches Tier ist das?

3 Ihr könnt ein Ratespiel
 zu den Tieren von dieser Seite spielen.
 • Verwendet die Wortgruppen
  aus Aufgabe 1.
 • Überlegt euch weitere Wortgruppen
  zu anderen Tieren.

Du kannst nun weitere Besonderheiten der Tiere beschreiben.

Du kannst eigene Sätze schreiben oder die Vorschläge unten verwenden.

a. Sieh dir die Bilder auf den Seiten 258 und 259 noch einmal an.
   Welche Besonderheiten fallen dir auf?

b. Schreibe zu jedem Tier einen Satz auf.
   Markiere die Artikel und die Endungen.

		einen kurzen Schnabel. einen langen Hals. einen massigen Körper.
Der Elefant Das Nashorn Die Zwerggans ...	besitzt hat trägt	ein unauffälliges Gefieder. ein typisches Muster. ein mächtiges Horn.
		eine dunkelgraue Färbung. eine glatte Haut. eine dreieckige Flosse.

Alle Tiere erhalten im Zoo eine ganz besondere Pflege.

Im Huftierpark

Im Huftierpark zeigen Zooführer den Besuchern gern
die einzelnen Stationen. Die weitläufige Schafstation
muss man einfach gesehen haben! Dort gibt es
wilde Schafe und auch Hausschafe.
5 Man kann dort zum Beispiel den scheuen Mufflon sehen.
Schon seit jeher jagten die Menschen den wilden Mufflon.
Einige Arten sind deshalb heute stark gefährdet.
Deshalb stellte man den braunen Zypern-Mufflon
schon vor längerer Zeit unter Artenschutz.
10 Die meisten Besucher finden das mächtige Gehörn,
also die Hörner, beeindruckend.

5 Schreibe die Fragen zum Text und die Antworten auf.

- Was zeigen Zooführer den Besuchern?
- Was muss man einfach gesehen haben?
- Was kann man in der Schafstation sehen?
- Was jagten die Menschen?
- Was stellte man unter Artenschutz?

→ die Formen der Adjektive im Überblick: Seite 281

 4 Wen oder was besitzen? → Akkusativ:
ein langer Hals → einen langen Hals besitzen

Präpositionen verwenden

Wo?

Tobi ist in der Zoohandlung. Er sieht sich ein Aquarium an.

1 **Was** ist alles in dem Aquarium?
Schreibe alle Nomen mit farbigen Stiften
in eine Tabelle.

Starthilfe

der	das	die
Fisch	…	…

Wo sind die Tiere, Pflanzen und Gegenstände im Aquarium?

| in | auf | über | unter | vor | hinter | neben |

2 Schreibe Sätze auf.

Starthilfe

Der Stein liegt neben der Pflanze.
…

 1 2

Der	Fisch Kies Seestern Stein	ist liegt steht	**in auf über unter vor hinter neben**	dem	Fisch. Kies. Seestern. Stein.
Das	Schiff Seepferdchen			dem	Schiff. Seepferdchen.
Die	Muschel Pflanze Wurzel			der	Ecke. Muschel. Pflanze.

Wohin?

Tobi bastelt nun selbst ein Aquarium aus einem Schuhkarton.
Er hat Steine gesammelt und Gegenstände aus Pappe ausgeschnitten.

3 **Wohin** hängt, klebt, legt, setzt oder stellt Tobi
die Tiere, Pflanzen oder Gegenstände?
Schreibe Sätze auf.

Starthilfe

Tobi hängt den Fisch
neben das …

4 Wie bastelst **du** dein eigenes Aquarium?
Schreibe Sätze auf.

Starthilfe

Ich streue Kies auf den Boden.
Ich lege … Ich stelle …

Merkwissen

Mit **Präpositionen** kannst du ausdrücken,
wo etwas ist (Dativ) oder **wohin** etwas kommt (Akkusativ):
*Die Muschel liegt **auf** dem Kies. Tobi legt die Muschel **auf** den Kies.*
*Der Stein liegt **neben** dem Schiff. Tobi legt den Stein **neben** das Schiff.*
*Das Schiff ist **in** der Ecke. Tobi setzt das Schiff **in** die Ecke.*

Z **5** Im Kaufhaus:
  • **Wo** findest du das Material für dein Aquarium?
  • **Wohin** gehst du nacheinander?
    Schreibe Sätze auf.

3 4

Tobi Er	hängt klebt legt setzt stellt	den	Fisch Stein Seestern	in auf über unter vor hinter neben	den	Boden. Fisch. Stein.
		das	Schiff Seepferdchen		das	Schiff. Seepferdchen.
		die	Muschel Wurzel		die	Ecke. Muschel. Pflanze. Wurzel.

263

Satzglieder verwenden

Satzglieder umstellen

Es war einmal in alten Zeiten, da lebte ein Mädchen.

1 Wie geht das Märchen weiter?
Beschreibt, was ihr auf dem Bild sehen könnt.

2 Auf den Wortkarten stehen die nächsten drei Sätze des Märchens.
Lest die Wortkarten.

3 Wie werden die einzelnen Wörter zu den drei Sätzen?
  a. Schreibt jedes Wort auf jeweils eine Wortkarte.
  b. Zwölf von euch erhalten eine Wortkarte und stellen sich auf.
  c. Stellt euch um.
  d. Schreibt die drei Sätze auf.

Eine Tages entdeckte das Mädchen eine Höhle.

 4 **a.** Schreibt den Satz auf.
  b. Stellt die Wörter so um,
    dass ein anderer sinnvoller Satz entsteht.
  c. Schreibt auch diesen Satz auf.

 5 Welche Wörter kann man nur gemeinsam umstellen?
Es sind Satzglieder. Markiert sie durch Trennstriche.

> **Merkwissen**
> **Satzglieder** sind Teile eines Satzes.
> Ein Satzglied kann aus einem Wort oder aus einer Wortgruppe bestehen.
> Mit der **Umstellprobe** kannst du erkennen, welche Wörter zu einem Satzglied gehören.

Das Prädikat

In der Höhle fand Mascha einen gedeckten Tisch.
Was tat Mascha dann?

Mascha Sie	ging … trank … nahm … kostete … aß …

6 Schreibe sinnvolle Sätze auf.

7 a. Frage mit **Was tat?** nach den Prädikaten in deinen Sätzen.
  b. Schreibe die Fragen und die Antworten auf.
  c. Markiere die Prädikate.

> **Starthilfe**
> Was tat Mascha? Mascha ging zu …

Doch dann kam der Bär nach Hause in seine Höhle.

> Jemand hat auf meinem Stuhl gesessen.
> Jemand hat meinen Löffel genommen.
> Jemand hat von meinem Teller gegessen.
> Jemand hat aus meinem Glas getrunken.

8 Was sagte der Bär? Schreibe die Sätze ab.

9 a. Frage mit **Was hat jemand getan?** nach den Prädikaten.
  b. Unterstreiche in jedem Satz die beiden Teile des Prädikats.
  c. Verbinde sie mit einer Klammer.

> **Starthilfe**
> Jemand hat auf meinem Stuhl gesessen.
> …

Merkwissen

Mit Was tut?, Was tat? oder Was hat getan? fragst du nach dem Prädikat.

Das Prädikat sagt, was jemand tut oder tat oder getan hat.

In den meisten Sätzen steht das Prädikat **an zweiter Stelle**: Mascha trank aus dem Glas.

Manchmal bildet das Prädikat eine **Klammer**: Mascha hat aus dem Glas getrunken.

---

6 … zu dem gedeckten Tisch, … den silbernen Löffel in die Hand, … aus dem Glas,
… den ganzen Teller leer, … von dem Essen

Das Subjekt und die Objekte

Mascha erschrak. Wer war das? Ein Bär!

📖 Der Bär wohnte in der Höhle. Die Höhle war dunkel.
Der Bär war so groß. Und er war nicht freundlich.
Mascha sagte: „Tu mir nichts. Ich arbeite für dich."
Der Bär war einverstanden.

1 Wer oder was wohnte in der Höhle?
  a. Frage mit **Wer oder was?** nach den Subjekten.
  b. Schreibe die Fragen und
  die Antworten auf.

Starthilfe

Wer oder was wohnte in der Höhle? der Bär
Wer oder was war …

Merkwissen

Mit Wer oder was? fragst du nach dem Subjekt .

Wer oder was war so groß? der Bär

Von nun an arbeitete Mascha für den Bären.

📖 Sie bediente den Bären. Sie kochte das Essen. Sie kämmte das haarige Tier.
Sie weckte den Bären. Sie spülte das Geschirr. Sie fegte die Höhle.

2 Wen oder was bediente Mascha?
  a. Frage mit **Wen oder was?** nach den Objekten.
  b. Schreibe die Fragen und die Antworten auf.

Mir gefällt das nicht, dachte Mascha.

📖 Ich helfe dem Bären. Ich koche dem Bären das Essen.
Ich kämme dem zotteligen Bären das Fell. Nein, mir gefällt das nicht.

3 Wem hilft Mascha?
  a. Frage mit **Wem?** nach den Objekten.
  b. Schreibe die Fragen und die Antworten auf.

Merkwissen

Mit Wen oder was? und mit Wem? fragst du nach Objekten .

Wen oder was bediente Mascha? den Bären   *Wem half Mascha?* dem Bären

z Satzglieder üben und anwenden

Mascha hatte Heimweh nach ihren Großeltern.

1 Mascha backte dem Bären Piroggen.
2 Die Piroggen packte sie ihm in einen Reisekorb.
3 Mascha sprang auch in den Korb.
4 Nach einiger Zeit kam dem Bären ein Gedanke:
5 „Der Korb liegt mir so schwer auf dem Rücken!
6 Ich will ausruhen."
7 Mascha rief laut:
8 „Ich sehe dich."
9 Da lief der Bär weiter.

4 Mit dem Satzgliederspiel könnt ihr die Satzglieder üben.
   • Ihr braucht einen Zahlenwürfel.
     Immer zwei Würfelzahlen stehen für eine Frage.
   • Lest den Satz 1.
   • Einer würfelt. Für welche Frage
     steht die gewürfelte Zahl? Stellt die Frage.
   • Der andere beantwortet die Frage.
   • Dann ist der andere mit Satz 2 an der Reihe.
   Tipp: Nicht in jedem Satz gibt es eine Antwort
            auf die Fragen **Wen oder was?** oder **Wem?**.

Wer oder was?

Was tut/tat?

Wen oder was?
Wem?

So endet das Märchen von Mascha und dem Bären.

Mascha und der Bär erreichten das Dorf.
Mascha verließ den Korb. Ihr Großvater half ihr.
Sie verjagten den Bären.

5 a. Schreibe die Sätze ab.
   b. Welche Wörter gehören zu welchem Satzglied?
      Frage nach den Satzgliedern.
   c. Markiere die Subjekte, die Prädikate und die Objekte unterschiedlich.

6 Stelle die Sätze um. Verwende die folgenden Satzanfänge.
   Tipp: Das Prädikat ist das zweite Satzglied.

Dann …   Anschließend …   Zum Schluss …

Wissenswertes auf einen Blick

Das Märchen

Viele Märchen beginnen mit „Es war einmal …". Im Märchen passieren oft Dinge, die in der Wirklichkeit nicht geschehen können.
- In Märchen können **Tiere** oft **sprechen**.
- Zauberer setzen ihre **Zauberkräfte** ein.
- Am Ende eines Märchens **siegt das Gute**, das Böse wird bestraft.
- Märchen spielen **in der Vergangenheit** zu einer unbestimmten Zeit.
- Märchen können **an einem besonderen Ort** spielen.
- Die **magischen Zahlen 3** und **7** kommen häufig in Märchen vor.
- In Märchen kann es **wundersame Gegenstände** geben.

➜ Märchen lesen und Märchen erzählen: Seite 144–157, 158–159

Das Gedicht

Gedichte haben mindestens eine **Strophe** und sind in **Versen** (Gedichtzeilen) geschrieben.
- Eine **Strophe** verbindet eine bestimmte Anzahl von Versen zu einer Einheit und gliedert das Gedicht oder Lied.
- Ein **Vers** ist eine Gedichtzeile.
- Eine **besondere Sprache** bringt die Gedichte **zum Klingen**.
- **Vergleiche** machen Gedichte **anschaulich und lebendig**.
- **Sprachbilder**, z. B. Gegensätze, machen Gedichte **lebendig**.
- Gedichte **reimen** sich häufig.
- Der **Reim** ist der möglichst genaue Gleichklang von Wörtern.

➜ Gedichte lesen und vortragen: Seite 20, 38, 56, 74, 94, 176–181, 182–189, 195

Reime am Ende von Gedichtzeilen, die aufeinanderfolgen, nennt man **Paarreime**:

April	a ⌉
will	a ⌋
rein	b ⌉
drein	b ⌋

Reimt sich jeweils der übernächste Vers, so spricht man von **Kreuzreimen**.

sind	c
jagen	d
Kind	c
sagen	d

Ein Gedicht auswendig lernen

- Lerne die erste Strophe **Zeile für Zeile** auswendig.
- Du kannst dir mit einem Blatt Papier helfen: Lege das Blatt so, dass du **jeweils nur den Anfang jeder Zeile** lesen kannst.
- Sprich dann die **Strophe als Ganzes**.
- Lerne die anderen Strophen genauso.

➜ Gedichte auswendig lernen: Seite 20, 186

Ausdrucksvoll vorlesen

Du kannst eine Geschichte so vorlesen, dass **die Zuhörer**
sich **genau vorstellen** können, was geschieht.

Vor dem Vorlesen
- Lies die Geschichte **mehrmals** leise.
  Der **Textknacker** hilft dir, sie zu verstehen.

Beim Vorlesen
- Betone **wichtige Wörter**.
- Lies manche Textstellen **lauter**, manche **leiser**.
- Lies manche Textstellen **schneller**, manche **langsamer**.
- Mache **Pausen**, z. B. vor einer spannenden Stelle oder
  nach einem Satz.
- Achte auf **die wörtliche Rede:**
  Die Zuhörer sollen verstehen, *wer* spricht.
  Sie sollen auch hören, *wie* jemand spricht.
- Achte auf die **Satzzeichen**.
  Hebe die Stimme leicht an, z. B. vor einem Komma.
  Senke die Stimme, z. B. nach einem Punkt.

➔ ausdrucksvoll
vorlesen:
Seite 96–99, 141

Eine Lesemappe anlegen

In einer Lesemappe sammelst du Informationen, eigene Texte und
Bilder zu einem Buch.
- Schreibe Informationen zum **Buchcover** auf.
- Fasse kurz zusammen, was der **Klappentext** über das Buch erzählt.
- Schreibe etwas zum Inhalt auf, z. B.
  - **wer** die Hauptperson ist,
  - **wo** die Geschichte spielt,
  - **wann** die Geschichte spielt,
  - was deine **Lieblingsstelle** ist.
- Schreibe deine **Gedanken** und **Gefühle** beim Lesen auf.
- Schreibe ein **Inhaltsverzeichnis**.
- Gestalte ein schönes **Deckblatt** für deine Lesemappe.

➔ eine Lesemappe
anlegen:
Seite 108–109

Ein Buch vorstellen

- Zeige den Zuhörern **das Buchcover**.
- Nenne den **Titel** und den **Autor** des Buches.
- **Wer?** – Stelle die **Hauptpersonen** vor.
- **Wo? – Wann? – Was?** – Erzähle **kurz** etwas über den **Inhalt**
  des Buches. Aber verrate nicht zu viel.
- Erkläre, **warum** dir das Buch gut **gefallen** (oder nicht
  so gut gefallen) hat.
- **Lies** einen **Ausschnitt** aus dem Buch **vor**.

➔ ein Buch vorstellen:
Seite 111

Der Textknacker

Mit dem Textknacker knackst du jeden Text.

1. Schritt: Vor dem Lesen

Du siehst dir den Text als Ganzes an.

- Worauf fällt dein Blick als Erstes?
- Was erzählen dir die **Bilder** und die **Überschrift**?
- Worum könnte es gehen?

2. Schritt: Das erste Lesen

Du überfliegst den Text.

Oder du liest den Text einmal durch.

- Welche **Wörter, Wortgruppen** oder **Absätze** fallen dir auf?
- Was ist interessant für dich? Was macht dich neugierig?

3. Schritt: Den Text genau lesen

Du liest den Text genau und in Ruhe – Absatz für Absatz.

So findest du wichtige Informationen.

- **Absätze** und **Zwischenüberschriften** gliedern den Text.
- **Schlüsselwörter** sind besonders wichtige Wörter.
- **Bilder am Rand** oder **im Text** helfen dir, den Text zu verstehen.
- Manche **Wörter** werden **am Rand** oder **unter dem Text erklärt.**
- Schlage Wörter, die du nicht verstanden hast, **im Lexikon** nach.
- Welche **Fragen** hast du an den Text?

4. Schritt: Nach dem Lesen

Du arbeitest mit dem Inhalt des Textes.

- Welche **Informationen** sind für dich und deine Aufgabe **wichtig**?

➜ Sachtexte lesen
und verstehen:
Seite 30–32, 40–43,
192–197, 206–207

➜ Literarische Texte
lesen und verstehen:
Seite 96–97,
132–143, 195

Eine Grafik lesen

Grafiken können **zusätzliche Informationen** zu Sachtexten enthalten.

- Lies die **Überschrift** der Grafik und benenne das Thema.
- Lies die **Erklärungen**, z. B. die Legende.
- **Sieh** dir nun die Grafik **genauer an.**
- **Stelle Fragen** an die Grafik und **formuliere** entsprechende **Antworten.**
- **Erkläre** mit eigenen Worten, was in der Grafik dargestellt ist.

➜ eine Grafik lesen:
Seite 29, 33, 35, 41,
124–125

Der Aufgabenknacker

Aufgaben kannst du in drei Schritten verstehen.

1. Schritt: Du **liest** die Aufgabe genau.

2. Schritt: Du überlegst: Was gehört alles zur **Lösung** der Aufgabe?

3. Schritt: Du gibst die Aufgabe **mit eigenen Worten** wieder.

Diese **Verben** sagen dir, was du tun sollst:

Beschreibe … Ich soll wiedergeben, wie etwas aussieht, abläuft oder funktioniert.

Fasse zusammen … Ich soll die wichtigsten Informationen wiedergeben.

Nenne … Ich soll etwas aufzählen.

Vergleiche … Ich soll Gemeinsamkeiten und Unterschiede finden.

➜ der
Aufgabenknacker:
Seite 190–191

Ideensammlung: Cluster

In einem Cluster kannst du Ideen zu einem Thema sammeln.
- Nimm **ein leeres Blatt** Papier.
- Schreibe **in die Mitte** das Thema, z. B. Sport.
  Kreise das Thema **ein**.
- Schreibe auf dein Blatt nun **die Wörter und Wortgruppen**,
  die dir zu dem Thema einfallen.
- Manchmal kannst du zu den neuen Wörtern **weitere Wörter** finden.
- Schreibe so viele Wörter auf, wie dir **in 5 bis 10 Minuten** einfallen.
- **Verbinde** zusammengehörende Wörter **durch Striche**.

➔ einen Cluster
anfertigen,
Seite 51, 119, 198–199

Beschreiben: Einen Steckbrief schreiben

- **Plane** deine **Schreibaufgabe**: Was willst du beschreiben? Für wen?
- **Sammle Informationen** aus Sachtexten und Büchern.
- **Lies** die Texte mit dem **Textknacker** und **notiere**
  wichtige **Informationen**.
- **Ordne** die **Informationen** den **Hauptstichwörtern** zu.
  Schreibe den Steckbrief. Beschränke dich auf **sachliche** Stichworte.
  Erfinde nichts hinzu.
- **Überprüfe** deinen Steckbrief, z. B. mit einer Checkliste.
  Überarbeite ihn.

➔ Steckbriefe
schreiben:
Seite 66–70, 76–81,
208–211

Einen Text überarbeiten

Einen Text kannst du mit diesen Tipps überarbeiten:
- Gestalte **die Satzanfänge** abwechslungsreich.
- Verwende **treffende Verben**.
- Ergänze an passenden Stellen **Adjektive**.
- Verwende beim schriftlichen Erzählen das **Präteritum**.
- Überprüfe **die Rechtschreibung**.
- Schreibe den Text noch einmal in **gut lesbarer Schrift** auf.

➔ Texte überarbeiten:
Seite 160–163,
201–203

Regeln für die Schreibkonferenz

In einer Schreibkonferenz überarbeitet ihr Texte gemeinsam.
Für die Schreibkonferenz werden Regeln vereinbart.
Regel 1: Die Autorin oder der Autor **liest** den Text **vor**.
     Die anderen **hören** aufmerksam **zu**.
Regel 2: Sagt zuerst, was euch **gefällt**.
Regel 3: **Fragt nach**, was ihr nicht verstanden habt.
Regel 4: **Überarbeitet gemeinsam** den Text, bis er euch gefällt.
Regel 5: Schreibt den Text noch einmal in **gut lesbarer Schrift** auf.

➔ Regeln für die
Schreibkonferenz:
Seite 200

Eine Geschichte erzählen

Deine Geschichte braucht: **Einleitung**, **Hauptteil** und **Schluss**.
Mache mit deiner **Einleitung** die Leser und Zuhörer **neugierig**:
- **Wer** ist die Hauptperson?
- **Wo** spielt die Geschichte?
- **Wann** spielt die Geschichte?
- **Was möchte** die Hauptperson?

Gestalte den **Hauptteil spannend und lebendig**:
- **Was passiert** auf einmal?
- **Was fühlt** die Hauptperson?
- **Was denkt** oder **sagt** die Hauptperson?

Löse am **Schluss** schnell die **Spannung**:
- **Wie löst sich** die Spannung zum Schluss auf?

Beachte auch die **Tipps zum spannenden Erzählen**.

➜ eine Geschichte erzählen:
Seite 152-153, 212-215

Spannend erzählen

Mit diesen Tipps gelingt dir eine besonders **spannende Geschichte**:
- Finde für die **Einleitung** einen Satz, der **besonders neugierig** macht.
- Baue im Hauptteil mit einem **plötzlichen Ereignis Spannung** auf.
- Erzähle über die **Gefühle** der Hauptperson.
- Durch **Gedanken** und **wörtliche Rede** wird die Geschichte **lebendig**.
- **Steigere** die Spannung: Unterschiedliche **Satzanfänge** machen den Hauptteil **abwechslungsreich**. Besondere, treffende **Adjektive** machen die Geschichte „**stark**".
- Auf dem **Höhepunkt** passiert oft alles **ganz schnell**.
- **Löse** die **Spannung** am **Schluss** mit einem **überraschenden Ende**.

➜ Spannend erzählen:
Seite 137, 212-215

Ein Märchen schriftlich erzählen

- Beginne mit einem **märchenhaften Anfang**.
- Erzähle dann, **wie** deine Figuren **lebten** und wodurch eine Figur in **Schwierigkeiten** geriet.
- Erzähle nun nacheinander, welche **Abenteuer** deine Figur bestehen oder welche **Aufgabe** sie lösen musste.
- Finde einen **passenden Schluss** für dein Märchen.
- Überlege dir eine **Überschrift** für dein Märchen.

➜ ein Märchen erzählen:
Seite 154

Eine Geschichte mündlich nacherzählen

- **Lies** die Geschichte **genau**.
- Schreibe zu jedem Absatz eine **Überschrift** auf **Erzählkärtchen**.
- Schreibe zu jeder Überschrift die **Schlüsselwörter** auf.
- Ordne die Kärtchen **in der richtigen Reihenfolge**.
- Erzähle **spannend** und **mit eigenen Worten**.
- Lasse nichts **Wichtiges** aus. **Füge nichts hinzu**.
- Erzähle **im Präteritum**, also wie in der Geschichte.

➜ eine Geschichte mündlich nacherzählen:
Seite 141, 148-149

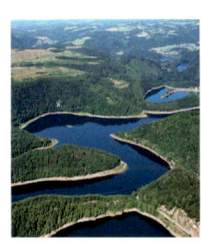

Einen Kurzvortrag vorbereiten und halten

Mit einem Kurzvortrag kannst du andere über ein Thema informieren.

1. Schritt: Das Thema aussuchen und Informationen beschaffen
- Wähle ein interessantes **Thema** aus.
- Sammle **Informationen** in Büchern, Lexika und im Internet.

2. Schritt: Informationen aus Texten entnehmen
- **Lies** die Texte mit dem **Textknacker**.
- Schreibe **Stichworte** auf **Karteikarten**.

3. Schritt: Den Kurzvortrag gliedern und die Notizen ordnen
- Entscheide, welche Informationen **wichtig** sind.
- **Gliedere** dann den Kurzvortrag.
- **Ordne** deine Informationen.

4. Schritt: Eine Einleitung und einen Schluss formulieren
- Formuliere einen **Einleitungssatz** und Sätze für einen **Schluss**.

5. Schritt: Den Kurzvortrag üben und halten
- **Übe**, deinen Kurzvortrag möglichst **frei zu sprechen**.

→ einen Kurzvortrag vorbereiten: Seite 49–53, 58–61

Frei vortragen

- **Stelle dich** so hin, dass **alle dich sehen** können.
- Versuche, **frei zu sprechen** und wenig abzulesen.
- Sprich **langsam** und **deutlich**.
- **Sieh** beim Sprechen die Zuhörer **an**.
- Zeige an passenden Stellen **Bilder** und **Materialien**.

→ frei vortragen: Seite 52, 61

Ein Plakat gestalten

- Wählt ein **Papierformat** aus.
- Findet eine passende **Überschrift**.
- Entscheidet, welcher **Text** und welche **Bilder** auf das Plakat sollen.
- Überlegt, wie ihr **Überschrift**, **Text** und **Bilder** auf dem Plakat **anordnen** wollt.
- Schreibt **groß** genug und gut **lesbar**.
- Nehmt andere Stifte für **Hervorhebungen**.

→ ein Plakat gestalten: Seite 70

Ein Interview planen und durchführen

- **Plant** euer **Interview**: **Zu welchem Thema** wollt ihr ein Interview durchführen? **Wen** wollt ihr interviewen?
- **Sammelt Informationen** zum Thema und zum Interviewpartner.
- Plant auch, welche Geräte und Materialien ihr braucht.
- **Schreibt Fragen auf**: Was wollt ihr erfahren? Was interessiert euch?
- Übertragt die Fragen auf einen **Interviewbogen**.
- **Übt** euer Interview **mehrmals** mit verteilten Rollen.
- **Führt** das Interview **durch**. Jeder stellt mindestens eine Frage.
- Ein **Aufnahmegerät** erleichtert die Arbeit. Macht auch ein **Foto**.

→ ein Interview planen und durchführen: Seite 72–73

Richtig abschreiben

Richtiges Schreiben kannst du durch Abschreiben lernen.
Beachte beim Abschreiben die sechs Schritte.

1. Schritt: **Lies** den Text.
2. Schritt: **Präge dir die Wörter** bis zum Strich genau **ein**.
   Lies dazu nochmals Wort für Wort, Silbe für Silbe.
3. Schritt: Decke nun die Textstelle ab. **Schreibe** die Wörter **auswendig auf**. Schreibe **langsam** und **ordentlich**.
   Schreibe nur in jede zweite Zeile.
4. Schritt: **Überprüfe**, was du geschrieben hast.
   Vergleiche Wort für Wort mit der Vorlage.
5. Schritt: **Streiche** Fehlerwörter mit einem Lineal **durch**.
   Schreibe das Wort **richtig** über das Fehlerwort.
6. Schritt: Schreibe die Fehlerwörter in die **Rechtschreibkartei**.

➔ richtig abschreiben:
Seite 220-221

Das Partnerdiktat

Beim Diktieren:
- **Lies** den ganzen Satz **vor**.
- Sprich **langsam** und **deutlich**.
- Diktiere dann nacheinander die **Sinnabschnitte**.

- **Pass** genau **auf** und **gib Hilfen**, ohne zu viel zu verraten.

Beim Schreiben:
- Höre **genau** zu.
- **Schreibe** den Sinnabschnitt **auf**.
  Sprich dabei leise **mit**.
  Schreibe nur in jede zweite Zeile.
- **Kontrolliere**, was du geschrieben hast.
- Entdeckst du einen Fehler, **streiche** das **Fehlerwort durch** und schreibe das Wort **richtig** darüber.

➔ Partnerdiktat:
Seite 242

Das Laufdiktat

- Lies den Text **sorgfältig** und in **Ruhe**.
- Lege den Text weit entfernt, z. B. auf einen Tisch.
- Gehe leise zum Tisch.
- **Präge dir** die Wörter des ersten Sinnabschnittes ein.
- Gehe mit den Wörtern im Kopf zurück zu deinem Platz.
- **Schreibe** die Wörter **auf**. Schreibe nur in jede zweite Zeile.
- Gehe so oft hin und her, bis der ganze Text in deinem Heft steht.
- **Kontrolliere** deinen Text **Wort für Wort**.
- Entdeckst du **einen Fehler**, **streiche** das Fehlerwort **durch**.
  Schreibe es **richtig** in die Zeile darüber.

➔ Laufdiktat:
Seite 243

Eine Rechtschreibkartei anlegen

In deiner Rechtschreibkartei sammelst du schwierige Wörter und deine Fehlerwörter auf Lernkärtchen.

1. Schritt: Das Lernkärtchen beschriften
- Schreibe das schwierige Wort oder das Fehlerwort
  – richtig geschrieben – in die erste Zeile.
  Schreibe **Nomen** mit den **bestimmten Artikeln** auf.
  Ergänze bei **Verbformen** die **Personalpronomen**.
- **Unterstreiche** die **Fehlerstellen**.
- Schreibe bei Nomen den Plural oder den Singular dazu.
- Schreibe bei Verben und Adjektiven die **Grundform** dazu.

2. Schritt: Passende Rechtschreibtipps ergänzen
- Schreibe einen passenden **Rechtschreibtipp** auf jedes Lernkärtchen.

3. Schritt: Das Lernkärtchen einsortieren
- **Ordne** deine Lernkärtchen **nach dem Alphabet**.
- Bewahre deine Lernkärtchen in einem **Karteikasten** auf.

➜ Rechtschreibkartei:
Seite 244–245

sie fand
finden
Verb
verlängern: finden

Wörter nachschlagen

Im Wörterbuch schlägst du nach, wie ein Wort geschrieben wird.
- **Links und rechts oben** auf der Seite des Wörterbuchs steht
  der **Buchstabe** des Alphabets, unter dem du suchen musst.
  Garderobe findest du unter **G**.
- Wenn die Wörter mit demselben Buchstaben beginnen,
  vergleiche jeweils die **zweiten** Buchstaben.
- Manchmal musst du sogar den **dritten**, **vierten** oder
  fünften Buchstaben ansehen.

➜ Wörter
nachschlagen:
Seite 238–239

Gattung

Gangs|ter [gängßter] der *engl.*, des Gangsters, die Gangster: Schwerverbrecher; **Gangster|boss** der, die Gangsterbosse; **Gangs|terme|tho|de** die
Gang|way [gängwäi] die *engl.*, die Gangways: Treppe oder Laufgang zum Flugzeug oder Schiff
Ga|no|ve der *jidd.*, des/die Ganoven: Betrüger, kleiner Verbrecher; **Ga|no|vin** die, die Ganovinnen

Gar|be die, die Garben: Getreidegarbe, Geschossgarbe
Gar|de die *franz.*, die Garden: Schutztruppe, Leibwache; **Gar|dist** der, die Gardisten; **Gar|dis|tin** die, die Gardistinnen
Gar|de|ro|be die *franz.*, die Garderoben: eine vornehme Garderobe (Kleidung), er brachte seinen Mantel zur Garderobe (Kleiderablage)
Gar|di|ne die: Vorhang; **Gar|di|nen|pre|digt**

A
B
C
D
E
F

Sprechen – hören – schreiben

Deutliches Sprechen und genaues Hinhören helfen dir
beim richtigen Schreiben.
- **Sprich** das Wort **langsam** und **deutlich** Silbe für Silbe.
- Mache zwischen den Silben **eine Pause**.
- **Klatsche** bei jeder Silbe in die Hände.
- **Schreibe** das Wort **Silbe für Silbe auf**.

die Schokolade

→ sprechen – hören –
schreiben:
Seite 218–219,
222–223

Wörter ableiten

Wenn du nicht weißt, ob ein Wort mit **ä** oder **e**, mit **äu** oder **eu**
geschrieben wird, kannst du es **ableiten**.
Finde **verwandte Wörter** mit **a** oder **au**.
die Wälder – der Wald, träumen – der Traum

→ Wörter ableiten:
Seite 246

Wörter verlängern

Oft hörst du am Ende eines Wortes ein **p**, **t** oder **k**,
musst aber **b**, **d** oder **g** schreiben.
Du kannst dieses Wort **verlängern**. Dann **hörst** du den Endbuchstaben.
lieb – ein lieber Gruß, der Strand – die Strände, ich lag – wir lagen

→ Wörter verlängern:
Seite 230–231, 247

Wortbildung

Viele Wörter sind aus verschiedenen Teilen **zusammengesetzt**.
Wenn du die einzelnen Teile richtig schreibst,
kannst du auch die ganzen Wörter richtig schreiben.

Aus zwei Nomen kann ein **zusammengesetztes Nomen** entstehen.
Du schreibst das Nomen immer groß.
der Roggen + das Brot = das Roggenbrot

Die Vorsilben **ent-**, **ver-** und **vor-** schreibst du immer gleich.
ent- + täuschen = enttäuschen
ver- + stecken = verstecken
vor- + lesen = vorlesen

Alle Wörter mit den Endungen **-ig** und **-lich** sind Adjektive.
Du schreibst sie immer klein.
die Neugier + -ig = neugierig
der Freund + -lich = freundlich

→ Wortbildung:
Seite 38–39,
228–229, 236–237

Großschreibung am Satzanfang

Am Satzanfang schreibst du immer groß.
Ein junger König lebte allein.

Nach einem **Punkt, Fragezeichen** oder **Ausrufezeichen**
schreibst du immer groß.
Der Vater schläft schon. *Die Turmuhr schlägt.*
Was ist das für ein Krach? *Er hat Angst.*
Fürchtet mich! *Ich bin ein Gespenst.*

Großschreibung von Nomen

Nomen schreibst du **immer groß**.

Nomen bezeichnen Lebewesen (Menschen, Tiere, Pflanzen) und
Gegenstände.
Nomen bezeichnen auch gedachte oder vorgestellte Dinge.
Lebewesen: *der Mann, das Pferd, die Blume*
Gegenstände: *der Stuhl, das Buch, die Lampe*
gedachte oder vorgestellte Dinge: *der Traum, das Märchen, die Musik*

Vor einem Nomen steht oft **ein Artikel** (der, das, die, ein, ein, eine).

➜ Großschreibung:
Seite 222–223,
226–227

Wörter mit ß

Nur nach einem langen Vokal oder einem Zwielaut (au, ei) kann **ß**
stehen: *gro_ße, hei_ßen*

➜ Wörter mit **ß**:
Seite 232–233

Wörter mit ie

Wenn du ein **langes i** hörst, schreibst du **fast immer ie**:
liegt, viel, ziemlich

➜ Wörter mit **ie**:
Seite 224–225

Wörter mit kurzem Vokal

Die fünf Vokale (Selbstlaute) sind a, e, i, o, u.

Nach einem **kurzen Vokal** schreibst du meist
zwei Konsonanten (Mitlaute):
alle, denn, das Schloss

➜ Wörter mit
kurzem Vokal:
Seite 226–227

Die Satzarten und die Satzschlusszeichen

Nach einem **Aussagesatz** steht ein **Punkt**.
Jans Mutter liegt im Bett und liest.
Nach einem **Ausrufesatz** steht ein **Ausrufezeichen**.
Fürchtet mich!
Nach einem **Fragesatz** steht ein **Fragezeichen**.
Was ist das für ein Krach ?

Nach einem Punkt, Fragezeichen oder Ausrufezeichen
schreibst du **groß**.

→ die
Satzschlusszeichen:
Seite 225

Komma bei Aufzählungen

Wenn du Wörter **aufzählst**, trennst du sie durch **Kommas** voneinander.
Ausnahme: Vor *und* steht **kein Komma**.
Sie legen Luftmatratzen, *Schlafsäcke*, *Kekse und Taschenlampen bereit.*

→ Komma bei
Aufzählungen:
Seite 236–237

Komma bei **weil** und **als**

Beginnt ein Satz mit **weil** oder **als**, folgt etwas später ein **Komma**.
Das Komma steht zwischen zwei Verben.
Weil er Schmerzen hatte, *verließ er sofort das Spielfeld.*
Satzbild: Weil   ,   .

Als Herr Finke in die Schule kam, *beobachteten ihn alle sehr gespannt.*
Satzbild: Als   ,   .

→ Komma bei
weil und **als**:
Seite 232–233,
234–235

Wörtliche Rede

Wörtliche Rede markierst du mit „**Anführungszeichen**"
am Anfang und am Ende.
Oft steht bei der wörtlichen Rede ein Begleitsatz.
Achte auf die Satzzeichen:

Der Begleitsatz steht vorne
Frau Münster sagte: „*Die Pferde sind besonders ausgebildet*."

          : „   ."

Anna fragte: „*Ist das denn gefährlich* ?"   : „   ?"

Der Schulleiter lobt: „*Macht weiter so* !"   : „   !"

Der Begleitsatz steht hinten
„*Die Pferde sind besonders ausgebildet*", *sagte Frau Münster.*

          „   ",   .

„*Ist das denn gefährlich* ?", *fragte Anna.*   „   ?",   .
„*Macht weiter so* !", *lobt der Schulleiter.*   „   !",   .

→ Wörtliche Rede:
Seite 228–229,
230–231

Verben

Verben drücken Handlungen und Vorgänge aus:
sagen, gehen, fahren, schlafen, müssen

Die Grundform des Verbs heißt **Infinitiv**.
Die Grundform hat meistens die Endung **-en**:
*sag**en***

Verben im Präteritum

Wenn du über Vergangenes **schriftlich** erzählst oder berichtest,
verwendest du meist das **Präteritum**.
Am letzten Samstag übernachtete ich bei Mia.

Manche Verben ändern sich im Präteritum:

Präsens	Präteritum
Ich fahre zu Mia.	*Ich fuhr zu Mia.*

➜ Verben im
Präteritum:
Seite 256–257

➜ Verbtabelle:
Seite 284–285

Verben im Perfekt

Wenn du über Vergangenes **mündlich** erzählst,
verwendest du meist das **Perfekt**.

Viele Verben bilden das Perfekt mit **haben**:

ich habe gespielt	*wir haben gespielt*
du hast gespielt	*ihr habt gespielt*
er/sie/es hat gespielt	*sie haben gespielt*

Das **Perfekt** von Verben der **Bewegung** wird mit **sein** gebildet.

ich bin gefahren	*wir sind gefahren*
du bist gefahren	*ihr seid gefahren*
er/sie/es ist gefahren	*sie sind gefahren*

➜ Verben im Perfekt:
Seite 254–255

➜ Verbtabelle:
Seite 284–285

Trennbare Verben

Einige Verben sind zusammengesetzt.

Im Satz können die Teile des Verbs getrennt stehen:
Sie rechnet die Aufgabe aus.

In der Grundform (im Infinitiv) schreibst du die beiden Teile zusammen:
ausrechnen
Man nennt diese Verben **trennbare Verben**.

➜ trennbare Verben:
Seite 74–75

➜ Verbtabelle:
Seite 284–285

Nomen

Nomen bezeichnen Lebewesen (Menschen, Tiere, Pflanzen) und
Gegenstände.
Nomen bezeichnen auch gedachte oder vorgestellte Dinge.
Lebewesen: *der Mann, das Pferd, die Blume*
Gegenstände: *der Stuhl, das Buch, die Lampe*
gedachte oder vorgestellte Dinge: *der Traum, das Märchen, die Musik*

→ Nomen:
Seite 222–223,
248–251

Artikel von Nomen

Vor einem Nomen steht oft **ein bestimmter Artikel** (der, das, die)
oder **ein unbestimmter Artikel** (ein, ein, eine).

→ Artikel von Nomen:
Seite 20–21, 248–249

Nomen im Singular und im Plural

Nomen können **im Singular** (in der Einzahl) und **im Plural**
(in der Mehrzahl) stehen.
der Hund – die Hunde
das Auto – die Autos
die Maus – die Mäuse

→ Nomen im Singular
und im Plural:
Seite 94, 250

Zusammengesetzte Nomen

Zwei Nomen können ein **zusammengesetztes** Nomen bilden.
der Roggen + das Brot = das Roggenbrot
Der Artikel des zusammengesetzten Nomens richtet sich
nach dem zweiten Nomen.

→ zusammengesetzte
Nomen:
Seite 38–39, 251

Nomen und Adjektive: Die Formen im Überblick

Nomen

Singular (Einzahl)	der (männlich)	das (sächlich)	die (weiblich)
Nominativ (1. Fall) Wer oder was?	der Frosch ein Frosch	das Auto ein Auto	die Maus eine Maus
Genitiv (2. Fall) Wessen?	des Frosches eines Frosches	des Autos eines Autos	der Maus einer Maus
Dativ (3. Fall) Wem?	dem Frosch einem Frosch	dem Auto einem Auto	der Maus einer Maus
Akkusativ (4. Fall) Wen oder was?	den Frosch einen Frosch	das Auto ein Auto	die Maus eine Maus

Plural (Mehrzahl)	der (männlich)	das (sächlich)	die (weiblich)
Nominativ (1. Fall) Wer oder was?	die Frösche Frösche	die Autos Autos	die Mäuse Mäuse
Genitiv (2. Fall) Wessen?	der Frösche ——	der Autos ——	der Mäuse ——
Dativ (3. Fall) Wem?	den Fröschen Fröschen	den Autos Autos	den Mäusen Mäusen
Akkusativ (4. Fall) Wen oder was?	die Frösche Frösche	die Autos Autos	die Mäuse Mäuse

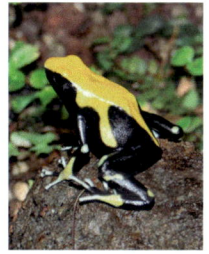

Adjektive

Singular (Einzahl)	der (männlich)	das (sächlich)	die (weiblich)
Nominativ (1. Fall) Wer oder was?	der giftige Frosch ein giftiger Frosch	das rote Auto ein rotes Auto	die kleine Maus eine kleine Maus
Genitiv (2. Fall) Wessen?	des giftigen Frosches eines giftigen Frosches	des roten Autos eines roten Autos	der kleinen Maus einer kleinen Maus
Dativ (3. Fall) Wem?	dem giftigen Frosch einem giftigen Frosch	dem roten Auto einem roten Auto	der kleinen Maus einer kleinen Maus
Akkusativ (4. Fall) Wen oder was?	den giftigen Frosch einen giftigen Frosch	das rote Auto ein rotes Auto	die kleine Maus eine kleine Maus

Plural (Mehrzahl)	der (männlich)	das (sächlich)	die (weiblich)
Nominativ (1. Fall) Wer oder was?	die giftigen Frösche giftige Frösche	die roten Autos rote Autos	die kleinen Mäuse kleine Mäuse
Genitiv (2. Fall) Wessen?	der giftigen Frösche giftiger Frösche	der roten Autos roter Autos	der kleinen Mäuse kleiner Mäuse
Dativ (3. Fall) Wem?	den giftigen Fröschen giftigen Fröschen	den roten Autos roten Autos	den kleinen Mäusen kleinen Mäusen
Akkusativ (4. Fall) Wen oder was?	die giftigen Frösche giftige Frösche	die roten Autos rote Autos	die kleinen Mäuse kleine Mäuse

Adjektive

Mit **Adjektiven** kannst du Personen, Tiere oder
Gegenstände **genauer beschreiben**.
*Der Frosch ist **giftig**. Das Auto ist **rot**. Die Maus ist **klein**.*

Adjektive können auch zwischen Artikel und Nomen stehen.
Achte auf die Endungen:
*der **giftige** Frosch – ein **giftiger** Frosch*
*das **rote** Auto – ein **rotes** Auto*
*die **kleine** Maus – eine **kleine** Maus*

→ Adjektive:
Seite 112–113, 258–261

Personalpronomen

Die Wörter **ich**, **du**, **er** – **es** – **sie**, **wir**, **ihr**, **sie** sind **Personalpronomen**.
Sie ersetzen **Nomen** oder Wortgruppen, in denen **Nomen** vorkommen.
*Der **Käse** war lecker. **Er** war so sahnig.*
*Das **Brot** war lecker. **Es** war ganz frisch.*
*Die **Tomate** war lecker. **Sie** war schön rot.*
*Die **Trauben** waren lecker. **Sie** waren ganz süß.*

→ Personalpronomen:
Seite 252–253

Präpositionen

Wörter wie **in**, **auf**, **über**, **unter**, **vor**, **hinter**, **neben** sind **Präpositionen**.
Mit Präpositionen kannst du ausdrücken, **wo** etwas ist (Dativ) oder
wohin etwas kommt (Akkusativ):
*Wo liegt die Muschel? **Auf** dem Kies.*
*Wohin legt er die Muschel? **Auf** den Kies.*
*Wo liegt der Stein? **Neben** dem Schiff.*
*Wohin legt er den Stein? **Neben** das Schiff.*
*Wo ist das Schiff? **In** der Ecke.*
*Wohin setzt er das Schiff? **In** die Ecke.*
Wo? → Präposition im **Dativ** (3. Fall).
Wohin? → Präposition mit **Akkusativ** (4. Fall)

→ Präpositionen:
Seite 56–57, 262–263

| in | auf | über | unter | vor | hinter | neben |

Satzglieder

Satzglieder sind Teile eines Satzes. Ein Satzglied kann aus einem Wort oder aus einer Wortgruppe bestehen. Mit der **Umstellprobe** kannst du erkennen, welche Wörter zu einem Satzglied gehören.

Der Bär | *gibt* | Mascha | ein Geschenk .

Ein Geschenk | *gibt* | der Bär | Mascha .

➜ Satzglieder:
Seite 264–267

➜ Umstellprobe:
Seite 264

Das Subjekt

Mit Wer oder was? fragst du nach dem Subjekt.

Wer oder was war klug? Mascha

Wer oder was war so schön? das Geschenk

➜ Subjekt:
Seite 266–267

Das Prädikat

Mit *Was tut?*, *Was tat?* oder *Was hat getan?* fragst du nach dem *Prädikat*.

Das Prädikat sagt, was jemand tut oder tat oder getan hat. In den meisten Sätzen steht das Prädikat an zweiter Stelle:

Mascha *trank* aus dem Glas.

Manchmal bildet das Prädikat eine Klammer:

Mascha *hat* aus dem Glas *getrunken*.

➜ Prädikat:
Seite 265, 267

Die Objekte

Mit Wen oder was? fragst du nach einem Akkusativobjekt.

Wen oder was sah Mascha? den Bären
Wen oder was kochte Mascha? das Essen

Mit Wem? fragst du nach einem Dativobjekt.

Wem helfe ich? dem Mann

➜ Objekte:
Seite 266–267

Starke, unregelmäßige und trennbare Verben

Infinitiv	Präsens	Präteritum	Perfekt
*abschließen	er schließt ab	er schloss ab	er hat abgeschlossen
*abschreiben	sie schreibt ab	sie schrieb ab	sie hat abgeschrieben
*annehmen	er nimmt an	er nahm an	er hat angenommen
*ansehen	sie sieht an	sie sah an	sie hat angesehen
*anstehen	er steht an	er stand an	er hat angestanden
*auffangen	sie fängt auf	sie fing auf	sie hat aufgefangen
*aufmachen	er macht auf	er machte auf	er hat aufgemacht
*aufpassen	sie passt auf	sie passte auf	sie hat aufgepasst
*aufschließen	er schließt auf	er schloss auf	er hat aufgeschlossen
*aufschreiben	sie schreibt auf	sie schrieb auf	sie hat aufgeschrieben
*aufstehen	er steht auf	er stand auf	er ist aufgestanden
*aussehen	sie sieht aus	sie sah aus	sie hat ausgesehen
*austrinken	er trinkt aus	er trank aus	er hat ausgetrunken
bleiben	sie bleibt	sie blieb	sie ist geblieben
bringen	er bringt	er brachte	er hat gebracht
denken	sie denkt	sie dachte	sie hat gedacht
sich entscheiden	er entscheidet sich	er entschied sich	er hat sich entschieden
essen	sie isst	sie aß	sie hat gegessen
fahren	er fährt	er fuhr	er ist gefahren
fallen	sie fällt	sie fiel	sie ist gefallen
*festhalten	er hält fest	er hielt fest	er hat festgehalten
*festlegen	sie legt fest	sie legte fest	sie hat festgelegt
finden	er findet	er fand	er hat gefunden
fliegen	sie fliegt	sie flog	sie ist geflogen
geben	er gibt	er gab	er hat gegeben
gefallen	sie gefällt	sie gefiel	sie hat gefallen
gehen	er geht	er ging	er ist gegangen
gewinnen	sie gewinnt	sie gewann	sie hat gewonnen
haben	er hat	er hatte	er hat gehabt
halten	sie hält	sie hielt	sie hat gehalten
helfen	er hilft	er half	er hat geholfen
*herbeirufen	sie ruft herbei	sie rief herbei	sie hat herbeigerufen
*hochspringen	er springt hoch	er sprang hoch	er ist hochgesprungen
kennen	sie kennt	sie kannte	sie hat gekannt
kommen	er kommt	er kam	er ist gekommen
können	sie kann	sie konnte	sie hat gekonnt

* trennbares Verb

Infinitiv	Präsens	Präteritum	Perfekt
kriechen	er kriecht	er kroch	er ist gekrochen
lassen	sie lässt	sie ließ	sie hat gelassen
laufen	er läuft	er lief	er ist gelaufen
lesen	sie liest	sie las	sie hat gelesen
liegen	er liegt	er lag	er hat gelegen
*losrennen	sie rennt los	sie rannte los	sie ist losgerannt
*mitbringen	er bringt mit	er brachte mit	er hat mitgebracht
*mitmachen	sie macht mit	sie machte mit	sie hat mitgemacht
müssen	er muss	er musste	er hat gemusst
*nachschlagen	sie schlägt nach	sie schlug nach	sie hat nachgeschlagen
nehmen	er nimmt	er nahm	er hat genommen
rennen	sie rennt	sie rannte	sie ist gerannt
rufen	er ruft	er rief	er hat gerufen
schlafen	sie schläft	sie schlief	sie hat geschlafen
schließen	er schließt	er schloss	er hat geschlossen
schreiben	sie schreibt	sie schrieb	sie hat geschrieben
schreien	er schreit	er schrie	er hat geschrien
schwimmen	sie schwimmt	sie schwamm	sie ist geschwommen
sehen	er sieht	er sah	er hat gesehen
sein	sie ist	sie war	sie ist gewesen
singen	er singt	er sang	er hat gesungen
sitzen	sie sitzt	sie saß	sie hat gesessen
sprechen	er spricht	er sprach	er hat gesprochen
springen	sie springt	sie sprang	sie ist gesprungen
stehen	er steht	er stand	er hat gestanden
tragen	sie trägt	sie trug	sie hat getragen
treffen	er trifft	er traf	er hat getroffen
trinken	sie trinkt	sie trank	sie hat getrunken
sich verlaufen	er verläuft sich	er verlief sich	er hat sich verlaufen
verschwinden	sie verschwindet	sie verschwand	sie ist verschwunden
*wegrennen	er rennt weg	er rannte weg	er ist weggerannt
werden	sie wird	sie wurde	sie ist geworden
wissen	er weiß	er wusste	er ist gewesen
wollen	sie will	sie wollte	sie hat gewollt
*zuhören	er hört zu	er hörte zu	er hat zugehört
*zusammenfassen	sie fasst zusammen	sie fasste zusammen	sie hat zusammengefasst

* trennbares Verb

Vollständige Gedichte und Texte

Hier findest du das vollständige Gedicht von Seite 84:

Gewitter Erwin Moser

Der Himmel ist blau
Der Himmel wird grau
Wind fegt herbei
Vogelgeschrei
5 Wolken fast schwarz
Lauf, weiße Katz!
Blitz durch die Stille
Donnergebrülle
Zwei Tropfen im Staub
10 Dann Prasseln auf Laub
Regenwand
Verschwommenes Land
Blitze tollen
Donner rollen

15 Es plitschert und platscht
Es trommelt und klatscht
Es rauscht und klopft
Es braust und tropft
Eine Stunde lang
20 Herrlich bang
Dann Donner schon fern
Kaum noch zu hörn
Regen ganz fein
Luft frisch und rein
25 Himmel noch grau
Himmel bald blau!

So endet das Märchen von Seite 145:

Rotkäppchen Brüder Grimm

[…] Kaum hatte der Wolf ihr Haus betreten,
sprang er auf die Großmutter zu und verschluckte
sie. Dann zog er die Kleider der Großmutter an,
setzte ihre Haube auf, zog alle Vorhänge zu und
5 legte sich in das Bett der Großmutter.
Rotkäppchen hatte inzwischen so viele Blumen
gesammelt, dass es keine mehr tragen konnte.
Da erinnerte es sich an die Großmutter und
machte sich auf den Weg zu ihr. Wie verwundert
10 war Rotkäppchen, dass die Türe offen stand.
Und als es die Stube betrat, erschien alles
so seltsam. Weil die Großmutter sich nicht
meldete, ging das Rotkäppchen zum Bett und zog
alle Vorhänge zurück. Die Großmutter hatte
15 die Haube tief ins Gesicht gezogen und
sah gar zu eigenartig aus.
„Ei, Großmutter, was hast du für große Ohren?"
„Dass ich dich besser hören kann!"
„Ei, Großmutter, was hast du für große Augen?"
20 „Dass ich dich besser sehen kann!"
„Ei, Großmutter, was hast du für große Hände?"
„Dass ich dich besser packen kann!"
„Aber Großmutter, was hast du für ein entsetzlich
großes Maul?"
25 „Dass ich dich besser fressen kann!"
Kaum hatte der Wolf das gesagt, sprang er
aus dem Bett und verschlang das Rotkäppchen.
Nun war sein Hunger gestillt und er legte sich
ins Bett und schlief ein und begann sehr laut

30 zu schnarchen. Das hörte der Jäger, der gerade
an dem Haus vorbeiging. Er fragte sich, wieso
die alte Frau so laut schnarchte, und wollte
nachsehen, ob ihr was fehlte. Da sah er, dass
der Wolf darin lag. „Endlich finde ich dich,
35 du Räuber", sagte er. Er wollte den Wolf töten,
da fiel ihm ein, dass der Wolf die Großmutter
gefressen haben könnte. Er nahm eine große
Schere und schnitt dem schlafenden Wolf
den Bauch auf. Schon nach wenigen Schnitten
40 sah er das rote Käppchen leuchten, noch
ein paar Schnitte weiter und Rotkäppchen
sprang heraus. „Was hatte ich doch für eine Angst
in dem dunklen Bauch", rief Rotkäppchen. Und
dann kam auch schon die Großmutter lebendig
45 aus dem Bauch des Wolfes heraus. Sie konnte
kaum noch atmen. Rotkäppchen besann sich
nicht lange und holte große Steine. Damit füllten
sie dem Wolf den Bauch und nähten ihn wieder
zu. Als der Wolf aufwachte, wollte er fortspringen,
50 aber die Steine waren so schwer, dass er gleich
tot umfiel.
Da waren alle drei froh. Die Großmutter aß
den Kuchen und trank den Wein und erholte sich
wieder. Rotkäppchen aber nahm sich vor,
55 nie wieder vom Wege ab in den Wald zu laufen.

So endet das Märchen von den Seiten 146 und 147:

Aladin und die Wunderlampe

[…] Aber wie sollte Aladin in des Zauberers Haus gelangen? Über all seinen Sorgen schlief Aladin auf der Wiese vor dem Haus ein. Und als er am Morgen vom Vogelgesang geweckt wurde,
5 traute er seinen Augen nicht. Aus dem prächtigen Haus vor ihm trat seine geliebte Frau, aber sie war sehr verändert, denn der böse Zauberer hatte sie über all die vielen Jahre hinweg sehr gequält. Sie war froh, ihren Aladin
10 wiederzusehen und bat ihn, durch eine geheime Tür in den Palast zu kommen. Als die beiden in Sicherheit waren, fragte Aladin die Prinzessin nach der Lampe, die so viel Unglück über sie gebracht hatte. „Die Lampe trägt der Zauberer
15 stets unter seinem Gewand, sodass sie ihm niemand wegnehmen kann." Nun mussten die beiden sich eine List überlegen. Die Prinzessin ließ sich darauf ein, gemeinsam mit dem Zauberer zu Abend zu essen. Der Zauberer
20 glaubte, dass sie sich nun endlich von Aladin abgewendet hatte und künftig an seiner Seite leben wollte. Und sie ließ ihn in dem Glauben. Heimlich aber tat die Prinzessin dem Zauberer ein giftiges Pulver in den Weinbecher. Den trank
25 er vor lauter Glück in einem Zug aus. Er fiel tot zu Boden. Da konnte Aladin auch das Gemach betreten und endlich die Wunderlampe wieder an sich nehmen. Dreimal rieb Aladin an der Wunderlampe und
30 der Geist war sofort zur Stelle. Was die beiden sich wünschten? Sie wollten sofort wieder in ihrem Palast an der alten Stelle sein. Und so geschah es. Auch der Sultan, der sich große Sorgen
35 um seine Tochter gemacht hatte, war nun wieder glücklich. Und die Wunderlampe wurde so verwahrt, dass niemand etwas Böses mit ihr anrichten konnte. Fortan waren alle glücklich und zufrieden.
40 Und nach dem Tod des Sultans regierte Aladin mit Weisheit und Güte als neuer Sultan.

So endet das Märchen von den Seiten 150 und 151:

Die blaue Rose

[…] Und weil das Wort der Tochter des Kaisers Gesetz ist, sagte nun ihr Vater: „Sie hat es gesagt, die Rose ist blau, und damit wird sie jetzt deine Frau." Und sie heirateten und wurden sehr glücklich miteinander und bekamen viele Kinder. Und im Garten ihres Palastes blühten tausend weiße Rosen, aber sie nannten ihren Garten nur ihren blauen Garten.

Hier findest du das vollständige Gedicht von Seite 177:

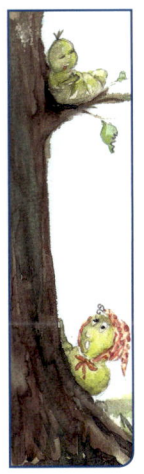

Die Made   Heinz Erhardt

Hinter eines Baumes Rinde
wohnt die Made mit dem Kinde.

Sie ist Witwe, denn der Gatte,
den sie hatte, fiel vom Blatte.
5 Diente so auf diese Weise
einer Ameise als Speise.

Eines Morgens sprach die Made:
„Liebes Kind, ich sehe grade,
drüben gibt es frischen Kohl,
10 den ich hol. So leb denn wohl!
Halt, noch eins! Denk, was geschah,
geh nicht aus, denk an Papa!"

Also sprach sie und entwich. –
Made junior aber schlich
15 hinterdrein; und das war schlecht!
Denn schon kam ein bunter Specht
und verschlang die kleine fade
Made ohne Gnade. Schade!

Hinter eines Baumes Rinde
20 ruft die Made nach dem Kinde …

Hier findest du die vollständigen Gedichte von den Seiten 185, 186 und 188:

Vom Apfelbaum   Elsbeth Friemert

In unserem kleinen Garten,
da steht ein Apfelbaum.
Er trägt viel weiße Blüten,
so viel, man glaubt es kaum.

5 Die fleiß'gen Bienen summen
und fliegen hin und her,
bestäuben all die Blüten.
Das freut uns alle sehr.

Und sehe ich dann später
10 einmal den Baum mir an,
da hängen schon die grünen,
ganz kleinen Äpfel dran.

Sie wachsen immer schneller
und schaukeln froh im Wind.
15 Die Sonne macht sie süß und reif.
Wie rot die Bäckchen sind.

Im Herbst   Ilse Kleberger

Im Herbst muss man Kastanien aufheben,
die braun aus stachliger Schale streben;
man sammelt und sammelt um die Wette
und fädelt sie zu einer endlosen Kette.

5 Im Herbst muss man Haselnüsse essen,
das darf man auf keinen Fall vergessen!
Man muss sich beeilen, denn das Eichhorn mag
sie auch
und plündert mit Windeseile den Strauch.

Im Herbst muss der bunte Drachen steigen.
10 Man muss ihm den Weg in den Himmel zeigen.
Dann schwebt er hoch über Nachbars Dach
und man reckt den Hals und schaut ihm nach.

Der Frühling ist die schönste Zeit!   Annette von Droste-Hülshoff

Der Frühling ist die schönste Zeit!
Was kann wohl schöner sein?
Da grünt und blüht es weit und breit
Im goldnen Sonnenschein.

5 Am Berghang schmilzt der letzte Schnee,
Das Bächlein rauscht zu Tal,
Es grünt die Saat, es blinkt der See
Im Frühlingssonnenstrahl.

Die Lerchen singen überall,
10 Die Amsel schlägt im Wald!
Nun kommt die liebe Nachtigall
Und auch der Kuckuck bald.

Nun jauchzet alles weit und breit,
Da stimmen froh wir ein:
15 Der Frühling ist die schönste Zeit!
Was kann wohl schöner sein?

November   Heinrich Seidel

Solchen Monat muss man loben:
Keiner kann wie dieser toben,
Keiner so verdrießlich sein
Und so ohne Sonnenschein!
5 Keiner so in Wolken maulen,
Keiner so mit Sturmwind graulen!
Und wie nass er alles macht!
Ja, es ist 'ne wahre Pracht.

Seht das schöne Schlackerwetter!
10 Und die armen welken Blätter,
Wie sie tanzen in dem Wind
Und so ganz verloren sind!
Wie der Sturm sie jagt und zwirbelt
Und sie durcheinanderwirbelt
15 Und sie hetzt ohn' Unterlass:
Ja, das ist Novemberspaß!

Und die Scheiben, wie sie rinnen!
Und die Wolken, wie sie spinnen
Ihren feuchten Himmelstau
20 Ur und ewig, trüb und grau!
Auf dem Dach die Regentropfen:
Wie sie pochen, wie sie klopfen!
Schimmernd hängt's an jedem Zweig,
Einer dicken Träne gleich.

25 O, wie ist der Mann zu loben,
Der solch unvernünft'ges Toben
Schon im Voraus hat bedacht
Und die Häuser hohl gemacht!
So, dass wir im Trocknen hausen
30 Und mit stillvergnügtem Grausen
Und in wohlgeborgner Ruh
Solchem Gräuel schauen zu!

Alle Texte auf einen Blick

Textquellen

Aslan, Şule: Neulich in der Straßenbahn (S. 38), Otto im Versteck (S. 56), Leons Schultag (S. 74), Der Bücherwurm (S. 112). Originalbeiträge.

Berthel, Gabriele (geb. 1948 in Schmölln): Clown (S. 195). Aus: Kater Kasimir geht angeln. Ein Jahrbuch für Kinder. Hrsg. H. Cwojdrak und K. Pieper. Berlin (Der Kinderbuchverlag) 1988, S. 169.

Droste-Hülshoff, Annette von (geb. 1797 in Münster, gest. 1848 in Meersburg): Der Frühling ist die schönste Zeit! (S. 188, 288). Aus: Sämtliche Gedichte. Frankfurt/M. (Insel Verlag) 1988.

Durian, Sibylle (geb. 1946 in Berlin): Gespensterluft (S. 133). Aus: Gruselgeschichten. Hrsg. C. Schäfer. Würzburg (Arena Verlag) 1998, S. 116 ff.

Erhardt, Heinz (geb. 1909 in Riga/Lettland, gest. 1979 in Hamburg): Die Made (S. 177, 287). Aus: Das große Heinz Erhardt Buch. O. O. (RM-Buch- und Medien-Vertrieb) 2000, S. 82.

Fischer-Hunold, Alexandra (geb. 1966 in Düsseldorf): Allein im Museum (S. 138). Aus: Die besten Leselöwen Abenteuergeschichten. Bindlach (Loewe Verlag) 2009, S. 125–133.

Friemert, Elsbeth (geb. 1917, gest. 2010 in Handewitt): Vom Apfelbaum (S. 185, 288). Aus: Bummi 16/1968. Berlin (Junge Welt) 1968.

Funke, Cornelia (geb. 1958 in Dorsten): Die wilden Hühner (S. 110). Aus: Die wilden Hühner. Hamburg (Cecilie Dressler Verlag) 2001, S. 7 f.

Gomringer, Eugen (geb. 1925 in Cachuela Esperanza/Bolivien): avenidas (S. 180). Aus: vom vers zur konstellation. zweck und form einer neuen dichtung. In: Aspekte der Avantgarde. Band 1: Augenblick. Hrsg. A. Ohmer. Berlin (Weidler) 2005, S. 97 f.

Grimm, Jacob und Wilhelm (geb. 1785 bzw. 1786 in Hanau, gest. 1863 bzw. 1859 in Berlin): Der süße Brei (S. 158). Text gekürzt und aus: Kinder- und Hausmärchen. Gesammelt durch die Brüder Grimm. 3 Bände. Frankfurt/M. (Insel Verlag) 1984.

Güll, Friedrich Wilhelm (geb. 1812 in Ansbach, gest. 1879 in München): Der erste Schnee (S. 174). Aus: Es weihnachtet. Hrsg. J. B. Laßleben. Stuttgart-Kallmünz (Hochwald-Verlag) o.J.

Herters, Dietrich: Das Gespenst von Bedford Castle (S. 142). Originalbeitrag.

Hoffmann von Fallersleben, August Heinrich (geb. 1798 in Fallersleben, gest. 1874 in Corvey): Der Eislauf (S. 187). Aus: Die Kinderwelt in Liedern. Mainz (J. G. Wirth Sohn) 1852, S. 66.

Holtz-Baumert, Gerhard (geb. 1927 in Berlin, gest. 1996 in Heinrichsfelde): Mein Erlebnis in der Gespensterbahn (S. 96). Aus: Alfons Zitterbacke. Die heiteren Geschichten eines Pechvogels. Berlin (Der Kinderbuchverlag) 1989.

Jandl, Ernst (geb. 1925 in Wien/Österreich, gest. 2000 in Wien/Österreich): auf dem land (S. 178). Aus: Laut und Luise. Neuwied (Luchterhand) 1971.

Kleberger, Ilse (geb. 1921 in Potsdam): Im Herbst (S. 186, 288). Aus: Die Stadt der Kinder. Hrsg. H.-J. Gelberg. Recklinghausen (Georg Bitter Verlag) 1969, S. 181.

Könner, Alfred (geb. 1921 in Alt Schalkendorf/Polen, gest. 2008): Das leise Gedicht (S. 181). Aus: C. Holtei, C. Holland: ABC-Suppe und Wortsalat. Düsseldorf (Patmos) 2006, S. 12.

Lindgren, Astrid (geb. 1907 bei Vimmerby/Schweden, gest. 2002 in Stockholm/Schweden): Ronja Räubertochter (S. 106). Aus: Ronja Räubertochter. Deutsch von Anna-Liese Kornitzky. Hamburg (Oetinger) 1982, S. 5, 54 ff., 71.

Moser, Erwin (geb. 1954 in Wien/Österreich): Gewitter (S. 84, 286). Aus: Überall und neben dir. Hrsg. H.-J. Gelberg. Weinheim (Beltz & Gelberg) 1989.

Müller, Heinz: Lärm um Mitternacht (S. 91). Originalbeitrag.

Ninte, Werner B.: Was quiekt und kracht in der Lesenacht? (S. 86). Originalbeitrag.

Petri, Walther (geb. 1940 in Leipzig): Ich weiß nicht, warum (S. 20). Aus: E. Herfurth, W. Petri: Das Derdiedasbuch: gezeichnete Wortspielereien. Berlin (Der Kinderbuchverlag) 1991, S. 8.

Pope Osborne, Mary (geb. 1949 in Fort Sill in Oklahoma/USA): Im Tal der Dinosaurier (S. 104). Aus: Das magische Baumhaus. Im Tal der Dinosaurier. Bindlach (Loewe Verlag) 1992, S. 12–27.

Schulze, Axel (geb. 1943, gest. 1994): Herbstbaum (S. 195). Aus: Der Wunderzirkus. Berlin (Der Kinderbuchverlag) o.J., S. 18.

Seidel, Heinrich (geb. 1842 in Perlin, gest. 1906 in Groß-Lichterfelde): April (S. 184, 288). Aus: D. Binder, S. Riha: Wenn es Frühling wird. Düsseldorf (Patmos) 2001, S. 51.
November (S. 188). Aus: Neues Glockenspiel. Band XI der Gesammelten Schriften von Heinrich Seidel. Stuttgart (J.G. Cotta'sche Buchhandlung Nachfolger GmbH) 1900.

Spohn, Jürgen (geb. 1934 in Leipzig, gest. 1992 in Berlin): Manchmal (S. 94). Aus: Drauf und Dran. Ganzkurzgeschichten und Wünschelbilder. Reinbek (Carlsen-Verlag) 1988, S. 40.

Stahl, Karoline (geb. 1776 Gut Ohlenhof/Livland, gest. 1837 in Dorpat/Estland): Die vier Brüder (S. 183). Aus: Fabeln, Mährchen und Erzählungen für Kinder. Nürnberg (Friedrich Campe) 1821, S. 46 f.

Unbekannte und ungenannte Verfasser, Originalbeiträge:

- Frühstücken mit Köpfchen (S. 31). Originalbeitrag.
- Brotsorten in Europa (S. 41). Originalbeitrag.
- Mika wohnt in der Stadt … (S. 46). Originalbeitrag.
- … und Hannah wohnt auf dem Land (S. 47). Originalbeitrag.
- Im Nationalpark Eifel gibt es viel zu erleben (S. 58). Originalbeitrag.
- Mein Arbeitstag als Hausmeister (S. 64). Originalbeitrag.
- Mein Arbeitstag als Schulsekretärin (S. 68). Originalbeitrag.
- Einen Apfelsteckbrief schreiben (S. 130). http://www.medienwerkstatt-online.de/lws_wissen/vorlagen/showcard.php?id=14219&edit=0 [Stand: 31.01.2011]
- Der Apfel (S. 130). http://www.medienwerkstatt-online.de/lws_wissen/vorlagen/showcard.php?id=325&edit=0 [Stand: 31.01.2011]
- Rotkäppchen (S. 145, 286). Nacherzählung.
- Aladin und die Wunderlampe (S. 146, 287). Nacherzählung.
- Mascha und der Bär (S. 148). Nacherzählung.
- Die blaue Rose (S. 150, 287). Nacherzählung.
- Die Schöne und das Tier (S. 155). Nacherzählung.
- Die verwandelten Trolle (S. 160). Originalbeitrag.
- Wie Eulenspiegel in Magdeburg verkündete, dass er vom Rathauserker fliegen wollte (S. 165). Aus: Deutsche Schwänke. Hrsg. Leander Petzoldt. Stuttgart (Reclam) 1979.
- Bienen so groß wie Schafe (S. 166). Aus: Der Schelm vom Bosporus. Anekdoten um Nasreddin Hodscha. Meerbusch (Edition Orient) 1994, S. 110.
- Der große Kohlkopf (S. 167). Aus: Der Schelm vom Bosporus. Anekdoten um Nasreddin Hodscha. Meerbusch (Edition Orient) 1994, S. 111.
- Eulen und Meerkatzen (S. 168). Nacherzählung.

- Der Mund ist kein Sack, den man zubinden kann (S. 171). Nach: Nasreddin Hodscha. 666 wahre Geschichten. Hrsg. U. Marzolph. München (C. H. Beck) 2006, S. 196 f.
- Wie Nasrettin einen Wirt mit dem Klang des Geldes bezahlte (S. 172). Nach: Leonid Solowjow: Die Schelmenstreiche des Nasreddin. Berlin (Verlag Volk und Welt) o. J., S. 84 f.
- Es war eine Mutter (S. 182). Volkslied.
- Im Sommer erfreut sich das weite Land (S. 188). Schwedisches Volkslied.
- Nützlinge oder Schädlinge? (S. 194). Originalbeitrag.
- Die Kohlenhydrate (S. 196). Originalbeitrag.
- Getreide, das (S. 197). Originalbeitrag.
- Wie Eulenspiegel in Erfurt einen Braten bekam (S. 201). Nacherzählung.

- Gebirge (S. 207). Aus: Von Anton bis Zylinder. Das Lexikon für Kinder. Berlin (Der Kinderbuchverlag) 2008, S. 158 f.
- Die Kreuzotter (S. 209). Originalbeitrag.
- Die Ringelnatter (S. 211). Originalbeitrag.
- Allein zu Hause (S. 212). Originalbeitrag.
- Wuff, der Kaufhausdetektiv (S. 221). Originalbeitrag.
- Bei den Pinguinen im Zoo (S. 222). Originalbeitrag.
- In der Geisterstunde (S. 224). Originalbeitrag.
- Der einsame König (S. 226). Originalbeitrag.
- Eine neue AG (S. 228). Originalbeitrag.
- Ein Ausflug mit der Klasse (S. 230).

Originalbeitrag.
- Spannung bis zur letzten Minute (S. 232). Originalbeitrag.
- Sichere Fahrt (S. 234). Originalbeitrag.
- Eine Nacht im Baumhaus (S. 236). Originalbeitrag.
- Im Zirkus (S. 242). Originalbeitrag.
- Auf dem Jahrmarkt (S. 243). Originalbeitrag.
- Ein kräftiger Schauer (S. 246). Originalbeitrag.
- Ein Gewitter (S. 247). Originalbeitrag.
- Im Regenwaldhaus (S. 260). Originalbeitrag.
- Im Huftierpark (S. 261). Originalbeitrag.

Nicht in allen Fällen war es möglich, die Rechteinhaber ausfindig zu machen. Ansprüche werden im Rahmen der üblichen Vereinbarungen abgegolten.

Bildquellen

S. 12–13, 15–18, 44–47, 50, 52, 55, 62–65, 67–70, 73, 76–78, 80, 98, 200, 228, 230, 234: Peter Wirtz, Dormagen; S. 14: Schülerarbeit; S. 26–27: Collage/fotolia.de; S. 31 (1) fotolia.de/bota horatio, (2) fotolia.de/Elena Zhuchkova, (3) fotolia.de/seite 3, (4) privat; S. 32: privat; S. 34: fotolia.de/Olga Lyubkin; S. 35: (1) fotolia.de/Ademoeller, (2) fotolia.de/akf; S. 36: Schülerarbeit; S. 41: fotolia.de/Ivonne Wierink; S. 42: (1) fotolia.de/Andre, (2) fotolia.de/arkpo, (3) fotolia.de/pixelspieler, (4) fotolia.de/François Roche, (5) fotolia.de/Anke van Wyk, (6) fotolia.de/ExQuisine, (7) privat, (8) fotolia.de/Lucky Dragon, (9) fotolia.de/Johanna Mühlbauer; S. 58 (1) und S. 273: fotolia.de/corky56, (2) istockphoto.com/zosko; S. 59 (1) istockphoto.com/wolv, (2) istockphoto.com/Horst Schmidt, istockphoto.com/jakezc; S. 70: Schülerarbeit; S. 92 Klanginstallation: Bernd Maretsch, Tanneck; S. 100/101 (S. 102, 103, 110, 115): Cover von: *Die drei ??? und das versunkene Dorf.* Franckh-Kosmos Verlag 2008, Wiesbaden; Cover von: Mary Pope Osborne, Das magische Baumhaus. *Im Tal der Dinosaurier.* Text © 1992 Mary Pope Osborne © für die deutsche Ausgabe 2000 Loewe Verlag GmbH, Bindlich; Cover von: Jeff Kinney, Gregs Tagebuch *Ich war's nicht!* Bastei Lübbe (Baumhaus) 2010, Köln; Cover von: Volker Präkelt, *Die große Hörspielkiste für Entdecker*; Coverillustrationen: © Jan Andrew, Anne Yvonne Gilbert und Helen Ward; Dracke © Istockphoto. Der Hörverlag 2012; Cover von: *Grimms Märchen.* © 2007 Bibliographisches Institut/Sauerländer, Mannheim; Cover von: Bibi Dumon Tak, *Kuckuck, Krake, Kakerlake.* Bloomsbury Verlag 2009, Berlin; Cover von: Cornelia Funke, *Die wilden Hühner.* Dressler Verlag 1993, Hamburg und S. 120; Cover von: *Ronja Räubertochter.* Oettinger Verlag 1982, Hamburg; S. 109: Schülerarbeiten; S. 117: privat; S. 118: (1) fotolia.de/Smileus und S. 120 (4), (2) fotolia.de/philipus, (3) fotolia.de/arsdigital und S. 120 (1), (4) fotolia.de/Aina Zimnika und S. 120 (5), (5) fotolia.de/Blazej Maksym, (6) fotolia.de/Lim Jerry und S. 120 (2), (7) fotolia.de/James Blacklock und S. 120 (3), (8) fotolia.de/akiebier; S. 124: fotolia.de/Harald07; S. 121, 122: Thomas Schulz, Teupitz; S. 128: www.blinde-kuh.de (abgerufen am 18. 4. 2011); S. 129: www.blinde-kuh.de (abgerufen am 7. 12. 2010); S. 129: www.blinde-kuh.de (abgerufen am 18. 4. 2011); S. 131: fotolia.de/Michael Röhrich; S. 136: Schülerarbeit; S. 194: (1) istockphoto.com/Prki, (2) istockphoto.com/Viktor_Kitaykin; S. 198: fotolia.de/Renate W.; S. 206: aus: Duden Schülerlexikon: plus Referatemanager auf CD-ROM, Seite 405. Bibliographisches Institut 2010, Mannheim; S. 208: istockphoto.com/WitR; S. 209: (1) fotolia.de/Hansderzweite, (2) fotolia.de/DIGIBILD; S. 211: (1) fotolia.de/o2beat, (2) fotolia.de/onkelchen; S. 217: Schülerarbeit; S. 222: picture-alliance/dpa; S. 232: © Voß, http://www.voelkerballspiel.de/; S. 238: aus: Von Wort zu Wort. Schülerwörterbuch mit Basiswissen deutsch, S. 238. Cornelsen Verlag 2008, Berlin; S. 241: Schülerarbeiten; S. 253: Schülerarbeit; S. 258 (1): fotolia.de/Gerisch, (2) fotolia.de/Tom Hirtreiter, (3) fotolia.de/Andreas Edelmann, (4) fotolia.de/JMichael Photography, (5) istockphoto.com/Ales Veluscek, (6) fotolia.de/simke; S. 260 links oben und S. 281: fotolia.de/Aquafoto, unten: istockphoto.com/argiope, rechts: fotolia.de/haufe-foto; S. 261: fotolia.de/LeitnerR.

Allgemeiner Hinweis zu den in diesem Lehrwerk abgebildeten Personen: Soweit in diesem Lehrwerk Personen fotografisch abgebildet sind und ihnen von der Redaktion fiktive Namen, Berufe, Dialoge und Ähnliches zugeordnet oder diese Peronen in bestimmte Kontexte gesetzt werden, dienen diese Zuordnungen und Darstellungen ausschließlich der Veranschaulichung und dem besseren Verständnis des Inhalts.

Illustrationen

Oleg Assadulin, Berlin: S. 57; **Jasmina Factory**, Berlin: S. 56, 258–260, 262–263; **Egbert Herfurth**, Leipzig: S. 3–11; **Sabi Heumann**, Vögelsen: S. 12–14, 16–21, 25, 176–178, 180–182, 184–188, 268 unten, 280 oben; **Naeko Ishida**, Bad Homburg: S. 16–18, 22–23, 172–175; **Carsten Märtin**, Oldenburg: S. 30, 190, 192, 195, 202, 207, 213–215, 270; **Matthias Pflügner**, Berlin: S. 62–63, 74–75, 77; **Friederike Rave**, Wuppertal: S. 248–257, 264–267, 279, 283; **Juliane Steinbach**, Wuppertal: S. 82–89, 91, 93–94, 96–98, 132–135, 137–140, 142, 144–152, 155–158, 161–162, 224–226, 268 oben, 277–278; **Rüdiger Trebels**, Düsseldorf: S. 28–29, 33, 36–38, 41, 54, 56, 126–127, 196–197, 199, 216, 218–221, 231, 240, 242–247, 274–276, 282; **Christa Unzner**, Den Haag: S. 104, 106–107, 110, 112, 114–116, 164–171, 236.

Bereiche des Deutschunterrichts	Aufgaben	Seite	Kapitel
Sprechen und Zuhören			
zu anderen sprechen	eigene Erlebnisse und Erfahrungen erzählen	13	Los geht's! Let's go! Haydi bakalım! Idemo!
		45, 49, 51	Wo wir wohnen
		132	Gespenstergeschichten
	anschaulich und lebendig erzählen	143	Gespenstergeschichten
		145 – 147, 152	Einfach märchenhaft
	zu Bildern erzählen	152 – 153	Einfach märchenhaft
	literarische Texte nachzählen	141	Gespenstergeschichten
		148 – 149	Einfach märchenhaft
	literarische Texte weitererzählen	136, 142 – 143	Gespenstergeschichten
		131 – 133	Einfach märchenhaft
vor anderen sprechen	sich selbst und andere vorstellen	14 – 15	Los geht's! Let's go! Haydi bakalım! Idemo!
		49	Wo wir wohnen
	mit Hilfe von Stichworten anschaulich präsentieren und vortragen	49 – 52	Wo wir wohnen
		58 – 61	Ich stelle den Nationalpark Eifel vor
	über einfache Sachverhalte und Arbeitsergebnisse informieren	48	Wo wir wohnen
		73	An der Schule arbeiten
	gestaltend vorlesen	84 – 85, 87 – 91, 94	Was quiekt und kracht denn da?
		96 – 99	Eine Geschichte vorlesen
		141	Gespenstergeschichten
		166 – 167, 171	Von Weisen und Spaßvögeln
	Gedichte vortragen und auswendig lernen	20	Los geht's! Let's go! Haydi bakalım! Idemo!
		84	Was quiekt und kracht denn da?
		176 – 177, 180 – 181	Gereimtes und Ungereimtes
		182, 184, 186 – 187	Die Jahreszeiten in Gedichten
	ein Buch vorstellen	111	Die Welt der Bücher
mit anderen sprechen	Gesprächregeln vereinbaren	16 – 17	Los geht's! Let's go! Haydi bakalım! Idemo!
	Meinungen formulieren und begründen	22 – 23	Meinungen äußern und begründen
		100, 110 – 111	Die Welt der Bücher
	diskutieren	22 – 23	Meinungen äußern und begründen
verstehend zuhören	aufmerksam zuhören und Notizen machen	16	Los geht's! Let's go! Haydi bakalım! Idemo!
		50, 52	Wo wir wohnen
		61	Ich stelle den Nationalpark Eifel vor
		90	Was quiekt und kracht denn da?
szenisch spielen	szenisch spielen	160 – 161	Von Weisen und Spaßvögeln
		172 – 175	Eine Geschichte von Nasrettin spielen
	nonverbale Mittel einsetzen	174 – 175	Eine Geschichte von Nasrettin spielen
Schreiben			
Schreibfertigkeiten	lesbar und zweckorientiert schreiben	216 – 217	Schrift und Schreiben
richtig schreiben	Rechtschreiben	238 – 247	Die Arbeitstechniken
	richtig abschreiben	220 – 221	Schrift und Schreiben
	Fehler analysieren, korrigieren und vermeiden	238 – 247	Die Arbeitstechniken
Texte planen	planvoll schreiben	66 – 69	An der Schule arbeiten
		214 – 215	Spannend erzählen
	ein eigenes Märchen planen	154	Einfach märchenhaft
Texte schreiben	spannend erzählen	212 – 213	Spannend erzählen
	im Präteritum erzählen	158 – 159	Das Präteritum verwenden
		256	Verben verwenden
	Gedichte und Parallelgedichte schreiben	21	Los geht's! Let's go! Haydi bakalım! Idemo!
		39	Das Frühstück ist fertig!
		57	Wo wir wohnen
		75	An der Schule arbeiten
		95	Was quiekt und kracht denn da?
		113	Die Welt der Bücher
		179, 181	Gereimtes und Ungereimtes
		185	Die Jahreszeiten in Gedichten
	eine Geschichte schreiben	137	Gespenstergeschichten
		214 – 215	Spannend erzählen
	ein Märchen schreiben	154	Einfach märchenhaft
	zu Bildern anschaulich schreiben	152 – 153	
	Gedichte vervollständigen	177	Gereimtes und Ungereimtes
		185 – 186	Die Jahreszeiten in Gedichten
	eine Geschichte weiterschreiben	136, 142 – 143	Gespenstergeschichten
		212 – 213	Spannend erzählen
	ein Märchen miterzählen	150 – 151, 155 – 157	Einfach märchenhaft
	aus anderer Perspektive erzählen	136, 142 – 143	Gespenstergeschichten
		149	Einfach märchenhaft
	Personen / Figuren beschreiben	155 – 157	Einfach märchenhaft
		174 – 175	Eine Geschichte von Nasrettin spielen
	Briefe schreiben	24 – 25	Meinungen äußern und begründen
	Steckbriefe schreiben	66 – 72	An der Schule arbeiten
		76 – 81	Einen Berufe-Steckbrief schreiben
		208 – 211	Tiersteckbriefe schreiben
	Bilder beschreiben	100, 102, 110	Die Welt der Bücher
		164	Von Weisen und Spaßvögeln
	Anleitungen schreiben	93	Was quiekt und kracht denn da?
	begründet Stellung nehmen	22 – 25	Meinungen äußern und begründen